Psychologie in der Sozialen Arbeit

Herausgegeben von Franz J. Schermer

Der Vermittlung psychosozialer Kenntnisse kommt im Studium der Sozialpädagogik und Sozialarbeit/Soziale Arbeit eine grundlegende Bedeutung zu. Es werden erstmals die dabei relevanten Inhalte der verschiedenen psychologischen Teildisziplinen dargestellt.
Die Auswahl der Theorien und Befunde orientiert sich systematisch an den Zielsetzungen des Fachhochschulstudiums. Wissenschaftliche Fundierung, Praxistauglichkeit und Praxisbewährung bilden die entscheidenden inhaltlichen Auswahlkriterien.

Die einzelnen Bände behandeln die Themen:
Band 1 Grundlagen der Psychologie
Band 2 Klinische Psychologie
Band 3 Sozialpsychologie
Band 4 Entwicklungspsychologie
Band 5 Methoden der Verhaltensänderung: Basisstrategien
Band 6 Methoden der Verhaltensänderung: Komplexe Interventionsprogramme

Sie führen systematisch und voraussetzungsfrei in die verschiedenen Teildisziplinen ein. Der Studierende erhält eine klare Orientierung über Begrifflichkeiten, Theorien und deren Anwendungsmöglichkeiten. Neben dem notwendigen Grund- und Anwendungswissen erwirbt er ein Verständnis für die Rolle und Bedeutung der Psychologie im Praxisfeld der Sozialen Arbeit. Die Bände sind hervorragend zur Einarbeitung und zur Prüfungsvorbereitung geeignet.

Die **Autoren** lehren Psychologie in den Fachbereichen Sozialwesen und Sozialpädagogik verschiedener Fachhochschulen und sind in Lehre, Forschung und Praxis ausgewiesen. Der **Herausgeber** lehrt Allgemeine Psychologie und Klinische Psychologie im Studiengang Soziale Arbeit der Fachhochschule Würzburg-Schweinfurt (Fachbereich Sozialwesen/Pflegemanagement).

Johanna Hartung

Sozialpsychologie

2., überarbeitete und erweiterte Auflage

Verlag W. Kohlhammer

2., überarbeitete und erweiterte Auflage 2006

Alle Rechte vorbehalten
© 2000/2006 W. Kohlhammer GmbH Stuttgart
Umschlag: Data Images GmbH
Gesamtherstellung:
W. Kohlhammer Druckerei GmbH+Co. KG, Stuttgart
Printed in Germany

ISBN-10: 3-17-019175-6
ISBN-13: 978-3-17-019175-4

Inhalt

Vorwort zur zweiten Auflage

Die Sozialpsychologie – als Teildisziplin der empirischen Psychologie – betrachtet die Vielfalt menschlichen Erlebens und Verhaltens in seinen sozialen Bezügen. Das Individuum wird als *Akteur im sozialen Kontext* betrachtet, dessen Denken, Fühlen und Handeln sich in der Interaktion mit der sozialen Umwelt entwickelt, das gestaltend auf seine soziale Umwelt Einfluss nimmt und seinerseits durch Bedingungen der sozialen Umwelt beeinflusst wird. Die Sozialpsychologie versucht, Personen im Spannungsfeld ihrer sozialen Beziehungen zu verstehen und einen Beitrag zum Verständnis zwischenmenschlicher und aktueller gesellschaftlicher Phänomene zu leisten. So thematisiert sie beispielsweise Prozesse der Meinungsbildung, der Verhaltenswirksamkeit von Einstellungen und Überzeugungen, des Medieneinflusses, des Konflikts und der Kooperation zwischen Personen und Gruppen, des prosozialen Handelns und des Bürgerengagements. Der Zugang erfolgt über die Erforschung der Erscheinungsformen und der beeinflussenden Bedingungen des Erlebens und Verhaltens von Individuen und Gruppen. Auf dieser Basis können Anregungen für Handlungsstrategien zur Einflussnahme auf die interaktiven Prozesse entwickelt und erprobt werden.

Das vorliegende Lehrbuch bietet eine Auswahl von Themenbereichen der Sozialpsychologie, die für Handlungsfelder und Problemstellungen Sozialer Arbeit bedeutsam sein können. Der Transfer sozialpsychologischer Erkenntnisse auf Aspekte Sozialer Arbeit wird exemplarisch skizziert. Dabei greife ich u.a. auf eigene Praxiserfahrungen zurück, die ich als Sozialpädagogin in der Vorschulpädagogik, der offenen Kinder- und Jugendarbeit im sozialen Brennpunkt, der Jugendberufshilfe, der Arbeit mit straffälligen Jugendlichen und der Kooperation mit Bürgerinitiativen sowie als Klinische Psychologin in der Beratung, Therapie und in der Bildungsarbeit mit Erwachsenen gemacht habe.

Die zweite, überarbeitete Auflage des Buches wurde erweitert um aktuelle Forschungsbefunde und neue Akzente in der Entwicklung sozialpsychologischer Erklärungsmodelle. Hinweise auf aktuelle, wirksame Interventionsprogramme für die psychosoziale Arbeit mit Kindern, Jugendlichen und Erwachsenen, in denen eine Integration sozialpsychologischer Kenntnisse mit solchen aus anderen Teilgebieten der Psychologie (Klinische Psychologie, Pädagogische Psychologie, Entwicklungs- und Gesundheitspsychologie) gelingt, unterstützen das Anliegen des Buches, fachlich fundiertes, anwendungsrelevantes Wissen zur Weiterentwicklung professioneller Handlungskompetenz zu nutzen.

Das Lehrbuch soll Studierende, Lehrende und praktisch tätige Sozialpädagoginnen und Sozialpädagogen, Sozialarbeiterinnen und Sozialarbeiter anregen, sozialpsychologische Kenntnisse mit Beiträgen aus den anderen Bezugswissenschaften Sozialer Arbeit (wie Soziologie, Politik-, Rechts- und Erziehungswissenschaft, Sozialmedizin, Medienpädagogik) zu einer interdisziplinären Betrachtungsweise zu integrieren und für die Planung, Entwicklung von Handlungsstrategien und Evaluation Sozialer Praxis zu nutzen.

Düsseldorf, im Sommer 2006   Johanna Hartung

1 Sozialpsychologie – eine Bezugswissenschaft für die Soziale Arbeit

1.1 Sozialpsychologische Fragen im sozialpädagogischen Alltag. Ein Beispiel: Kinder spielen ihre Lebenswelt

Als Studentin der Sozialpädagogik arbeitete ich in einer großstädtischen Notunterkunft in der Offenen Kinder- und Jugendarbeit. Für die meisten Familien erwies sich die Notunterkunft nicht – wie eigentlich intendiert – als eine Übergangseinrichtung, sondern angesichts von gesellschaftlicher Wohnungsnot und Arbeitslosigkeit als Dauereinrichtung, in der die Kinder absehbar ihre gesamte Kindheit verbringen würden. Angesichts soziologischer Befunde zur Transmission von sozialer Benachteiligung zwischen den Generationen bewegte uns die Frage, wie Kinder diese Lebenssituation erleben, welche Ursachen sie dafür in Betracht ziehen und welche Veränderungsphantasien und -strategien sie entwickeln, um daraus Anregungen für eine sozialpädagogische Unterstützung der Kinder und ihrer Familien abzuleiten.

Anstelle einer direkten Befragung der Kinder wählten wir den Zugang über das Rollenspiel zu Themen aus ihrer alltäglichen Lebenswelt, der Notunterkunft am Kuthsweg (Hartung, 1977). Die in diesem spielerischen Kontext entwickelten Aussagen und Verhaltensweisen der Kinder werteten wir vorsichtig – unter Berücksichtigung möglicher Verfremdungseffekte durch das Spiel – als Hinweise auf ihre Einstellungen und griffen sie in anschließenden Rollenspielen und Gesprächen auf. Die folgenden wörtlichen Passagen aus den Rollenspielen geben einen Einblick in die Denk- und Ausdrucksweise der Kinder.

Zunächst Ausschnitte aus dem Spiel, in dem sich die Kinder in der Rolle Erwachsener zu den *Ursachen des Wohnens in der Notunterkunft* äußerten:

„Vorher haben wir auf der Erkrather Str. 134 gewohnt. Der Hausmeister hat uns gesagt, dass wir ausziehen müssten, weil das Haus abgerissen wird. Da hat er gesagt ‚Ziehen Sie doch solange in den Kuthsweg‘, weil gar keine Wohnung mehr frei war. Er sagte: ‚Das ist nur für 2 bis 3 Wochen‘, aber dann sind Monate, Jahre draufgegangen.“
„Meine Schwester musste zum Kuthsweg ziehen. Sie hat keine andere Wohnung gekriegt; das ist alles besetzt, nein, nicht besetzt, sondern die Leute können die Miete nicht aufbringen. Die Mieten sind so hoch, da kann man ja nicht gegen angehen. Dann machen sie die noch höher! ... Das macht der Rechtsanwalt oder der Bestimmer. Wenn ich den mal in die

*Finger kriege, dem haue ich die Nase platt! ... Aber wissen Sie, warum
wir nicht in die Neubauten rein kommen? Die machen das extra. Wegen
dem Geld! Es gibt doch sowieso keine Arbeit. Sehen Sie ja selbst, eine
Million Menschen stehen da und suchen Arbeit. Und die kriegen alle kein
Geld. Deshalb machen die die Mieten so hoch. Und dann sitzen wir vor
der Türe und müssen zum Kuthsweg ziehen."*

Neben gesellschaftlichen Ursachen weisen die Kindern den Bewohnern der
Notunterkunft – insbesondere einzelnen Familien und Hausgemeinschaften –
ein massives Verschulden an ihrer Lebenslage zu:

*„Ich hab schon mal für zwei Wochen am Kuthsweg gewohnt, dann bin ich
weggezogen. Da war es so dreckig. Die Leute waren so dreckig. Die meisten kommen besoffen nach Hause, klopfen an anderer Leute Türen, schlagen Scheiben ein und sind viel verkommener..."*
*„Bitte, bitte nicht in Haus 43! Ich krieg einen Herzinfarkt! Wenn Sie mich
da reinkriegen würden, dann hätte ich jeden Tag einen Herzanfall und
zuckerkrank wäre ich dann auch. ... Mein Bruder, der hat eine Tochter, die
ist da eingezogen; die ist dreckig wieder rausgekommen. Die hat von ihren Möbeln welche im Keller stehen gehabt. Alles war angeschlitzt mit
Messern. Das sind ja nur die kleinen Strolche, die da rumlungern."*

Als *Strategien zur Veränderung der Lebenslage* werden phantastische Strategien
wie Lottospielen, Hoffen auf Erbschaften und kriminelle Handlungen genannt.
Letzteres wird allerdings verworfen:

*„Mein Mann arbeitet auf der Post. Der kann mir auch nicht einfach das
Geld geben; nachher kommt er noch ins Gefängnis. Nee, das sehe ich gar
nicht ein, wegen dem bekloppten Zeug, und dafür soll mein Mann noch in
den Bau gehen! Wegen der Miete!"*

Bei der Darstellung realistischer Hilfsstrategien greifen die Kinder ihre jüngsten
Erfahrungen mit der durch die Bewohner und den Hausmeister erzielten Verbes-
serungen der Wohnsituation auf:

*„Seit der neue Hausmeister da ist, da ist der Kuthsweg schön geworden.
Der Hausmeister hat Farbe besorgt von der Genossenschaft, und dann
haben wir gestrichen."* Es folgt eine genaue Beschreibung dessen, wer
welche Arbeit geleistet hat. *„Nur Herr Hein, der hat nichts gemacht, der
hat lieber in seiner Bude das Bier gesoffen."*
Der neu eingerichtete Jugendclub wird beschrieben: *„Groß ist er zwar nicht,
aber auch schön. Wenn die Mädchen rein wollen, sind die Jungen vielleicht
gerade Fußball spielen, dann ist schon Platz genug."* Es wird über die Un-
terschriftensammlung gesprochen, die die Jugendlichen zur Durchsetzung
ihrer Forderungen durchgeführt haben. Bei der Diskussion, wie man erreichen könnte, dass die Wohnungen ein Bad bekommen, wird vorgeschla-

gen: *„Zur Stadtverwaltung gehen! Da müssten sich ein paar Frauen aus Bau 20, 43, 16 und 18 zusammentun, und dann müssten sie mal hingehen. Das nutzt ja nichts für die Männer; um fünf Uhr machen die* (die Stadtverwaltung) *zu, und um sechs kommen die erst nach Hause. "*

Die Ablehnung und Diskriminierung einiger Familien, die sich u.a. in wüsten Beschimpfungen und Anschuldigungen äußert, kann im Laufe der Spielreihe allmählich aufgelockert werden, so dass die Bewohner unter der Gesprächsleitung des Hausmeisters einige Vorschläge und *Angebote sozialer Unterstützung* machen. So überlegen sie gemeinsam mit Frau Hein, wie man ihren Mann bewegen könnte, „mit dem Saufen aufzuhören und arbeiten zu gehen". Hier ein Ausschnitt aus der Diskussion bei der gespielten Hausversammlung:

Hausmeister:	*„Warum sagen Sie ihm nicht, er soll stempeln gehen?"*
Nachbarin:	*„Geht er doch schon. "*
Hausmeister:	*„Nee, er ist doch jetzt arbeitslos. Er kann doch stempeln gehen!"* (Der achtjährige Michael, der den Hausmeister spielt, hält „Stempeln" anscheinend für eine Art Berufstätigkeit.)
Nachbarin:	*„Sie müssen mal zum Sozialamt gehen. "*
Frau Hein:	*„Die geben mir nichts wegen dem da!"* (meint ihren Mann)
Nachbarin:	*„Dann schmeißen Sie ihn doch einfach raus!"*
Frau Hein:	*„Der kommt immer wieder! Der haut mir die Bude klein!"*
Nachbarin:	(energisch) *„Dann holen wir mal die ganzen Leute aus dem Haus zusammen. Dann kriegt der mal Senge. Dann geht der aber in den Keller mit seinem dollen Kopp. "*
Hausmeister:	*„Rausschmeißen brauchen Sie ihn ja nicht unbedingt. Sie können ja Ihren Mann mal zur Vernunft bringen. "*

Auf Frau Heins Bitte bietet sich der Hausmeister an, mit Herrn Hein zu reden. Es folgt ein offenes und erstaunlich anteilnehmendes Gespräch zwischen Herrn Hein, der seine Alkoholprobleme offenbart, dem Hausmeister und anderen Teilnehmern der Hausversammlung. Am nächsten Tag begleitet der Hausmeister Herrn Hein zum Arbeitsamt.

Als Herr Hein mit seinem ersten Lohn stolz nach Hause kommt und fernsehen will, sagt Frau Hein freundlich zu ihm: *„Otto, der Fernseher ist kaputt. Den hast du doch damals kaputt geschlagen, als du so blau warst. Das hatte ich ganz vergessen. Komm essen, Schätzchen!"*

Was haben diese durch eine Spielidee angeregten Aussagen der Kinder zum Erleben ihrer Lebenslage, zur Ursachenzuschreibung und zu Möglichkeiten der persönlichen und kollektiven Einflussnahme mit Sozialpsychologie zu tun?

Die Sozialpsychologie richtet ihr Augenmerk auf die Schnittstelle zwischen Individuum und sozialer Umwelt: Wie wirkt sich die soziale Umwelt auf das Erleben und Verhalten der Person aus? Wie beeinflusst die Person durch ihr Verhalten ihre soziale Umwelt? Fragen, die sich in unserer sozialpädagogischen Arbeit in der Notunterkunft gestellt haben, sind auch zentrale Fragen der sozialpsychologischen Theorie-bildung und Forschung, die auch in diesem Lehrbuch vorgestellt werden: Wie wirkt sich soziale Benachteiligung auf die Selbst- und Fremdbeurteilung aus? Welche Bedingungen (Merkmale der Person und der Umwelt) fördern *Kontrollüberzeugung* im Sinne der Überzeugung, auf relevante Aspekte des eigenen Lebensalltags selbst Einfluss nehmen zu können? Welche Bedingungen reduzieren die Abwertung von Fremdgruppen oder die Ausgrenzung von Personen? Welche Bedingungen fördern kooperatives und prosoziales Handeln? Welche Bedingungen stabilisieren alltägli-che soziale Netzwerke wechselseitiger Unterstützung?

Bei der Beantwortung dieser und anderer Fragen versucht die Sozialpsycholo-gie als empirische Wissenschaft – über den Einzelfall hinausgehend – Regelhaftig-keiten festzustellen, die unser Verständnis der wechselseitigen Beeinflussung von Person und Umwelt verbessern. Die Erkenntnis solcher Regelhaftigkeiten erleichtert eine zielgerichtete Einflussnahme durch pädagogische, psychosoziale und gesellschaftspolitische Maßnahmen mit dem Ziel einer verbesserten Lebens-qualität der Menschen.

1.2 Was ist Sozialpsychologie?

Die Sozialpsychologie, als Teilgebiet der Psychologie, betrachtet die Vielfalt menschlichen Erlebens und Handelns in seinen sozialen Bezügen. Das Individu-um wird als *Akteur im sozialen Kontext* betrachtet,
- dessen Wahrnehmung, Denken, Fühlen und Handeln sich in der Interaktion mit der sozialen Umwelt entwickelt,
- das gestaltend auf seine soziale Umwelt Einfluss nimmt und
- seinerseits durch Bedingungen der sozialen Umwelt beeinflusst wird.

Die soziale Umwelt, auch als *sozialer Kontext* bezeichnet, umfasst (nach Bier-brauer, 2005)
- gesellschaftliche und situationsbezogene Rahmenbedingungen, in die das Ver-halten und Erleben einer Person eingebunden ist,
- kontextbezogene Werte, Normen und Rollenerwartungen,
- Handlungen von Personen und Interaktionen zwischen Personen und Grup-pen,
- andere Personen, seien sie real anwesend oder auch nur in der Vorstellung präsent (z.B. indem sich eine Person mit ihnen vergleicht).

Die Sozialpsychologie versucht Prozesse der wechselseitigen Einflussnahme zwischen Individuum und sozialer Umwelt zu erkunden und
1. intersubjektiv nachvollziehbar zu *beschreiben*
2. Bedingungen und Einflussfaktoren herauszufinden, die die beobachteten Phä-nomene *erklären* können

3. aus den Erklärungen überprüfbare *Voraussagen* über menschliches Erleben und Verhalten unter spezifischen Bedingungen abzuleiten und

4. begründete Empfehlungen für (psychosoziale, pädagogische, politische ...) *Interventionen*, Initiativen und Maßnahmen abzuleiten.

Die Sozialpsychologie greift Theorien und Erkenntnisse sozialwissenschaftlicher Nachbardisziplinen (Soziologie, Politikwissenschaft, Sozialmedizin...) und anderer Teilgebiete der Psychologie (Allgemeine Psychologie, Entwicklungspsychologie, Klinische Psychologie ...) auf und integriert sie in ihre spezifische Betrachtungsweise: Die wechselseitige Beeinflussung von Individuum und sozialer Umwelt wird auf der Ebene des Erlebens und Verhaltens von Personen und Gruppen untersucht. So ist beispielsweise der Zusammenhang von Armut und Gesundheit ein Thema aller der o.g. Fachdisziplinen. Während die Soziologie diesen vorrangig auf der Ebene gesellschaftlicher Makrostrukturen (Machtverteilung zwischen gesellschaftlichen Subgruppen, Gesetzgebung, Zugang zu gesellschaftlichen Ressourcen, Einkommen, Bildung ...) untersucht, betrachtet die Sozialpsychologie diesen Zusammenhang unter einem höheren Auflösungsgrad. Sie versucht vermittelnde Mechanismen zwischen Merkmalen des sozialen Kontextes und dem individuellem Denken und Verhalten zu erhellen. So beschäftigt sich beispielsweise die Gesundheitspsychologie (vgl. Schwarzer, 2005) als ein Anwendungsbereich der Sozialpsychologie (vgl. Stroebe & Jonas, 2002; Haisch, 2003) damit, wie gesundheitsrelevantes Verhalten durch

- Wissen,
- Vorbilder und Normen der sozialen Bezugsgruppe,
- Kontrollüberzeugung,
- personale Kompetenzen,
- soziale Unterstützung und
- Zugänglichkeit von Ressourcen

beeinflusst wird. Unter den Bedingungen von Armut und sozialer Benachteiligung sind in allen der genannten Einflussfaktoren Defizite und Beeinträchtigungen anzunehmen, so dass die Wahrscheinlichkeit, gesundheitsförderndes Verhalten zu entwickeln und gesundheitsschädigendes Verhalten zu reduzieren, erniedrigt ist.

1.2.1 Der Beitrag der Sozialpsychologie zu multifaktoriellen Erklärungsmodellen

Das Erleben und Verhalten einer Person ist ein hoch komplexes Geschehen. Das *Erleben* umfasst Kognitionen (Wissen, Überzeugungen, Einstellungen), Emotionen und die Motive des Handelns. Das *Verhalten* einer Person lässt sich bezüglich seines Grades an Zielgerichtetheit und Reflexivität differenzieren in eher zielorientiertes *Handeln* und eher spontanes, intuitives Verhalten.

Die Erklärung menschlichen Erlebens und Verhaltens kann angemessen nur auf dem Hintergrund *multifaktorieller Erklärungsmodelle* erfolgen (plakativ formuliert: „Es gibt nichts, was nur eine Ursache hat."). Zur Erklärung menschlichen Erlebens und Verhaltens sind demnach immer *mehrere* Einflussfaktoren (i.S. von Ursachenkomponenten) in Betracht zu ziehen. So können sowohl Merkmale der Person, deren Erleben und Verhalten erklärt werden soll *(personale Einfluss-faktoren)*, als auch Merkmale der physikalischen und der sozialen Umwelt *(si-tuative Einflussfaktoren)* bedeutsam sein. Personale Merkmale umfassen u.a. Fähigkeiten, Persönlichkeitseigenschaften, Einstellungen, Beeinträchtigungen der bio-psycho-sozialen Gesundheit, aktuelle Motive und Stimmungen. Als situati-ve Einflussfaktoren werden neben Merkmalen der physikalischen Umwelt (wie Aspekte der baulichen Umwelt, Lärm, Hitze, Enge) vor allem Merkmale der sozialen Umwelt (wie die Mehrheitsmeinung in einer Gruppe, das zu beobach-tende Verhalten anderer Personen, das unterstützende Netz alltäglicher sozialer Beziehungen ...) in Betracht gezogen.

Der Einfluss personaler und situativer Einflussfaktoren kann zudem unter einer zeitlichen Perspektive betrachtet werden *(aktuelle* und *lebensgeschichtliche* Einflussfaktoren). So können längerfristige Einflüsse und Effekte angenommen werden (z.B. die Auswirkung der Einbindung in ein unterstützendes soziales Netzwerk auf die Bewältigung chronischer Krankheiten), langfristige Effekte von in der Vergangenheit liegenden Ereignissen (z.B. ein traumatisches Ereignis oder positive Beziehungserfahrungen in der Kindheit auf das psychosoziale Wohlbefinden im Erwachsenenalter) und auch kurzfristig wirksame Einflüsse und Effekte (z.B. die Wirkung der Sichtbarkeit einer Waffe als aggressiver Hin-weisreiz auf die Bereitschaft, einer anderen Person Schmerzen zuzufügen).

Aus diesem Spektrum möglicher Einflussfaktoren widmet sich die Sozialpsy-chologie besonders den aktuellen situativen Bedingungen, also den aktuellen Wirkungen der physikalischen und sozialen Umwelt. In unserem alltags-psychologischen Denken unterschätzen wir vielfach den Einfluss solcher aktu-eller situativer Bedingungen und führen das Verhalten einer Person eher auf sta-bile personale Merkmale (z.B. Persönlichkeitseigenschaften) zurück, so dass die Befunde der Sozialpsychologie häufig den intuitiven Alltagsurteilen und -erwartungen widersprechen.

Bei der Entwicklung sozialpsychologischer Annahmen und deren Überprüfung wird in Betracht gezogen, dass die Umwelt nicht „per se" wirkt, sondern über ihre *Bedeutung*, die subjektive Interpretation, die sie durch das Individuum erfährt. Ein großer Anteil sozialpsychologischer Erklärungen und Versuche ihrer Überprüfung schließt dementsprechend die Art, wie Menschen ihre „Wirklichkeit konstruie-ren", ihre Kognitionen, Emotionen und Motive ein (umfassende Darstellung kog-nitiver und motivationaler Theorien der Sozialpsychologie in Frey & Irle, 1993, 2002b). Die subjektive Interpretation der Umwelt wird von anderen Personen und Gruppen mitbeeinflusst, auch unabhängig davon, ob diese in einer spezifischen Situation real anwesend sind oder nicht. Die Orientierung an anderen, an der so-zialen Bezugsgruppe, stellt für das Individuum eine zentrale Quelle von Wissen, Normen, Überzeugungen, Einstellungen und Verhaltensvorschriften dar, die sein Denken, Fühlen und Handeln anhaltend beeinflussen.

1.2.2 Zum Geltungsbereich sozialpsychologischer Theorien und Befunde

Soziale Bedeutungen, i.S. von Werten, Normen, Rollenerwartungen, die in einer Situation verhaltensrelevant werden (Thomas, 1991), entwickeln sich im Prozess der Interaktion des Individuums in seinem sozialen Kontext, sie sind also nicht losgelöst von historischen, gesellschaftlichen und kulturellen Entwicklungen zu sehen (Gergen, 1973; Moghaddam, 1998). Sozialpsychologische Theorien und Erkenntnisse können demnach keine ahistorischen, universellen *(nomologischen)* Aussagen über das „Wesen des Menschen" machen, wie es in Teilbereichen der Allgemeinen Psychologie angestrebt wird (vgl. Schermer, 2005, in dieser Reihe). Die Sozialpsychologie sucht nach Regelhaftigkeiten menschlichen Erlebens und Verhaltens unter näher zu konkretisierenden Bedingungen. Verschiedene Theorien in der Sozialpsychologie beanspruchen diesbezüglich einen unterschiedlichen Geltungsbereich (Reichweite) ihrer Erklärungsansätze.

So beansprucht beispielsweise die klassische *Theorie der Kognitiven Dissonanz* von Festinger (1957) einen relativ breiten Geltungsbereich. Sie postuliert, dass Menschen danach streben, in ihrem kognitiven System – also zwischen ihren Wissenseinheiten, Einstellungen, Werten – ein inneres Gleichgewicht *(Konsonanz)* herzustellen. Wenn relevante Elemente des kognitiven Systems miteinander in Widerspruch geraten, gerät das System in *Dissonanz*. Wenn ich beispielsweise weiß, dass Rauchen das Krebserkrankungsrisiko erhöht und ich trotzdem rauche (vgl. Kapitel 3), oder wenn ich die *Norm der sozialen Verantwortung* vertrete und einer bedrohten Person nicht zur Hilfe komme (vgl. Kapitel 8), entsteht *kognitive Dissonanz*. Um den daraus resultierenden unangenehmen Spannungszustand zu reduzieren, kann ich mein Verhalten verändern. Bezogen auf die genannten Beispiele kann ich aufhören zu rauchen; ich kann Hilfe holen oder selbst helfend einschreiten. Ich kann aber auch versuchen, meine Kognitionen zu verändern, indem ich mir sage, es lohne sich eh nicht, alt zu werden oder die hilfebedürftige Person habe ihre bedrohliche Situation provoziert und mitverschuldet und sei für die Lösung des Problems selbst verantwortlich. Neben den Möglichkeiten, die Dissonanz durch *Verhaltensänderung* oder *Kognitionsveränderung* zu reduzieren, kann auch die *Auseinandersetzung mit neuen Informationen und Meinungen* zur Dissonanzreduktion führen. So könnte ich mich beispielsweise mit den Erfolgschancen einer Raucherentwöhnung beschäftigen und das Krebserkrankungsrisiko im Kontext anderer Risiko- und Schutzfaktoren näher betrachten. Angesichts der für die beobachtete Person bedrohlichen Situation könnte ich die Reaktionen der anderen Passanten beobachten, um daraus Hinweise abzuleiten, ob die Situation tatsächlich als bedrohlich einzuschätzen ist und ob ein Eingreifen sozial angemessen erscheint (Die Orientierung an anderen scheint eine Strategie zu sein, die in größeren Zuschauergruppen eine *Verantwortungsdiffusion* und ein Unterlassen von Hilfeleistung begünstigt. Vgl. Kapitel 8.).

Die *Theorie der kognitiven Dissonanz* beansprucht, einen grundlegenden Mechanismus menschlicher Informationsverarbeitung und Urteilsbildung zu beschreiben. Als kultur- und individuumsabhängig variabel werden demgegenüber die kognitiven Elemente selbst und die als Widerspruch empfundenen Beziehungen zwischen ihnen betrachtet. Darüber hinaus können allerdings auch der Grad, in dem Menschen kognitive Dissonanzen ertragen und nutzen – auch mit dem Ausdruck der *Ambiguitätstoleranz* bezeichnet – sowie das Ausmaß und die Art der Strategien zur Dissonanzreduktion, als individuums- und kulturabhängig variabel betrachtet werden.

„Nichts ist so praktisch wie eine gute Theorie."

Dieser Satz wird Kurt Lewin zugeschrieben, einem der Begründer einer experimentellen und angewandten Sozialpsychologie. Lewin (1890–1947) emigrierte in den 1930er Jahren aus dem nationalsozialistischen Deutschland in die USA und nahm dort mit seinem gestalttheoretischen Ansatz großen Einfluss auf die Entwicklung der sozialpsychologischen Theoriebildung, Forschung und Anwendungspraxis, die ihrerseits in der Zeit nach dem Zweiten Weltkrieg die europäische Sozialpsychologie stark geprägt hat (kritische Anmerkungen zur Geschichte der Sozialpsychologie s. Graumann, 2002).

Psychologische Theorien (Alltags- und wissenschaftliche Theorien) versuchen, komplexe Phänomene menschlichen Erlebens und Verhaltens zu strukturieren, beschreibbar und erklärbar zu machen und damit die Voraussetzungen für Prognosen und zielgerichtetes praktisches Handeln zu schaffen. Sie eröffnen die Möglichkeit, über die Einzelbeobachtung hinausgehend, zutreffende Prognosen über menschliches Erleben und Verhalten unter bestimmten Bedingungen zu machen.

Als Gütekriterien einer wissenschaftlichen Theorie können genannt werden:
- die Eindeutigkeit und Kommunizierbarkeit der verwendeten Begriffe und Aussagen,
- die logische Konsistenz (Widerspruchsfreiheit) ihrer Aussagen,
- die Überprüfbarkeit ihrer Annahmen,
- die Einfachheit und Sparsamkeit der verwendeten Begriffe und Annahmen,
- ein Bezug zu bereits bestehenden Theorien und Erkenntnissen,
- ein hoher Informationsgehalt, d.h. ein möglichst breiter Bereich, auf den die Annahmen zutreffen.

In der Sozialpsychologie existiert eine Vielzahl – auch konkurrierender – Theorien, die teilweise mit unterschiedlichen Menschenbildern, Wissenschaftsverständnissen und Forschungstraditionen verbunden sind (zur wissenschaftstheoretischen Einordnung s. Rook, Irle & Frey, 1993. Eine differenzierte Darstellung sozialpsychologischer Theorien in Frey & Irle, 1993, 2002a, 2002b). Teilweise kommen die Theorien zu unterschiedlichen Voraussagen. Teilweise sind ihre Voraussagen identisch, es werden allerdings unterschiedliche kognitive, emotionale und motivationale vermittelnde Prozesse *(Wirkmechanismen)* angenommen. Von der – insbesondere bei der Vorbereitung auf eine Prüfung im Fach Psychologie – vielleicht verlockenden Vorstellung, es müsse doch eine oder zumindest einige wenige „wahre" Theorien geben, müssen wir leider Abschied nehmen. Thomas (1991, S. 33) formuliert dazu: „Eine Theorie ist lediglich ein Werkzeug... Sie ist nicht die Erkenntnis der letzten Wahrheit. Wer es lernt, eine Theorie nur als ein Werkzeug anzusehen, wird es aufgeben, nach der einzigen, der wahren Theorie zu fragen. Eine solche Theorie gibt es nicht. Jede Theorie verliert an dem einen oder anderen Punkt ihre Erklärungskraft. Man sollte deshalb immer fragen, auf welchen Phänomenbereich eine Theorie sinnvoll anwendbar ist... Wissenschaftliche Aussagen können nie den Anspruch erheben, Aussagen über Wahrheiten oder Unwahrheiten eines Sachverhaltes zu sein. Wissenschaftliche Aussagen sind immer nur Aussagen über den relativen Grad der Gewissheit eines Sachverhaltes. Jeder wissenschaftliche Begriff ist auf einer gedachten Skala von unterschiedlichen Wahrscheinlichkeiten anzusiedeln." Um den „Grad der Gewissheit" zu erhöhen, sind wissenschaftliche Theorien kritisch zu überprüfen. Ergebnisse der Überprüfung können den Geltungsbereich einer Theorie näher bestimmen, zu ihrer Modifikation oder Differenzierung beitragen sowie Anregungen zur Integration mit anderen Theorien bieten.

Ergebnisse einer einzelnen Studie sind nicht dazu geeignet, daraus direkte Schlussfolgerungen auf andere Personen, Gruppen oder Settings abzuleiten, also *Generalisierungen* vorzunehmen. Die Schlussfolgerungen erfolgen über die Theorie: Die Ergebnisse einer Studie sind ggf. dazu geeignet, eine Theorie zu stützen oder zu spezifizieren, aus der sich dann wiederum Voraussagen für andere Person-Situation-Konstellationen ableiten lassen, die ihrerseits zu prüfen sind.

1.3 Zum Verständnis sozialpsychologischer Forschung

Zur Überprüfung sozialpsychologischer Theorien und Annahmen werden Strategien und Methoden der empirischen Sozialforschung eingesetzt. Die folgende Darstellung ausgewählter Aspekte sozialpsychologischer Untersuchungsplanung und -methoden soll Ihnen als Leserin und Leser erleichtern, kritisch nachzuvollziehen, wie die im weiteren Verlauf des Lehrbuches referierten Befunde und Erkenntnisse sozialpsychologischer Forschung erarbeitet wurden (als eine systematische Darstellung wissenschaftstheoretischer Grundlagen, empirischer Forschungsmethoden und statistischer Auswertungsverfahren sei der *Methodenatlas für Sozialwissenschaftler* von Rogge, 1995, empfohlen).

1.3.1 Experimentelle Forschung

Bei der Lektüre des Buches werden Sie feststellen, dass viele der sozialpsychologischen Befunde Ergebnisse experimenteller Laborforschung sind. Zum besseren Verständnis sei deshalb diese Forschungsmethode ausführlicher, anhand eines klassischen Experiments vorgestellt, das der Frage nachgeht, unter welchen Bedingungen Personen unmoralischen Anordnungen Folge leisten.

1.3.1.1 Die Gehorsamsexperimente von Milgram

Würden Sie einen Unbekannten absichtlich exekutieren? Mit dieser provokativen Frage führt Bierbrauer (2005) die Leserinnen und Leser seines Lehrbuches zur Sozialpsychologie in die Problematik der Diskrepanz zwischen alltagspsychologischen Überzeugungen und empirischen Befunden der psychologischen Forschung ein. Es folgt eine eindringliche Darstellung des Ablaufs der klassischen Experimente von Milgram (1974), die der Frage nachgehen, ob und unter welchen Bedingungen Menschen unmoralischen Befehlen gehorchen bzw. sich widersetzen. Kaum einer der Leserinnen und Leser wird nach der Lektüre des Versuchsablaufes annehmen, sie oder er *selbst* würde den Anweisungen folgen und sich nicht widersetzen. Wie eigene Untersuchungen von Bierbrauer zeigen, unterschätzen Befragte auch den Prozentsatz von anderen Personen, die tatsächlich in einer solchen Situation Gehorsam leisten.
Wäre Milgram seiner Fragestellung nur mit Hilfe von Interviews nachgegangen, wäre er demnach zu völlig anderen Ergebnissen gekommen als durch den Einsatz eines Experiments.

An dieser Stelle eine Kurzdarstellung des Experiments:

Stanley Milgrams (1974) Forschung greift die politisch brisante Frage auf, wieso im nationalsozialistischen Deutschland biedere Bürger direkt oder indirekt an der millionenfachen Vernichtung von Juden und politisch anders Denkenden mitwirkten und warum Menschen Anordnungen von Autoritäten gehorchen, auch wenn sie ihren eigenen moralischen Überzeugungen widersprechen.

Milgram ging dieser Frage mit Hilfe eines Laborexperiments nach. Über ein Zeitungsinserat wurden Versuchspersonen für ein Experiment zum Thema Lernen und Gedächtnis geworben, das in einem psychologischen Labor der Yale Universität in den USA stattfand. Jeweils zwischen zwei der erschienenen Versuchspersonen loste der Versuchsleiter aus, wer in dem folgenden Experiment die Rolle des Lehrers und wer die des Schülers übernehmen sollte. Tatsächlich war die Auslosung nur vorgetäuscht; die Person, die die Rolle des Schülers erhielt, war ein eingeweihter Mitarbeiter des Versuchsleiters. Der Versuchleiter instruierte nun die tatsächliche Versuchsperson in der Rolle des Lehrers, es handele sich um ein wissenschaftliches Experiment, in dem die Wirkung von Strafe auf die Lern- und Behaltensleistung untersucht werden solle. Der „Schüler" wurde an einem Stuhl festgeschnallt und es wurden Elektroden an seinem Handgelenk befestigt. Der „Lehrer" wurde nun in einen Nebenraum geführt und in die Handhabung eines Elektroschockgenerators eingewiesen; mit Hilfe von 30 Schaltern, abgestuft von 15 bis 450 Volt, könnten dem Schüler Elektroschocks verabreicht werden. Zusätzlich zu den Voltangaben waren die Schalter beschriftet mit Hinweisen wie „Leichter Schock" bis zu „Gefahr. Bedrohlicher Schock". Die beiden letzten Schalter waren nur mit „XXX" gekennzeichnet. Der Versuchsleiter wies darauf hin, dass die Stromstöße äußerst schmerzvoll sein könnten, aber keinen dauerhaften Schaden verursachen würden. Um sich die Effekte vorstellen zu können, erhielt der „Lehrer" einen Probeschock von 45 Volt. Der Lehrer erhielt nun die Aufgabe, dem Schüler zunächst Wortpaare vorzulesen; in der anschließenden Phase solle er nur das erste Wort vorgeben, der Schüler habe das zweite Wort zu ergänzen. Mache er einen Fehler, sei er mit einem Elektroschock zu bestrafen. Die Schockstärke habe mit 15 Volt zu beginnen und sei bei jedem weiteren Fehler um eine Stufe (jeweils 15 Volt) zu erhöhen.

Tatsächlich erhielt der „Schüler", der Mitarbeiter des Versuchsleiters, keine Elektroschocks. Er simulierte entsprechend der Voltstärke Schmerzensäußerungen, Hilferufe, qualvolles Schreien, Rufe, nicht mehr weitermachen zu wollen und verstummte schließlich (detaillierte Darstellung in Aronson, Wilson & Akert, 2004). Auch dann noch musste er mit Elektroschocks bestraft werden, da keine Antwort als falsch gewertet werden sollte. Die Versuchsperson in der Lehrerrolle konnte die Reaktionen des Schülers im Nebenraum hören. Falls sie Bedenken äußerte oder mit der Verabreichung der Schocks zögerte, ermahnte sie der Versuchsleiter, sie müsse unbedingt weitermachen, ohne allerdings irgendwelche Sanktionen anzudrohen. Der Grad des Gehorsams wurde an der Höhe der verabreichten Schocks gemessen.

Was meinen Sie, wie viel Prozent der Versuchspersonen gingen tatsächlich bis zur höchsten Voltstärke? Wie viel Prozent verweigerten den Gehorsam und stiegen vorher aus? Trotz erheblicher Anzeichen von Anspannung und Gewissenskonflikten (Zittern, Schwitzen, Stottern...) gingen tatsächlich 62,5% der Versuchspersonen bis zur höchsten Schockstufe von 450 Volt. Dass die Schockhöhe tatsächlich in Folge der Anweisung durch die Autoritätsperson erfolgte, zeigt der Vergleich mit einer *Kontrollgruppe*, in der die Versuchspersonen die Stärke der Schocks selbst wählen konnten (die meisten blieben unter 75 Volt, nur 5% gingen über 150 Volt).

In verschiedenen Varianten des Standardexperiments untersuchte Milgram, unter welchen Bedingungen die Gehorsamsrate sinkt, also Menschen Widerstand gegen unmoralische Befehle leisten. So wurde die *räumliche Nähe zum Opfer* variiert: In der ersten Bedingung befindet sich der Schüler im Nebenraum und ist weder zu sehen noch zu hören, trommelt allerdings bei 300 Volt gegen die Wand. Die zweite Bedingung entspricht dem Standardexperiment, der Schüler ist im Nebenraum zu hören. In der dritten Bedingung sitzen Schüler und Lehrer im gleichen Raum. In der vierten Bedingung muss der Lehrer die Hand des Schülers auf eine Schockplatte drücken. Wie erwartet, reduziert die Nähe zum Opfer den Grad des Gehorsams (von 65% über 62,5%, 40% auf 30%). Eine mögliche theoretische Erklärung für dieses Ergebnis ist, dass die räumliche Nähe „Empathie", ein sich Einfühlen in das Opfer, aktiviert/erzwingt, was die Abwehr der Übernahme sozialer Verantwortung erschwert und die „Zivilcourage" zur Gehorsamsverweigerung stärkt (vgl. Kapitel 8 zum Hilfeverhalten).

Aus der Vielzahl der überprüften Varianten des Milgram-Experiments seien noch zwei interessante Ergebnisse skizziert:

- Die höchste Gehorsamrate zeigt sich, wenn sich die Versuchsperson nur als „Rädchen im Getriebe" erlebt. In dieser Bedingung bedient eine andere Person den Schockgenerator und die Versuchsperson selbst liest nur die Aufgaben vor und überprüft die Richtigkeit der Antworten. 92,5% der Versuchspersonen wirkten unter dieser Bedingung bis zur höchsten Schockstufe mit.
- Was passiert, wenn die Versuchsperson erlebt, dass zwei andere Versuchspersonen (tatsächlich instruierte Mitarbeiter des Versuchsleiters) den Gehorsam verweigern und aus dem Versuch aussteigen? Offenbar aktivieren Vorbilder Zivilcourage: 90% der Versuchspersonen brachen ihrerseits den Versuch ab, (nur?!) 10% gingen trotzdem bis zur höchsten Schockstufe.

Neben den experimentellen Variationen der Versuchsbedingungen wurden weitere Merkmale der Versuchspersonen erfasst und dahingehend überprüft, ob sie Einfluss auf die Gehorsamsrate haben, etwa das Geschlecht, das Bildungsniveau, die Berufsgruppe, der berufliche Status, generalisierte Einstellungen („Autoritarismus") und soziale Intelligenz. Durch Wiederholungen des Experiments in unterschiedlichen Ländern wurde versucht, den Einfluss gesellschaftlicher und kultureller Kontexte zu überprüfen (zusammenfassende Darstellungen der Befunde in Günther, 1997).

Milgrams Ergebnisse provozierten eine rege fachinterne und öffentliche Diskussion um das politisch brisante Thema. Sie sensibilisieren für den Einfluss situativer Umstände auf das Handeln von Menschen. Der Verlust der moralischen Urteilskraft durch die Möglichkeit, die Verantwortung für das eigene Handeln einer Autorität zuzuschreiben *(agentic shift)*, deren Anweisungen man nur (!) gefolgt ist und die Einbindung in eine unmoralische Handlungskette, die scheinbar harmlos beginnt und dann schrittweise eskaliert, macht es Menschen offenbar schwer, sich dagegen aufzulehnen.

Parallel zur inhaltlichen Diskussion wurden forschungsethische Bedenken gegen Milgrams Experimente geäußert: Auch wenn den Versuchspersonen im Anschluss an das Experiment offenbart wurde, dass die Schüler instruierte Mitarbeiter waren und tatsächlich keine Schocks erlitten haben, seien die Versuchspersonen während des Experiments massiven psychischen Belastungen durch Normkonflikte ausgesetzt gewesen. Sie hätten möglicherweise schwerwiegende Beeinträchtigungen ihres Selbstbildes erlitten, wenn sie sich im Nachhinein eingestehen müssten, dass sie bereit gewesen wären, einen anderen Menschen schwer zu peinigen und zu schädigen. Wie würden Sie die Frage beurteilen, ob dieser potentielle Schaden angesichts des aufklärerischen Nutzens des Experiments zu rechtfertigen ist?

Eine weitere kritische Frage ist die, für welche Bereiche menschlichen Erlebens und Verhaltens die in einem experimentellen Setting gewonnenen Erkenntnisse bedeutsam sein können. So ist die Situation einer einzelnen Person in einem psychologischen Labor, die ohne äußeren Druck den Anordnungen eines Wissenschaftlers folgt, nicht ohne weiteres übertragbar auf reale Alltagssituationen. Noch problematischer erscheint eine Übertragung der Ergebnisse und sozialpsychologischen Erklärungen auf kollektive gesellschaftliche Phänomene. Die Beteiligung deutscher Bürger an den Verbrechen des Nationalsozialismus lässt sich sicherlich nicht hinreichend erklären, ohne den historischen, wirtschaftlichen, politischen und ideologischen Kontext zu berücksichtigen. Experimentelle Erkenntnisse können ggf. *einen Beitrag* zur Beschreibung und Erklärung derart komplexer Sachverhalte leisten.

1.3.1.2 Allgemeine experimentelle Prinzipien

Mit Rückgriff auf die Beschreibung des Milgram-Experiments sollen die allgemeinen Prinzipien experimenteller Forschungsmethoden vorgestellt werden.

Die Formulierung einer Forschungsfrage erfolgt auf dem Hintergrund von Erkenntnisinteressen, wissenschaftlichen Theorien und Alltagstheorien. Die Forschungsfrage (z.B. in welchem Ausmaß und unter welchen Bedingungen sind Menschen dazu bereit, unmoralischen Anweisungen zu gehorchen, bzw. leisten sie Widerstand?) muss in überprüfbare *Hypothesen* übersetzt werden, also Aussagen dazu, unter welchen *Bedingungen* welche Ereignisse voraussichtlich eintreten werden. Dazu müssen *Konstrukte*, d.h. abstrakte Konzepte einer Theorie (z.B. Gehorsam gegenüber unmoralischen Anweisungen) in beobachtbare, messbare Sachverhalte übersetzt *(operationalisiert)* werden (z.B. Stärke der verabreichten Elektroschocks). Die messbare Repräsentation des Konstruktes bezeichnet man als *Variable*. Die *Bedingungen*, von denen angenommen wird, dass sie auf das Ereignis Einfluss haben *(Einflussfaktoren)*, werden als *unabhängige Variablen* bezeichnet. Die erwarteten Ereignisse *(Wirkungen, Effekte)* werden als *abhängige Variablen* bezeichnet. Unabhängige und abhängige Variablen müssen operationalisiert werden (z.B. die Nähe zum Opfer in der o.g. räumlichen Abstufung; der Grad des Gehorsams durch die maximal verabreichte Schockstärke).

Untersucht und nachgewiesen werden sollen also Ursache-Wirkungs-Zusammenhänge: Verursacht eine Variation der unabhängigen Variable systematische Unterschiede in der abhängigen Variable? Um tatsächlich kausale Schlussfolgerungen ableiten zu können, muss unterstellt werden, dass sich die Untersuchungsgruppen nicht durch andere relevante Merkmale unterscheiden, d.h. die Untersuchungssituation muss – bis auf die variierte Bedingung – in allen Gruppen möglichst identisch *(konstant)* sein.

Die Herstellung der exakt gleichen Untersuchungssituation für alle Gruppen ist etwas, das allenfalls annäherungsweise in einer experimentellen Situation gelingt, nicht in einer natürlichen Alltagssituation. So wird es beispielsweise im Alltag eine Vielzahl von Situationen geben, in denen Menschen Anordnungen ausgesetzt sind, die ihren eigenen moralischen Überzeugungen widersprechen.

Diese sind sehr vielfältig und unterscheiden sich voneinander durch eine Fülle von möglichen Aspekten (z.B. durch die Art der Abhängigkeitsbeziehung zur anordnenden Autorität, das Ausmaß der zu erwartenden Nachteile bei Gehorsamsverweigerung, die persönliche Beziehung zum Opfer, Ausmaß und Art der Schädigung des Opfers u.v.m.). Insofern wäre schwer abzuschätzen, worauf möglicherweise zu beobachtende Unterschiede zwischen verschiedenen Personen und Gruppen zurückzuführen sind.

Im Experiment werden die Versuchspersonen per Zufall einer Bedingung zugewiesen. Dabei werden mindestens zwei Bedingungen miteinander verglichen:
1. In der *experimentellen Bedingung* werden die Versuchspersonen dem zu testenden Reiz (der *experimentellen Manipulation*) ausgesetzt.
2. In der *Kontrollbedingung* bleibt dieser Reiz in der ansonsten gleichen Situation aus.

Im Anschluss werden *Experimental-* und *Kontrollgruppe* hinsichtlich der Werte auf der abhängigen Variable miteinander verglichen.

Beispielsweise: Unterscheidet sich die Gruppe bezüglich der verabreichten Schockstärke, die per Autorität eine Anweisung erhalten hatte *(Experimentalgruppe)* von der Gruppe der Versuchspersonen, die das Schockniveau selbst wählen konnte *(Kontrollgruppe)*?

Um die Effekte mehrerer Variablen, deren Kombinationen sowie Wechselwirkungen zwischen den Variablen zu erfassen, können auch komplexere Forschungsdesigns mit mehreren abgestuften Variablen konzipiert werden. Mit Hilfe entsprechender multivariater statistischer Verfahren kann der relative Anteil der einzelnen Variablen zur Erklärung der Variation der abhängigen Variable bestimmt werden (nähere Darstellung in Bortz & Döring, 2002; Rogge, 1995).

Im Experiment bemüht man sich, *„kontrollierte Bedingungen"* herzustellen. Dazu werden situative Reize und Reaktionsmöglichkeiten der Versuchspersonen eingeschränkt. Dies geht in der Regel zulasten der Alltagsnähe der hergestellten Situation. Aronson (1994) unterscheidet in diesem Zusammenhang zwischen *Wirklichkeitsnähe*, also der Alltagsähnlichkeit der hergestellten Situation und der *Realitätsnähe*, i.S. des aktuellen Erlebens der Versuchsperson, inwieweit sie das Geschehen ernst nimmt, darin involviert ist oder nur „mitspielt". Milgrams Experiment scheint trotz geringer Alltagsnähe eine hohe Realitätsnähe herzustellen, worauf die starken Anzeichen von Anspannung der Versuchspersonen hindeuten. Die Übertragbarkeit der aus einem Experiment gewonnenen Ergebnisse auf das Erleben und Verhalten von Menschen in Alltagssituationen (auch als *ökologische Validität/Gültigkeit* bezeichnet) ist entsprechend der Realitäts- und Wirklichkeitsnähe eines Experiments zu relativieren.

Die Zuordnung der Versuchspersonen zu den einzelnen Bedingungen erfolgt per *Zufallszuweisung*, damit eine systematische Kopplung von Personenmerkmalen und Versuchsbedingungen vermieden wird. Würden Sie etwa die Versuchspersonen in Milgrams Experiment wählen lassen, wer selbst den Schockgenerator bedienen möchte und wer nur die Aufgabe stellen und deren Richtigkeit beurteilen möchte, wäre zu vermuten, dass sich die Personen der beiden Experimentalbedingungen systematisch in bestimmten verhaltensrelevanten Einstellungen unterscheiden würden. Es würde eine *Konfundierung* der unabhängigen Variable (Grad der Eingebundenheit in die Bestrafungsmaschinerie) mit einer anderen potentiell einflussreichen Variable (hier eine nicht näher bestimmbare Einstellung) eintreten, so dass man Unterschiede zwischen den Gruppen nicht mehr primär auf die experimentelle Manipulation (hier den Grad der Eingebundenheit in die Bestrafungsmaschinerie) zurückführen könnte.

In Milgrams Experiment wurde die Versuchperson über die Forschungsfrage fehlinformiert. Sie ging davon aus, es handele sich um ein Lernexperiment, der Schüler sei die Versuchsperson, anhand deren Reaktionen man den Effekt von Strafe auf die Behaltensleistung erheben wolle. Der Versuchsperson war nicht klar, dass das Forschungsinteresse tatsächlich auf die Frage des Gehorsams gegenüber unmoralischen Befehlen gerichtet und sie selbst die eigentliche Versuchsperson war. Diese Art der Täuschung, die o.g. moralische Bedenken anregen kann, ist in der Regel ein konstitutives Merkmal des Experimentes. Wüsste die Versuchsperson um den eigentlichen Zweck, würde sie sich weniger spontan, sondern eher selbstaufmerksam, selbstreflexiv und möglicherweise mehr im Sinne *sozialer Erwünschtheit* verhalten. Das Dilemma zwischen dem Anspruch nach Aufrichtigkeit gegenüber der Versuchsperson und der Verfolgung des Forschungsanliegens versucht man durch ein *nachexperimentelles* Gespräch zu mildern, in dem die Versuchsperson über den eigentlichen Untersuchungszweck aufgeklärt wird und sie soziale Unterstützung bei der Reflexion ihres eigenen Verhaltens im Rahmen des Versuches erhält.

1.3.2   Auswahl der Untersuchungsstichprobe

Das Problem der Stichprobenauswahl berührt nicht nur experimentelle, sondern alle Untersuchungssettings und -verfahren (Feldstudien, Erhebungen ...). Da in der Regel nicht nur Aussagen über die an dem Versuch oder der Erhebung Beteiligten gemacht werden sollen, sondern generellere Folgerungen auf das Erleben und Verhalten von Personen abgeleitet werden, muss bei der Auswahl der Stichprobe der Versuchspersonen bzw. der Untersuchungteilnehmer darauf geachtet werden, dass sie in den wesentlichen Personenmerkmalen der Grundgesamtheit *(Population)* entsprechen, über die Aussagen gemacht werden sollen. Aufgrund dieser Überlegungen hat beispielsweise Milgram keine studentische Versuchspersonenstichprobe verwendet, sondern 20–50-jährige Bürgerinnen und Bürger unterschiedlicher beruflicher Positionen. Da in der Regel die Erhebung einer *repräsentativen* Stichprobe zu aufwendig ist, werden zumindest potentiell bedeutsame Personenmerkmale der Versuchspersonen als *Kontrollvariablen* miterfasst und später in der Auswertung der Ergebnisse berücksichtigt. So kann etwa im Nachhinein überprüft werden, ob es geschlechts- oder schichtspezifische Unterschiede in der Ausprägung der abhängigen Variable gibt (Übrigens: Vermuten Sie, dass es in Milgrams Experimenten geschlechtsspezifische Unterschiede in der Gehorsamsbereitschaft gab? Leider nein! Frauen, denen man – gemäß dem weiblichen Geschlechtsrollenstereotyp – mehr Empathie mit dem Opfer zutrauen könnte, widersetzten sich nicht häufiger den Befehlen und verabreichten ein vergleichbares Schockniveau wie männliche Versuchspersonen.).

1.3.3 Feldforschung

Feldstudien finden in Alltagssituationen statt, mit denen die beobachteten oder befragten Personen vertraut sind. Es besteht die Erwartung, dass ihr Verhalten eher ihrem alltäglichen Verhalten entspricht, als es in einer experimentellen Laborsituation der Fall ist. Feldstudien eignen sich besonders, um sich zunächst einmal deskriptiv einem Phänomen zu nähern, etwa: Wie verhalten sich Passanten, die an einem Haus vorbeigehen, aus dem das Gebrüll eines Mannes und ängstliches Weinen eines Kindes tönen (vgl. Kapitel 8)? Wie reagieren Säuglinge auf ein weinendes Baby oder auf ein trauriges Gesicht einer vertrauten Person (vgl. Kapitel 7)?

Auch bei einer Untersuchung in natürlichen Situationen können Bedingungen variiert/manipuliert, also künstlich hergestellt werden *(Feldexperiment)*. Dabei müssen die beobachteten Personen nicht unbedingt wissen, dass sie Ziel wissenschaftlicher Beobachtung sind. Als Beispiel sei die *Methode des verlorenen Briefes* genannt: Adressierte und frankierte Briefe werden in Telefonzellen oder auf dem Bürgersteig so deponiert, als habe sie jemand versehentlich liegengelassen oder verloren. Erhoben wird nun, wie viele der Briefe durch hilfsbereite Bürger in den Briefkasten geworfen werden. Dabei interessiert beispielsweise die Frage, inwiefern die Quote der eingeworfenen Briefe davon abhängt, ob der angegebene Empfänger und/oder Absender einen ausländisch oder einheimisch klingenden Namen hat. Eine niedrige Einwurfquote von Briefen mit ausländisch klingenden Namen wird als Hinweis auf eine fremdenfeindliche Einstellung der Bürger interpretiert (vgl. Kapitel 6).

Ein Vorteil von Untersuchungen im Feld ist die Alltagsnähe oder *Echtheit* der Situation, ein Nachteil, dass man die verschiedenen Einflussgrößen, die außer der absichtsvoll variierten Bedingung existieren, kaum kontrollieren kann. Bei dem beschriebenen Experiment weiß man beispielsweise wenig bezüglich der Merkmale der Personen, die die Briefe einwerfen und derer, die sie liegen lassen. Zudem dürften sich noch weitere Bedingungen auf die Einwerfquote auswirken, die mit der Zuordnung des Namens des Absenders/Empfängers zu einer ethnischen Gruppe nichts zu tun haben.

Bei einer Feldstudie *ohne* experimentelle Manipulation, in der man beispielsweise den Konsum gewalttätiger Filme durch *Befragung* erhebt und den Grad aggressiven Verhaltens durch *Beobachtung*, kann man beispielsweise überprüfen, ob Kinder, die mehr gewalttätige Filme sehen, sich auch aggressiver verhalten, ob also ein *Zusammenhang* zwischen Medienkonsum und Verhalten besteht. Die Stärke dieses Zusammenhangs wird häufig mit Hilfe von *Korrelationen*, statistischen Kennwerten, angegeben (Näheres zu sozialwissenschaftlichen Untersuchungsmethoden und statistischer Auswertung in Bortz & Döring, 2002; Rogge, 1995; Wellhöfer, 1997). Man kann anhand eines solchen Befundes allerdings nicht angeben, was Ursache und was Wirkung ist: Sehen aggressive Kinder gerne und daher häufiger Gewaltfilme? Machen gewalttätige Filme Kinder aggressiv (plausibel wäre beides bzw. eine wechselseitige Beeinflussung)? Oder gibt es eine dritte Variable, die beide Effekte bedingt? Zum Beispiel eine Erziehungssituation, die Kinder weitgehend sich selbst überlässt und wenig emotionale Anteilnahme und Orientierung bietet, begünstigt beides, sowohl aggressive Verhaltensweisen, als auch unkontrollierten Medienkonsum (vgl. Kapitel 7).

Eine experimentelle Variation von Bedingungen lässt sich vielfach aufgrund ethischer und praktischer Gründe nicht durchführen. So kann beispielsweise die Wirkung sozialer Unterstützung *(unabhängige Variable)* auf die Bewältigung einer chronischen Krankheit *(abhängige Variable)* nicht seitens der Untersuchenden hergestellt/manipuliert werden. Ebensowenig wäre eine Zufallszuweisung von Personen in die einzelnen Bedingungskonstellationen möglich, so dass bei entsprechenden Fragestellungen abhängige und unabhängige Variablen nicht variiert, sondern konstatiert, d.h. durch Messung erhoben werden müssen. *Erhebungen* stellen daher neben einem experimentellen Vorgehen eine bedeutsame Forschungsstrategie dar.

1.3.4   Verfahren der Datenerhebung

Zur Überprüfung von Annahmen müssen theoretische Konstrukte in messbare Sachverhalte übersetzt werden. Zur Erhebung des Erlebens und Verhaltens und der vermuteten Einflussfaktoren werden in der sozialpsychologischen Forschung vielfältige Verfahren eingesetzt, u.a. *Beobachtungsverfahren* und/oder *Selbstbeurteilungsverfahren*. Jedes Verfahren erschließt einen anderen Aspekt von „sozialer Wirklichkeit" und beeinflusst seinerseits in einer spezifischen Weise das zu messende Erleben und Verhalten der Personen *(Reaktivität des Verfahrens)*.

Beobachtungsverfahren eignen sich besonders dazu, das verbale und nonverbale Verhalten zu erfassen. Sie können in ihrem Grad der Standardisierung von *freier Beobachtung* bis zu vorgegebenen *Kategoriensystemen* reichen (Schulte, Elke, Hartung & Künzel, 1994). Bei letzteren gibt es exakte Anweisungen, welche der beobachteten Verhaltensweisen welcher Kategorie zuzuordnen und wie der Grad der Ausprägung des Verhaltens festzustellen ist (Häufigkeit, Intensität des Auftretens). So eignet sich beispielsweise die auf Bales (1950) zurückgehende *Interaktionsprozessanalyse (IPA)* zur Erfassung der aufgaben-orientierten und sozioemotional-orientierten verbalen Interaktion in Kleingruppen (vgl. Kapitel 5. Näheres zu Beobachtungsverfahren s. Schermer, 2005, in dieser Reihe).

Selbstbeurteilungsverfahren erheben Einstellungen, Meinungen, Selbsteinschätzungen der befragten Person. Sie können in der Form von Fragebögen, Einschätz-Skalen *(Rating-Skalen)*, psychologischen Tests oder mittels Interviews erfolgen. Die unterschiedlichen Verfahren haben spezifische Vor- und Nachteile:

- So reduzieren Befragungen per *Fragebogen*, bei denen i.d.R. Anonymität zugesichert wird, das Risiko, dass die befragte Person im Sinne *sozialer Erwünschtheit* antwortet.
- Der Grad der Vorstrukturierung der Antwortmöglichkeiten und der Auswertung kann stark variieren. Vorgegebene Antwortalternativen, die ggf. als zutreffend anzukreuzen sind, erleichtern die eindeutige Zuordnung der Antworten bei der Auswertung, haben allerdings den Nachteil, dass mögliche Missverständnisse der Person nicht deutlich werden oder eine relevante Meinung der Person nicht erfasst wird, weil keine entsprechende Antwortkategorie vorliegt.
- Interviews, insbesondere *narrative Interviews*, die die Person zu einer Selbstexploration und tieferen Bearbeitung ihrer Erfahrungen und Einstellungen anregen, eröffnen einen Zugang zu dem subjektiven Erleben der Person, sind allerdings in stärkerem Maße von der spezifischen Interaktion zwischen den beteiligten Gesprächspartnern beeinflusst und lassen auch bei der quantitativen oder qualitativen Auswertung einen größeren Interpretationsspielraum zu (vgl. Mayring, 2002; Lamnek, 2005).

Sozialpsychologische Forschung nutzt auch *Dokumente* und *archivierte Daten*, die möglicherweise zu anderen Zwecken erhoben wurden, wie Kriminalstatistiken, Wirtschaftsdaten u.a. So kann beispielsweise das Ausmaß und die Verbreitung ethnischer Vorurteile (per Fragebogen erhoben) in Beziehung gesetzt werden zu der Bevölkerungsstruktur eines Wohngebietes hinsichtlich der Proportionen unterschiedlicher ethnischer Gruppen (bevölkerungsstatistische Daten). So zeigte die kanadische Untersuchung von Kalin und Berry (1982), dass Personen, die in gemischt ethnischen Wohngebieten lebten, weniger Vorurteile gegenüber einer spezifischen Fremdgruppe angaben, als Personen, die keine unmittelbare Nachbarschaftserfahrung mit der anderen ethnischen Gruppe im Wohnumfeld hatten (vgl. Kapitel 6).

Bei der Auswahl der Verfahren zur Datengewinnung sollten ihre jeweiligen Vor- und Nachteile berücksichtigt und ggf. eine Kombination angestrebt werden. So eröffnen unterschiedliche methodische Zugänge verschiedene Aspekte eines Phänomens und können sich sinnvoll ergänzen, wie beispielsweise zum Problem des Rechtsextremismus in Deutschland (Frindte, 1998) die Auswertung von Befunden aus (1) anonymen Befragungen von Jugendlichen und ihren Eltern, (2) narrativen Interviews mit gewaltbereiten Jugendlichen und (3) die Auswertung von Jugendgerichtsakten (vgl. Kapitel 6).

Tipps für die kritische Leserin, den kritischen Leser:

Auch wenn es sozialpsychologischer Forschung gelingt, Einflussfaktoren auf menschliches Erleben und Verhalten nachzuweisen und die Bedingungen, unter denen sie wirksam sind, näher zu spezifizieren, können daraus keine deterministischen Aussagen (i.S. von „immer wenn X, dann Y") abgeleitet werden. Möglich sind vielmehr Wahrscheinlichkeitsaussagen *(probabilistische Aussagen)*. Bei der Darstellung der Befunde psychologischer Forschung wird dies von den Autorinnen und Autoren in der Regel mitgedacht, aber nicht immer explizit in Sprache umgesetzt. Wenn Sie als Leserin in einer Darstellung der Milgram'schen Befunde den Satz finden sollten: „Wenn Personen beobachten, dass sich andere Personen unmoralischen Befehlen widersetzen, tun sie dies ebenfalls", wäre dies eine irreführende Formulierung. Den Befunden angemessen wäre eine Formulierung wie: „Wenn Personen beobachten, dass sich andere Personen unmoralischen Befehlen widersetzen, *besteht eine erhöhte Wahrscheinlichkeit*, dass sie dies ebenfalls tun". Auch dieser abgeschwächte Grad an Gewissheit eröffnet Perspektiven zum Verständnis des Phänomens und zur Ableitung praxisrelevanter Folgerungen.

Des Weiteren ist bei der Lektüre von Forschungsbefunden mitzudenken, dass eine einzelne Untersuchung in der Regel nur einige Einflussfaktoren aus dem gesamten Spektrum der möglicherweise relevanten Ursachenkomponenten einer empirischen Prüfung unterziehen kann. Bei der Darstellung der Befunde könnte für den Leser der Eindruck entstehen, dies seien die „eigentlichen", einzigen Ursachen für das zu erklärende Erleben und Verhalten. Ein derart reduziertes Erklärungsmodell wäre der Komplexität menschlichen Erlebens und Verhaltens in der Regel nicht angemessen. Nachgewiesene Einflussfaktoren sind als Komponenten in einem multifaktoriellen Erklärungsmodell zu betrachten, ohne dass dies ihre Bedeutung mindern müsste.

Genug der Tipps! Die folgenden sozialpsychologischen Theorien und Befunde sind hoffentlich so interessant, dass sie zur Reflexion alltagsrelevanter und sozialpädagogischer Fragen anregen.

2 Soziale Wahrnehmung und Attribution

Im Themenbereich der *Sozialen Wahrnehmung* beschäftigt sich die Sozialpsychologie zum einen damit, wie Menschen andere Personen, soziale Sachverhalte und Ereignisse wahrnehmen, erklären und bewerten. Zum anderen wird untersucht, inwieweit soziale Einflüsse (z.B. die Anwesenheit anderer Personen, Denkweisen der sozialen Bezugsgruppe, gesellschaftlich vermittelte Einstellungen) die Wahrnehmung des Einzelnen beeinflussen. Im folgenden Kapitel wird schwerpunktmäßig der erstgenannte Aspekt vorgestellt.

Wahrnehmung als konstruktiver Prozess

Bereits die Wahrnehmung unserer physikalischen Umwelt ist kein passives Registrieren von Reizen und Informationen aus der Umwelt, die ein Abbild der Wirklichkeit liefert, sondern ein selektiver und konstruktiver Prozess, der durch die wahrnehmende Person aktiv gestaltet wird. Aus der Fülle der wahrnehmbaren Informationen wird nur ein kleiner Teil selegiert und daraus werden Schlussfolgerungen gezogen. Auswahl und Verarbeitung der Reize erzeugen kein „Abbild von Wirklichkeit", sondern eine interpretierte, „subjektiv konstruierte Wirklichkeit" (differenzierte Darstellung in Schermer, 2005, in dieser Reihe).

Die Selektion der potentiell vorhandenen Reize und Informationen erfolgt entsprechend den (begrenzten) Kapazitäten und Fähigkeiten sowohl der Sinnesorgane, der neurophysiologischen Weiterleitung und der Informationsverarbeitung. Im Zuge des Informationsverarbeitungsprozesses wird den eingehenden Reizen seitens des Wahrnehmenden Bedeutung verliehen. Insbesondere bei *unbekannten* und uneindeutigen Informationen kann man diesen Prozess als *datengesteuert (bottom up)* kennzeichnen: Sinnessysteme nehmen Reize auf, diese werden mit vorhandenen Erfahrungen und Wissensbeständen verglichen und kombiniert, um daraus Schlussfolgerungen zur Bedeutung der Reize zu ziehen. Demgegenüber lässt sich in *bekannten* Situationen der Wahrnehmungsprozess eher als *konzeptgesteuert (top down)* kennzeichnen: Wissensbestände, Erwartungen, Hypothesen und Motive lenken die Aufmerksamkeit, Selektion und Gruppierung der Informationen und ordnen den Wahrnehmungsgegenstand einer Kategorie zu. Die wahrgenommenen Reize werden auf dem Hintergrund der Hypothesen und Erwartungen auf Stimmigkeit überprüft. Je stärker die bereits vorhandenen Hypothesen sind, desto geringer ist der Aufwand, der auf die Prüfung verwendet wird.

Die im Wahrnehmungsprozess ablaufende Selektion und Organisation der Reize läuft i.d.R. unwillkürlich ab. Sie hat die Funktion, die Datenmenge zu reduzieren, indem Einzelinformationen in Sinnzusammenhänge gruppiert werden, um der Person letztlich eine rasche Orientierung zu ermöglichen. Eine bewusste Lenkung der Aufmerksamkeit und/oder eine spezifische Motivation können darüber hinausgehend zur Datenreduktion beitragen, indem nur bestimmte Aspekte wahrgenommen, verarbeitet und im Gedächtnis gespeichert werden. Eine bewusste, motivierte Aufmerksamkeitslenkung kann allerdings auch darauf abzielen, Detailinformationen zu erheben, sich dem Sachverhalt mit einem höheren Auflösungsgrad zu nähern und entsprechend differenzierte Informationen zu speichern.

Sozialer Einfluss auf die Wahrnehmung

Die auf Festinger (1954) zurückgehende *Theorie sozialer Vergleichsprozesse* postuliert, dass Personen danach streben, ihre Vorstellungen und Meinungen über sich und ihre Umwelt auf Verlässlichkeit zu prüfen. Existieren für diese Prüfung keine objektiv-physikalischen Bewertungsmaßstäbe, greift die Person auf soziale Bewertungsmaßstäbe zurück, die sich aus dem Vergleich mit den Vorstellungen, Meinungen, Fähigkeiten und dem Verhalten anderer Personen ableiten lassen. Sozialpsychologische Studien zeigen erstaunlicherweise, dass bereits die Wahrnehmung der physikalischen Umwelt durch soziale Einflüsse mitbestimmt wird.

In einem klassischen Experiment von Asch (1956, nähere Darstellung im Kapitel 5 zur Konformität in Gruppen) wurden die Versuchspersonen gebeten, die Länge von Linien miteinander zu vergleichen. Obwohl die Reizvorlagen so eindeutig waren, dass i.d.R. mehr als 95% der Versuchspersonen die Aufgabe richtig lösten, sank die Quote der Personen, die durchweg richtig antworteten auf 25%, wenn sie die Aufgabe in Anwesenheit anderer Versuchspersonen absolvierten, die einhellig eine falsche Antwort gaben. Neben den Versuchspersonen, die sich nur nach außen hin dem Urteil der Mehrheit anpassten, insgeheim aber ihre Einschätzung beibehielten, gab es Personen, die unter dem Einfluss der Mehrheitsmeinung tatsächlich ihren Wahrnehmungseindruck änderten und die Länge der Linie anders „sahen".

Wie Sprache als sozialer Einflussfaktor die Wahrnehmung und Erinnerung physikalischer Sachverhalte beeinflusst, lässt sich an einem Experiment zur Aussagenpsychologie von Loftus und Palmer (1974) illustrieren. Versuchspersonen betrachteten einen Film, der einen Verkehrsunfall zeigte. Später wurden sie gebeten, die Geschwindigkeit zu schätzen, mit der die Autos kollidiert waren. Die Versuchspersonen, die gefragt wurden, wie hoch die Geschwindigkeit war, als die Autos „aufeinander prallten", schätzten das Tempo signifikant höher ein, als die Personen, bei denen man anstelle des Wortes „aufeinander prallten" das Wort „zusammenstießen" verwendete. Informationen aus dem Gedächtnis wurden also nicht nur „abgerufen", sondern ihre (Re-)Konstruktion unterlag dem mittels Sprache ausgeübten sozialen Einfluss.

2.1 Eindrucksbildung.
Wahrnehmung und Beurteilung von Personen

Weit komplexer und uneindeutiger als unsere physikalische Umwelt stellt sich in der Regel die soziale Umwelt dar. Nur ein Bruchteil der relevanten Informationen ist der direkten Beobachtung zugänglich, wesentliche Aspekte müssen erschlossen werden. Die Interaktion mit anderen Menschen verlangt allerdings von uns eine schnelle Orientierung als Grundlage für Entscheidungen und Handeln, sodass es notwendig ist, mit einfachen Erkenntnisregeln *(Heuristiken)* wesentliche Aspekte zu selegieren und ihnen Bedeutungen zuzuordnen. So wird aus wenigen Informationen ein Gesamteindruck bezüglich einer Person oder eines sozialen Ereignisses (z.B. eines interpersonellen Konflikts, vgl. Kapitel 6) gebildet.

Bei der Wahrnehmung sozialer Sachverhalte, also anderer Personen und sozialer Ereignisse, wird das konstruktive Moment des Wahrnehmungsvorganges besonders wirksam. Der Prozess lässt sich als weitgehend *konzeptgesteuert (top down)* interpretieren. Wissensbestände sowie an bestimmte soziale Rollen gebundene Erwartungen und Zuschreibungen aktivieren Hypothesen, unter denen dann die Wahrnehmung und Beurteilung der Person und der sozialen Ereignisse vorgenommen wird.

Das Ergebnis eines solchen Vorgangs veranschaulicht das folgende Experiment (Duncan, 1976). Weiße amerikanische Collegestudenten wurden gebeten, einen Videofilm anzuschauen, der eine Auseinandersetzung zwischen zwei Personen zeigte, in deren Verlauf die eine Person der anderen einen Stoß versetzte. Die Versuchspersonen wurden gebeten, im Anschluss an den Film den Vorgang anhand verschiedener Kategorien zu beschreiben. So sollte mitgeteilt werden, ob der Stoß „gewalttätig" oder „scherzhaft" erfolgte. Es bestanden vier Varianten des Films, denen die Versuchspersonen per Zufall zugeteilt wurden. Die Variation bestand in der unterschiedlichen Hautfarbe der „Täter-Opfer"-Paare (beide schwarz – beide weiß – Täter schwarz/Opfer weiß – Täter weiß/Opfer schwarz). Obwohl der Handlungsverlauf in allen vier Filmvarianten identisch war, beschrieben mehr als 70% der Versuchspersonen, dass der versetzte Stoß „gewalttätig" erfolgt sei, wenn der Akteur schwarzer Hautfarbe war (unabhängig von der Hautfarbe des Gestoßenen). Nur 13% beschrieben den Vorgang als „gewalttätig", wenn der Akteur weißer Hautfarbe war. Das Ergebnis des Experiments lässt vermuten, dass Schwarze bei den Beobachtern mit Zuschreibungen belegt sind, die mit gewalttätigem Verhalten assoziiert sind, sodass in einer uneindeutigen Reizsituation diese Erwartung die Wahrnehmung und Interpretation der beobachteten Ereignisse steuert.

Ein weiteres Experiment illustriert, wie anscheinend marginale Aspekte den Gesamteindruck beeinflussen, den der Beobachter von einer Person gewinnt. Forgas und Mitarbeiter legten Versuchspersonen eine Fallbeschreibung vor, aufgrund derer sie beurteilen sollten, ob sich die beschriebene Person eines Betruges schuldig gemacht habe und wie sie möglicherweise zu bestrafen sei. Alle Versuchspersonen erhielten die gleiche Falldarstellung, allerdings variierte das beiliegende Foto der beklagten Person (lächelnder versus nicht-lächelnder, neutraler Gesichtsausdruck). Die Versuchspersonen, die die Fallbeschreibung mit einem Foto erhielten, bei der die beklagte Person lächelte, schrieben ihr weniger Verantwortung für den Vorfall zu und urteilten deutlich milder als die, denen die gleiche Fallbeschreibung mit einem neutralen Gesichtsausdruck der beklagten Person vorlag (Forgas, 1999).

2.1.1 Könnte uns so etwas auch passieren?
Studierende erleben sich in einem Experiment

Sozialpsychologische Experimente zur sozialen Wahrnehmung lösen bei Leserinnen und Lesern vielfach Kopfschütteln aus. Was denken beispielsweise die Versuchspersonen in dem zuletzt beschriebenen Experiment? Meinen Sie etwa, wer so nett lächelt, kann doch nicht „böse" sein? Müssen die „Bösen" so aussehen wie der Räuber im Kasperle-Theater? Wie können die Versuchspersonen so leichtfertig ein Urteil über einen anderen Menschen fällen? Gibt es tatsächlich so viele unkritische, vorurteilsbelastete Personen? Könnte mir so etwas auch unterlaufen? Um eine solche Diskussion anzuregen, wurden Studierende der Studiengänge Sozialarbeit/Sozialpädagogik – zunächst ohne ihr Wissen – in ein Experiment einbezogen, das im Folgenden geschildert wird.

In einem interdisziplinär (Psychologie/Soziologie) angelegten Seminar mit dem Thema „Umgang mit Komplexität" werden Studierende gebeten, eine simulierte Gesprächssituation zu beobachten und anschließend in Kleingruppen zu reflektieren.

Bei der simulierten Situation handelt es sich um ein Rollenspiel, in dem die Leiterin eines Kindergartens von einer Mutter angesprochen wird, die den Eindruck gewonnen hat, dass die Kinder an den Nachmittagen weitgehend sich selbst überlassen bleiben und seitens der Gruppenleiterin zu wenig Spielanregungen und Unterstützung bei Konflikten untereinander erhalten. Die Reflexion der Gesprächssimulation soll unter den Gesichtspunkten der *4 Seiten einer Nachricht* im Sinne von Schulz von Thun (s. Kapitel 4 Kommunikation) erfolgen. Anschließend soll jedes Gruppenmitglied auf zwei fünfstufigen Skalen angeben, für wie „kompetent" und wie „sympathisch" es die „Leiterin" bzw. die „Mutter" einschätzt. Die Gruppenergebnisse der Diskussion und die über die Gruppenmitglieder gemittelten Schätzwerte werden visualisiert und anschließend im Plenum vorgestellt.

Die Gruppenzusammensetzung erfolgt nach dem Zufallsprinzip. Bei der Präsentation des Ergebnisses der ersten Gruppe geht ein Raunen durch den Seminarraum. Insbesondere die hohen Sympathiewerte für die Mutter und die vergleichsweise niedrigen Sympathiewerte für die Leiterin stoßen bei einigen Seminarteilnehmern auf Verwunderung bis offenen Protest. Auch dass der Mutter eine vergleichbare Kompetenz wie der Leiterin zugeschrieben wird, stößt auf Empörung. Die Präsentation der Ergebnisse der zweiten Gruppe offenbart demgegenüber ein vernichtendes Urteil bezüglich der Sympathie für die Mutter bei einer äußerst positiven Bewertung der Leiterin. Auch in den Kompetenzwerten schneidet die Leiterin deutlich besser ab als die Mutter. Die anschließende Visualisierung der Kennwerte aller Arbeitsgruppen lässt tatsächlich zwei konträre Positionen erkennen.

Wie lässt sich dieses Phänomen erklären? Alle Seminarteilnehmerinnen haben das gleiche Gespräch beobachtet, allerdings unterschiedliche Aspekte gesehen bzw. diese unterschiedlich interpretiert und bewertet. Dies wäre noch nicht verwunderlich, aber wie lässt sich diese Polarisierung in den Urteilen erklären?

Sie mögen es erahnen: Die Seminarteilnehmerinnen erhielten vor Beginn des Rollenspiels je ein Arbeitsblatt mit Instruktionen zur Auswertung. Was sie nicht wussten, war, dass sich die verteilten Arbeitsblätter in ihren Vorbemerkungen je nach Gruppe unterschieden.

> *Variante A: Frau Krüger ist als Sozialpädagogin Leiterin eines Kindergartens. Heute wird sie von einer Mutter, Frau Schneider, angesprochen. Frau Schneider ist alleinerziehend und war bisher auf Sozialhilfe angewiesen. Da sie für ihre dreijährige Tochter mithilfe von Beziehungen im laufenden Kindergartenjahr einen Platz bekommen hat, kann sie jetzt stundenweise als Kassiererin arbeiten. Das Kind besucht jetzt seit 3 Wochen den Kindergarten.*

> *Variante B: Frau Krüger ist als Sozialpädagogin Leiterin eines Kindergartens. Heute wird sie von einer Mutter, Frau Schneider, angesprochen. Frau Schneider arbeitet als Ärztin und hat für ihre dreijährige Tochter mithilfe von Beziehungen im laufenden Kindergartenjahr einen Platz bekommen. Das Kind besucht jetzt seit 3 Wochen den Kindergarten.*

Wenn Sie nun als Leserin oder Leser Vermutungen darüber anstellen, welche Variante die jeweilige Gruppe zu welcher Bewertung veranlasste, werden sie wahrscheinlich das Richtige treffen: Die Mutter, die als alleinerziehende Kassiererin eingeführt worden war (Variante A), aktivierte sehr hohe Sympathiewerte und eine hohe Kompetenzzuschreibung. Demgegenüber erntete die gleiche Mutter, wenn sie mit dem Etikett Ärztin assoziiert wurde (Variante B), Antipathie und eine niedrige Kompetenzzuschreibung, während die Leiterin in dieser Konstellation einen drastischen Sympathie- und Kompetenzbonus erhielt.

Wie kamen diese kontroversen Urteile zustande? Bei der Reflexion dieses Phänomens betonten die Studierenden, dass sie beim Lesen des Textes der Berufsbezeichnung der Mutter keine besondere Bedeutung beigemessen hätten, sondern als relevante Information den erst kurzen Aufenthalt des Kindes in der Kindergruppe registriert hätten. Allerdings sei bereits bei den ersten kritischen Fragen der Mutter/Ärztin ein Gefühl aufgekommen, sie sei arrogant und maße sich ein Urteil an, von dem sie fachlich nichts verstehe. Die ja tatsächlich gleichen kritischen Fragen von der Mutter/Kassiererin wurden demgegenüber als Interesse an der Kindergartenarbeit und als Engagement für das Kind positiv bewertet. Vor diesem Hintergrund wurden die im weiteren Gesprächsverlauf seitens der Mutter geäußerten positiven Kommentare zur Kindergartenarbeit bei der Ärztin als „rein taktisch", demgegenüber bei der Kassiererin als „aufgeschlossen und flexibel" empfunden.

Um diesen erwarteten Effekt subtil zu unterstützen, hatte die Spielerin der Mutterrolle ein Requisit eingesetzt. Und zwar trat die Mutter mit einer Sonnenbrille bekleidet das Büro der Leiterin und schob sie erst nach den begrüßenden Worten auf die Stirn. In der Reflexionsrunde bestätigte sich der erwartete Effekt: Die Gruppe, die annahm, die Mutter sei Ärztin, interpretierte dies als Arroganz, während die Gruppe, die meinte, eine Kassiererin vor sich zu haben, das gleiche Verhalten als nachzusehenden Ausdruck von sozialer Unsicherheit wertete.

Die Ergebnisse des Experiments zeigen, dass die unterschiedliche Berufsbezeichnung der Mutter als manipuliertes Merkmal nicht nur auf den spontanen „ersten Eindruck" Einfluss hatte. Vielmehr stabilisierten sich die damit assoziierten Bewertungen im Verlaufe des beobachteten Gesprächs. Bemerkenswert ist vor allem, dass dieser Eindruck auch die 30-minütige Reflexion in der Gruppe überstand, in der die Beobachtungen anhand kommunikationspsychologischer Gesichtspunkte differenziert analysiert werden sollten. Im Nachhinein hatten die Studierenden sogar den Eindruck, dass sich in der Gruppe durch den Austausch der Meinungen die subjektive Gewissheit verstärkt habe, dass die Mutter eine „arrogante" bzw. eine „bewundernswerte" Person sei. Dies weist auf das im Zusammenhang mit Meinungsbildungsprozessen in Gruppen beschriebene Phänomen hin, dass Gruppen dazu neigen, im Prozess der Diskussion eine Extremisierung einer zu Beginn vorherrschenden Mehrheitsmeinung vorzunehmen. Im Diskussionsprozess bestärken sich die Gruppenmitglieder wechselseitig, was zu einer größeren Gewissheit bezüglich der Richtigkeit oder Angemessenheit der Meinung beiträgt (vgl. Kapitel 5 zu Konformitätseffekten in Gruppen).

Die Frage, wie das Auftreten der Mutter in der gespielten Gesprächssituation angemessen zu beurteilen wäre, kann hier nicht beantwortet werden. Was allerdings deutlich wird, ist, dass offenbar eine einzige Information über ein Personenmerkmal in extremer Weise die Aufnahme und Interpretation der weiteren Informationen und die Bildung des Gesamteindrucks bestimmte, ohne dass dies den Beurteilenden selbst explizit bewusst wurde.

2.1.2 Verzerrungen bei der Wahrnehmung und Beurteilung von Personen

Das in dem Seminarexperiment geschilderte Phänomen lässt sich in der Sprache der Sozialpsychologie als *Wahrnehmungsverzerrung (perceptual bias)* bezeichnen. Gemeinsam ist den unterschiedlichen Formen von Wahrnehmungsverzerrungen, dass bei der Wahrnehmung einer Person und der Urteilsbildung über diese Person die zur Verfügung stehenden Einzelinformationen eher *nicht* gleichgewichtig zu einem Gesamteindruck verarbeitet werden, sondern einige Informationen ein übermäßiges Gewicht erhalten und den Gesamteindruck dominieren. Diese Einzelinformationen über Merkmale einer Person (z.B. die Hautfarbe, der Gesichtsausdruck, die Berufsbezeichnung, die Kleidung, der Name, das Geschlecht, der Sprechakzent, Verhaltensaspekte in einer konkreten Situation, eine Eigenschaftszuschreibung durch andere) aktivieren Erwartungen zu weiteren, nicht unmittelbar beobachtbaren Eigenschaften der Person.

So verfügen wir beispielsweise über *subjektive, implizite Persönlichkeitstheorien*, also die Annahme, dass es typische Kombinationen von Persönlichkeitseigenschaften gibt, sodass wir von dem Vorhandensein einer Eigenschaft auf das Vorhandensein anderer Eigenschaften schließen (z.B. von Extravertiertheit auf Belastbarkeit). Die subjektiven Persönlichkeitstheorien stellen Generalisierungen eigener Lebenserfahrungen oder über die soziale Bezugsgruppe und den kulturellen Kontext vermittelte Erfahrungen und Vorstellungen dar. Sie führen dazu, dass im Prozess der Eindrucksbildung, über die erhaltenen Informationen hinausgehend, zusätzliche „Informationen" subjektiv konstruiert werden und weitreichende Schlüsse über die Person gezogen werden. Dieser Prozess läuft weitgehend intuitiv ab und begründet einen Eindruck, der mit einem hohen Grad an subjektiv erlebter Gewissheit bezüglich der Angemessenheit des Urteils verbunden ist.

Die Beurteilung der Person, die wir so von einer spärlichen Datenbasis ableiten, kann sich beispielsweise beziehen auf ihren momentanen Gefühlszustand, ihre aktuellen Intentionen, auf überdauernde Persönlichkeitsmerkmale sowie Fähigkeiten und uns zu Vorhersagen über ihr zukünftiges Verhalten veranlassen. Dieser Vorgang ist uns als der urteilenden Person nicht notwendig bewusst, sodass er selten einer kritischen Prüfung unterzogen wird.

Im Folgenden werden einige dieser Wahrnehmungsverzerrungen erläutert:

- Effekt des ersten Eindrucks *(primacy-effect)*

  Entscheiden Sie spontan: Mit wem würden Sie lieber ein Referat vorbereiten? Mit Person A, von der Sie erfahren haben, sie sei ehrgeizig, intelligent, leistungsbewusst, freundlich, kreativ, engagiert, zuvorkommend? Oder mit Person B, die Ihnen als kreativ, engagiert, intelligent, zuvorkommend, leistungsbewusst, ehrgeizig und freundlich beschrieben wurde?

Nach den bisherigen Ausführungen des Artikels sind Sie vielleicht misstrauisch geworden und lesen entgegen der Empfehlung beide Eigenschaftslisten noch einmal durch und stellen fest, dass in beiden Eigenschaftslisten die gleichen Wörter auftauchen, nur in einer veränderten Reihenfolge. Die veränderte Reihenfolge löst allerdings i.d.R. unterschiedliche Eindrücke zu den beschriebenen Personen aus. Wie die klassischen Untersuchungen von Solomon Asch (1946) mit ähnlichen Eigenschaftslisten zeigen, gewinnt die erstgenannte Information eine übermäßige Bedeutung bei der Bildung des Gesamteindrucks von der Person. Dass die weiteren Informationen demgegenüber weniger Gewicht erhalten, liegt nicht nur daran, dass ihnen möglicherweise weniger Aufmerksamkeit geschenkt wird oder die zunehmende Menge an Informationen weniger gut im Gedächtnis gespeichert werden kann. Sondern ein bedeutsamer Mechanismus scheint zu sein, dass mit den ersten Informationen ein Bild der Person aktiviert wird und die weiteren Informationen dazu „passend" wahrgenommen und verarbeitet *(assimiliert)* werden. So erhalten die „Kreativität" und das „Engagement" der oben als „ehrgeizig" eingeführten Person eher den Beigeschmack des „Machers", und auch ihr „zuvorkommendes" Verhalten dürfte eher als berechnende Strategie interpretiert werden. Demgegenüber dürften die gleichen Eigenschaften bei der als „kreativ" eingeführten Person deutlich andere Assoziationen auslösen.

In der Praxis Sozialer Arbeit werden wir zwar kaum Eigenschaftslisten begegnen. Allerdings sind vergleichbare Effekte zu erwarten, wenn wir mit einer Falldarstellung im Team, mit Aktenvermerken, Gutachten, schriftlichen und mündlichen Stellungnahmen zu einer Person konfrontiert werden: Die ersten Informationen aktivieren ein Bild der Person, das darauf Einfluss nimmt, in welchem Ausmaß den folgenden Informationen Beachtung geschenkt wird, wie sie gedeutet und in den vorhandenen Eindruck integriert werden. Sowohl bei der Erstellung und Weitergabe solcher personenbezogenen Informationen als auch bei deren Aufnahme *(Rezeption)* bedarf es deshalb einer kritischen Reflexion dieser und der im Folgenden dargestellten Verzerrungen bei der Eindrucksbildung.

• Überbewertung eines zentralen Merkmals

Bereits Solomon Asch (1946) zeigte in seinen Experimenten, dass es nicht ausschließlich die ersten Informationen sind, die den Gesamteindruck dominieren. Auch Informationen, die zu einem späteren Zeitpunkt eingeführt werden, können eine übermäßige Bedeutung erlangen, wenn sie in den subjektiven Persönlichkeitstheorien des Beurteilers als *zentrale Merkmale* verankert sind. Als *zentral* werden solche Persönlichkeitsmerkmale bezeichnet, mit denen der Betrachter andere Merkmale fest assoziiert. Sie aktivieren beim Betrachter subjektive Persönlichkeitstheorien zu Konstellationen von Eigenschaften und zu möglichen Personentypen.

So wurde in einem klassischen Experiment von Kelley (1950, detaillierte Darstellung in Bierbrauer, 2005) Studierenden ein Gastdozent angekündigt. Im Rahmen dieser Ankündigung wurde bei der Hälfte der Studierenden eingestreut, der Dozent werde von seinen Freunden als „kühl" bezeichnet. Die andere Hälfte der Studierenden erhielt die beiläufige Information, er sei „herzlich". Im Anschluss an das Vortragsgespräch des Dozenten wurden die Studierenden gebeten, ihn unter verschiedenen Gesichtspunkten zu beurteilen. Obwohl alle Studierenden in der gleichen Veranstaltung die gleiche Person erlebt hatten, beurteilten diejenigen, denen der Dozent als „herzlich" angekündigt worden war, ihn auch in anderen Dimensionen durchgehend positiver, als diejenigen, denen er als „kühl" vorgestellt worden war. Interessanterweise beteiligten sich aus der ersten Gruppe deutlich mehr Studierende aktiv an der Diskussion während der Veranstaltung (56% versus 32%). Die Information über das zentrale Merkmal wirkte sich also nicht nur auf die Bewertung, sondern auch auf die Interaktionsbereitschaft der Studierenden aus.

Zentrale Merkmale können so bedeutsam sein, dass sie auch vorausgehende Informationen in einem anderen Licht erscheinen lassen. Sie sind sogar dazu geeignet, unzutreffende „Erinnerungen" zu aktivieren. So lasen studentische Versuchspersonen die alltäglich anmutende Lebensgeschichte von Betty K. mit der Instruktion, sich möglichst viele Fakten zu merken. Im Anschluss an die Lektüre wurde einem Teil der Leser mitgeteilt, Betty K. sei lesbisch, einem anderen Teil, sie sei heterosexuell. Eine Woche später erhielten die Versuchspersonen die Aufgabe, in einem Fragebogen anzukreuzen, welche der dort angegebenen Aussagen mit den zuvor vermittelten Fakten über Betty K. übereinstimme. Die Versuchspersonen, die die Information erhalten hatten, Betty K. sei lesbisch, meinten sich zu einem höheren Prozentsatz zu erinnern, Betty K. sei hässlich und von ihrem Vater missbraucht worden, obwohl eine derartige Information in der Lebenslaufdarstellung nicht enthalten war. Hier aktivierten offenbar subjektive Theorien über die Ursachen von Homosexualität vermeintliche Erinnerungen, die tatsächlich aktive Neukonstruktionen waren. Die Untersuchung wurde vor etwa 30 Jahren in den USA durchgeführt und dürfte nicht nur individuelle, sondern auch gesellschaftlich vermittelte Erklärungsmuster und Stereotype widerspiegeln (Snyder & Uranowitz, 1978).

• Halo-Effekt

Mit dem Begriff des *Halo-* oder *Ausstrahlungs-Effektes* bezeichnet man die Urteilsverzerrung, die durch die Wahrnehmung eines positiv oder eines negativ bewerteten Personenmerkmals ausgelöst wird. Von einem positiv oder negativ bewerteten Merkmal der Person schließt der Beurteiler auf das Vorhandensein *bewertungskongruenter* Merkmale. Entdecken wir also bei einer Person ein positiv bewertetes Merkmal, neigen wir dazu, ihr auch andere positive Eigenschaften zuzuschreiben. Dementsprechend trauen wir einer Person, an der uns ein negatives Merkmal auffällt, auch weitere negative Eigenschaften zu. Bewerten wir beispielsweise Sportlichkeit positiv, werden wir einer Person, von der wir erfahren, dass sie Sport treibt, eher auch andere positive Eigenschaften zuschreiben (etwa Geselligkeit, Zuverlässigkeit, Zielstrebigkeit, geistige Beweglichkeit). Bewerten wir demgegenüber Sporttreiben eher negativ, werden wir einer sportinteressierten Person – oder auch nur einer Person, die uns mit einer großen Sporttasche entgegenkommt – eher Geistlosigkeit, Verbissenheit und evt. ein niedriges Bildungsniveau zuschreiben.

Ausgangspunkt für den Halo-Effekt können leicht zugängliche Merkmale der Person sein: das Aussehen, die Kleidung, der Gesichtsausdruck, die Haarfarbe, der Name, die Berufsbezeichnung, der Status, das Verhalten in einer spezifischen Situation. Diese Informationen können selbst beobachtet oder auch nur über Dritte vermittelt sein. Das Verblüffende und ggf. Besorgniserregende ist, dass aus diesen Merkmalen weitreichende Schlussfolgerungen auf bedeutsame Persönlichkeitsmerkmale (etwa Intelligenz, Ehrlichkeit, Hilfsbereitschaft) gezogen werden, die mit dem Ausgangsmerkmal nichts zu tun haben, wie das eingangs geschilderte Experiment mit dem lächelnden Beklagten (Forgas, 1999) zeigte.

• Stereotypisierung

Die als *Stereotypisierung* bezeichnete Wahrnehmungsverzerrung beschreibt einen Prozess der Eindrucksbildung, bei der der Beurteiler
(1) von dem Merkmal einer Person auf deren Zugehörigkeit zu einer Gruppe schließt *(Kategorisierung): „So eine ist das!"*
(2) dieser Gruppe ungeprüft einen Komplex von Eigenschaften zuordnet, der ungeachtet individueller Unterschiede als für alle Gruppenmitglieder zutreffend gehalten wird *(Stereotyp): „Die sind alle so!"*
(3) diesen Merkmalskomplex wiederum ungeprüft auf die zu beurteilende Person überträgt *(Stereotypisierung): „Die ist auch so!"*

So kann neben der Hautfarbe (wie in dem eingangs geschilderten Experiment zur Interpretation des Stoßes) auch schon der Name einer Person dazu führen, dass sie einer bestimmten ethnischen oder religiösen Gruppe und ihr das i.d.R. kulturell vermittelte Stereotyp der jeweiligen Gruppe zugeordnet wird (vgl. Kapitel 6 zu Intergruppenkonflikten). Im Vergleich zu subjektiven Persönlichkeitstheorien, die auch sehr individuelle Konstruktionen sein können, ist das Wesensmerkmal von Stereotypen, dass sie in der Gesellschaft bzw. in Untergruppen der Gesellschaft verbreitet sind. Hierbei erlebt sich die beurteilende Person in ihrem Urteil in Übereinstimmung mit ihrer *sozialen Bezugsgruppe*, so dass sie kaum Anlass hat, an ihrem spontanen Urteil zu zweifeln und es einer weiteren Überprüfung zu unterziehen.

In dem oben geschilderten Seminar-Experiment eines Gesprächs zwischen der Kindergartenleiterin und der Mutter eines Kindes wurde die Zuordnung der beobachteten Person zu einer Gruppe durch die Berufsbezeichnung vorgegeben. Sie aktivierte offenbar bei den Betrachtern der Interaktion das Stereotyp der arroganten, anmaßend urteilenden Ärztin, das auf die beobachtete Mutter übertragen wurde. Das von ihr gezeigte Gesprächsverhalten wurde vor dem Hintergrund dieses Stereotyps einer entsprechenden Interpretation und Bewertung unterzogen.

- Negativverzerrung

Negativen Informationen über eine Person wird im Vergleich zu positiven Informationen ein übermäßiges Gewicht beigemessen. Ihnen traut man offenbar eher zu, dass sie den „wahren Charakter" der Person offenbaren und sie werden ggf. als Warnsignal ernster genommen. So ist es die bedrückende Erfahrung eines Mobbing-Opfers, dass Arbeitskolleginnen und -kollegen, mit denen man über Jahre gut kooperiert hat, plötzlich – aufgrund eines negativen Gerüchtes – misstrauisch werden und sich zurückziehen und damit – möglicherweise unbeabsichtigt – zu einer sozialen Ausgrenzung und Isolation des Mobbing-Opfers beitragen (vgl. Zapf, 1999).

- Stimmungskongruenzeffekt

Die aktuelle Stimmung des Beurteilers übt einen Einfluss auf die Eindrucksbildung aus (Abele & Petzold, 1994). In einer guten Stimmung nimmt man eher positive Merkmale einer Person wahr, erinnert sie besser und assoziiert eher weitere positive Merkmale damit. Eine entsprechend negative Eindrucksbildung wird bei einer negativen Ausgangsstimmung begünstigt (Forgas & Bower, 1987). Dies mag zu dem im Zusammenhang mit Hilfeverhalten beobachteten Phänomen beitragen, dass Personen, die durch eine positive Rückmeldung oder einen kleinen Gewinn in eine positive Stimmung versetzt wurden, sich anderen Personen gegenüber eher hilfsbereit verhalten als in einer neutralen Stimmung (vgl. Kapitel 8 zu prosozialem Verhalten).

2.1.3   Warum sind Urteile über Personen so stabil?
        Zum Mechanismus der „sich selbst erfüllenden Prophezeiung"

Die geschilderten Wahrnehmungsverzerrungen sind nicht exakt voneinander abzugrenzen und treten vielfach in Kombination miteinander auf, wodurch sich der Effekt potenzieren kann. Hören wir in einer übelgelaunten Stimmung *(Stimmungskongruenzeffekt)* über eine Person als erstes *(Primacy Effect)* etwas Negatives *(Negativverzerrung)*, was uns veranlasst, diese Person einer von uns als negativ bewerteten Gruppe zuzuordnen *(Stereotypisierung)*, hat sie nur schwer eine Chance, dieses Urteil zu revidieren (vgl. Kapitel 6 zu Intergruppenbeziehungen). Die Stabilität unseres Urteils lässt sich durch kognitive Prozesse und Prozesse der wechselseitigen Beeinflussung im Interaktionsgeschehen erklären.

2.1.3.1 Urteilsstabilisierende Kognitionen

Warum hat eine Person es schwer, unser Urteil über sie zu revidieren? Warum wird unser Urteil über eine Person, auch wenn es durch Wahrnehmungsverzerrungen beeinträchtigt ist, so oft bestätigt?

Ganz im Sinne von Festingers *Theorie kognitiver Dissonanz* (vgl. Kapitel 1 und 5) besteht auch bei der Personenwahrnehmung und -beurteilung die Tendenz, das gebildete Urteil in sich stimmig zu machen. Dies geschieht beispielsweise dadurch, dass konsistente Informationen eher erinnert werden bzw. inkonsistente Informationen eher vergessen oder sogar verfälscht werden. So referieren Fischer und Wiswede (1997) ein Experiment, bei dem die Versuchspersonen einen Film betrachten, in dem eine Frau Klavier spielt, klassische Musik hört, Bier trinkt, fernsieht usw. Je nachdem, ob die Frau als Bibliothekarin oder als Kellnerin vorgestellt wird, variieren die Erinnerungen der Betrachter. Bei der als Bibliothekarin vorgestellten Person erinnern sie sich besonders gut daran, dass sie klassische Musik gehört hat und meinen sich zu erinnern, sie habe Wein (anstatt Bier) getrunken.

In Anlehnung an die *Hypothesentheorie der sozialen Wahrnehmung* (Bruner & Postman, 1951; vgl. Lilli & Frey, 1993) lässt sich postulieren, dass die Hypothesen über die wahrgenommene Person die weitere Informationsaufnahme, -verarbeitung und Eindrucksbildung beeinflussen. Je stärker eine Hypothese ist, desto weniger wird deren Gültigkeit in Zweifel gezogen, desto weniger werden inkonsistente Informationen aufgenommen und erinnert und desto geringer ist die Wahrscheinlichkeit, dass die Hypothese noch einmal überprüft wird.
Die Stärke der Hypothese ist umso größer,
- je häufiger sie in der Vergangenheit bestätigt wurde,
- je mehr sie in ein System von Annahmen eingebunden ist,
- je weniger alternative Hypothesen vorhanden sind,
- je mehr die Hypothese durch eigene Motive (z.B. das Streben nach Selbstwerterhöhung) gestützt wird
- und je mehr sie durch eine Übereinstimmung mit den Annahmen anderer Personen soziale Unterstützung erfährt.

Bemühen sich Personen darum, ihr Urteil zu differenzieren, neigen sie dazu, eine *hypothesenverifizierende Strategie* zu wählen, d.h. ausgehend von ihrer Hypothese erheben sie weitere Detailinformationen und erhöhen damit unbeabsichtigt die Wahrscheinlichkeit, vor allem hypothesenkonforme und kaum hypothesenwidersprechende Informationen zu erhalten. Versuchspersonen wurden gebeten, aus einer umfangreichen Fragenliste 12 Fragen auszuwählen, um in einem folgenden Interview zu überprüfen, ob der Interviewpartner „introvertiert" oder „extravertiert" sei. Die Versuchspersonen, denen man aufgab, die Hypothese zu prüfen, der Interviewpartner sei extravertiert, wählten entsprechend einer hypothesenverifizierenden Strategie „extravertierte" Fragen aus, etwa was er tun würde, um Schwung in eine Party zu bringen. Sollten sie die Hypothese prüfen, der Gesprächspartner sei introvertiert, fragten sie beispielsweise danach, was ihm an lauten Partys missfalle. Auf unabhängige Beobachter, die die Interviews anschließend auswerteten, ohne die Eingangshypothese zu kennen, wirkten die interviewten Personen tatsächlich im Sinne der jeweiligen Hypothese. Der Tenor der Fragen hatte die interviewten Personen zu entsprechenden Ausführungen angeregt (Snyder & Swann, 1978).

Das möglicherweise vorhandene Bemühen von Personen, sich bei der Personenbeurteilung nicht zu voreiligen Schlüssen, beispielsweise zur *Stereotypisierung*, verführen zu lassen, scheint anfällig zu sein für subtile Manipulationen. So wurden Versuchspersonen gebeten (Darley & Gross, 1983), die Arbeitshaltung und intellektuelle Leistungsfähigkeit der neunjährigen Hannah zu beurteilen, die ihnen in einem Videofilm vorgestellt wurde. In der ersten Filmvariante wurde Hannah in einem Park spielend, als Kind wohlsituierter, akademisch gebildeter Eltern gezeigt. In der zweiten Filmvariante sah man Hannah als Arbeiterkind auf einem vernachlässigten großstädtischen Spielplatz spielen. Interessanterweise verhielten sich die Versuchspersonen, die eine der ihnen per Zufall zugeteilten Varianten sahen, in ihrer Beurteilung sehr zurückhaltend, sie beurteilten Hannah in beiden Varianten als durchschnittlich intelligent. Sie schienen sich nicht ausschließlich aufgrund des gezeigten sozialen Hintergrundes zu einer Schlussfolgerung verleiten lassen zu wollen. Wurde allerdings der Film um eine Sequenz verlängert, in der man Hannah beim Bearbeiten eines Schulleistungstests sah, bei der die Leistungsergebnisse nicht eindeutig zu erkennen waren, schlug der sozioökonomische Hintergrund in der Beurteilung durch: Hannah aus der armen Familie wurde eine geringere Leistungsbereitschaft und kognitive Leistungsfähigkeit zugeschrieben als der „reichen" Hannah. Die Versuchspersonen, die die „arme" Hannah beobachtet hatten, hielten den Test für einfacher und meinten beobachtet zu haben, dass Hannah weniger Aufgaben gelöst habe. Offenbar reichte der Anschein einer zusätzlichen, „stereotyp-unverdächtigen" Information aus, um der Erwartungshypothese von der Sozialschichtabhängigkeit kognitiver Leistungsfähigkeit bei der Beurteilung eines konkreten Einzelfalls zum Durchbruch zu verhelfen.

Ganz im Sinne der *Hypothesentheorie der sozialen Wahrnehmung* dürfte diese vermeintliche Erfahrung bei den Versuchspersonen die Hypothese stärken, dass Kinder mit einem niedrigeren sozioökonomischen Status kognitive Leistungsdefizite *haben* (!) (und nicht etwa nur eine erhöhte Wahrscheinlichkeit dazu besteht). Dies dürfte ggf. die Sensibilität und Aufmerksamkeit für tatsächlich vorhandene Fähigkeiten und Ressourcen entsprechender Kinder beeinträchtigen.

2.1.3.2 Urteilsstabilisierende Interaktionen

Bisher wurde dargestellt, wie die einmal vorgenommene Beurteilung einer Person durch Prozesse der selektiven Informationsaufnahme, der konsistenten kognitiven Verarbeitung und der Erinnerung stabilisiert und tendenziell gegen widersprechende Informationen abgeschirmt wird. Dadurch bleibt das Urteil relativ stabil. Darüber hinaus hat der Eindruck, den wir über eine andere Person gewonnen haben, Einfluss auf unser Verhalten dieser Person gegenüber. Unser Verhalten wird von der anderen Person wahrgenommen und interpretiert. Es beeinflusst nun seinerseits ihr Verhalten.

Habe ich beispielsweise den Eindruck – möglicherweise aufgrund der Aussage eines Bekannten – Frau X sei eine Person, die ausschließlich auf ihren eigenen Vorteil bedacht ist, werde ich ihr gegenüber mit Kooperationsangeboten und der Weitergabe von Informationen eher zurückhaltend sein und mich eher auf ein konkurrenzorientiertes Arbeiten einstellen. Dadurch verschlechtert sich für Frau X die Chance, mir durch ihr Verhalten zu zeigen, dass dieser Eindruck unangemessen ist und sie durchaus zu einer vertrauensvollen Zusammenarbeit bereit und fähig ist. Vielmehr signalisiert ihr mein Kommunikationsstil, dass ich wenig an Kooperation interessiert bin, und sie stellt sich ihrerseits auf ein konkurrenzorientiertes Arbeiten ein. Ich erlebe, dass sich mein Eindruck bestätigt („Ich hab's doch gleich gewusst!") und fühle mich in meiner Selbsteinschätzung bestärkt, dass ich doch über eine hervorragende, intuitive Menschenkenntnis verfüge.

Dieser Mechanismus, bei dem ein zunächst falscher Eindruck über eine Person dazu führt, dass diese sich schließlich erwartungskonform verhält und damit den Eindruck bestätigt, wird als *sich selbst erfüllende Prophezeiung (self-fulfilling prophecy)* bezeichnet. Sie wurde von Rosenthal und Jakobson (1971) eindrucksvoll demonstriert. Dazu wurden Intelligenztests mit Grundschülern durchgeführt. Bezüglich einiger zufällig ausgewählter Kinder teilte man den Lehrern fälschlicherweise mit, die Testergebnisse ließen im kommenden Schuljahr erhebliche Leistungsverbesserungen erwarten. Am Ende des Schuljahres hatten diese Kinder nicht nur verbesserte Noten, sondern sich tatsächlich auch in dem IQ-Test um etwa 10 Punkte verbessert. Offenbar hatten sich die Lehrer – aufgrund der positiven Erwartung – den Kindern gegenüber aufmerksamer und förderlicher verhalten, so dass deren Lernmotivation und Lernerfolg begünstigt wurde. So kann man sich beispielsweise vorstellen, dass die Lehrperson einen vermeintlich intelligenten Schüler eher anregt, seinen Beitrag im Unterrichtsgespräch noch etwas zu präzisieren und ihm eher differenzierte Rückmeldung gibt als einem Schüler, von dem sie annimmt, seine Fähigkeiten entsprächen den durchschnittlichen Anforderungen.

Die Wirksamkeit solcher Interaktionseffekte wurde in einer Reihe von Experimenten (Word, Zanna & Cooper, 1974) auch für berufsrelevante Kontexte de-

monstriert. Es wurde beobachtet, dass sich Gesprächsleiter in Vorstellungs-
gesprächen bei Bewerbern schwarzer Hautfarbe anders verhielten als bei weißen Bewerbern. Und zwar setzten sie sich bei schwarzen Bewerbern – offenbar
unbeabsichtigt – etwas weiter weg, benutzten häufiger kürzere, unvollständige
Sätze und beendeten das Bewerbungsgespräch nach kürzerer Zeit. In einer Fort-
führung der Untersuchung wurden andere Gesprächsleiter trainiert, Bewerbungsgespräche entweder in der Art, wie sie zuvor schwarze Bewerber erfahren hatten
oder in der Art, wie sie weißen Bewerbern zuteil geworden war, durchzuführen.
Videoaufzeichnungen der so konzipierten Bewerbungsgespräche wurden unabhängigen Beurteilern, denen weder die Fragestellung noch der Versuchsaufbau
bekannt war, vorgespielt. Diese beurteilten die Bewerber, die nach „schwarzen
Bedingungen" interviewt worden waren, als nervöser und weniger erfolgreich
als die Bewerber, die nach „weißen Bedingungen" befragt wurden.

2.2 Attribution.
Ursachenzuschreibung für das Handeln einer Person

Schlussfolgerungen *(Inferenzen)*, die im Prozess der Eindrucksbildung stattfinden, beziehen sich auch auf die vermeintlichen Ursachen des Verhaltens der beurteilten Person. Kennen wir die Ursachen ihres Verhaltens, wird sie für uns verstehbar und sie erscheint uns auch bezüglich ihres zukünftigen Verhaltens bere-
chenbarer zu sein, was uns wiederum ein effektiveres Handeln verspricht. Der
Vorgang der intuitiven Alltagserklärung für menschliches Handeln (das eigene
und das anderer Personen) wird in der sozialpsychologischen Diskussion unter
der Bezeichnung *Attribution* thematisiert. Attributionen zielen darauf, die soziale Umgebung *verstehbar, vorhersehbar* und *kontrollierbar* zu machen (vgl. Meyer
& Försterling, 1993).

Vergleicht man alltagspsychologische Erklärungen mit den Erklärungsmodellen
der wissenschaftlichen Psychologie, wie sie in Kapitel 1 vorgestellt wurden, so
zeigt sich, dass wir im Alltag eher zu *einfaktoriellen Erklärungen* neigen, d.h.
wir ziehen für das Erleben und Verhalten einer Person im wesentlichen *eine*
zentrale Ursache in Betracht, weitere Einflussfaktoren und wechselseitige Be-
einflussungen zwischen den verschiedenen Einflussfaktoren werden spontan eher
nicht erwogen.

So lassen sich bei der Klassifikation von Alltagserklärungen für das Verhalten
einer Person bestimmte dominante Ursachenmuster unterscheiden (vgl. Weiner,
1994):

• Das Verhalten einer Person wird auf personenbezogene Ursachen, also ein
  Merkmal der Person, deren Verhalten erklärt werden soll, zurückgeführt
  (internale Attibution). Dabei kann zwischen *absichtlichem* oder *unabsichtli-*

46

chem, zwischen für die Person selbst *kontrollierbarem* und *nicht kontrollierbarem* Verhalten unterschieden werden. Die Einschätzung der Intentionalität oder Kontrollierbarkeit hat ggf. Einfluss auf die moralische Bewertung der zu beurteilenden Person. Das Verhalten kann auf *zeitlich* und *situationsübergreifende stabile Fähigkeiten* oder *Eigenschaften* der Person zurückgeführt werden oder auf einen *aktuellen, vorübergehenden Zustand* der Person (wie etwa ihre Anstrengung).

- Demgegenüber können auch solche Ursachen als Erklärung für das Verhalten einer Person herangezogen werden, die außerhalb der Person anzusiedeln sind *(externale Attribution)*. Dazu gehören *Umgebungs- und Situationseinflüsse, externer Druck* oder *Zufall, Glück, Pech, „Schicksal"*. Auch hier kann man danach differenzieren, ob die angenommene Ursache als *zeitlich stabil* (z.B. soziale Benachteiligung aufgrund der Schichtzugehörigkeit, Beeinträchtigung durch eine chronische Erkrankung) oder *instabil* (z.B. akute Überlastung) beurteilt wird.

2.2.1 Prozessmodelle der Attribution

Kelley (1973) postuliert in seinem *Kovariationsmodell der Attribution*, Alltagserklärungen von Laien ähnelten in ihrer logischen Stringenz wissenschaftlichen Erklärungsprinzipien. Um abzuleiten, ob ein Verhalten auf Merkmale der Person, der Situation oder auf aktuelle Umstände zurückzuführen ist, bemühe sich der Erklärende um folgende Informationen:
1. Verhalten sich andere Personen in vergleichbaren Situationen ähnlich? *(Konsensus)*
2. Verhält sich die zu beurteilende Person in anderen Situationen anders? *(Distinktheit)*
3. Hat sich die zu beurteilende Person in ähnlichen Situationen in der Vergangenheit ähnlich verhalten? *(zeitliche Konsistenz)*

Die Art der Schlussfolgerung soll an einem Beispiel illustriert werden:
Bei einem Elternabend im Kindergarten nehme ich mit Verwunderung wahr, dass sich eine Mutter, Frau M., die sich besonders für das Thema der heutigen Veranstaltung eingesetzt hat, nicht aktiv an der dem Vortrag folgenden Diskussion beteiligt. Warum verhält sie sich so zurückhaltend? Mir fällt auf, dass sich nach dem Vortrag der Referentin kaum einer der anwesenden Eltern mit Fragen oder eigenen Beiträgen an der angebotenen Aussprache beteiligt (hoher Konsensus). Ich habe Frau M. bei anderen Elternabenden, bei denen nach einer kurzen Informationsphase ein Erfahrungsaustausch angeregt wurde oder Phasen von Gruppenarbeit eingestreut waren, als engagiert diskutierend erlebt (hohe Distinktheit). Mir fällt ein, dass der Elternabend vor einem Jahr, als ich selbst einen Vortrag angeboten hatte, ähnlich unkommunikativ verlief und auch Frau M. nicht erinnerbar in Erscheinung trat (hohe Konsistenz). Im Sinne des Kelleyschen Modells schließe ich daraus, dass die Ursache für das zurückhal-

tende Verhalten von Frau M. die Vortragssituation ist und weniger etwa eine soziale Ängstlichkeit. Letztere wäre nach dem Modell von Kelley eher anzunehmen, wenn die anderen Eltern sich durchaus aktiv an der Diskussion beteiligt hätten (niedriger Konsensus), Frau M. auch in Phasen der Gruppenarbeit oder des angeleiteten Erfahrungsaustausches schweigsam wäre (niedrige Distinktheit) und sie dieses Verhalten bereits im vorangegangenen Kindergartenjahr gezeigt hätte (hohe Konsistenz). Je nach Ursachenerklärung dürfte ich bei meinen weiteren Überlegungen zur zukünftigen Gestaltung von Elternabenden und zur personenorientierten Arbeit mit Frau M. unterschiedliche Akzente setzen.

In ihrem *Modell der korrespondierenden Schlussfolgerung* gehen Jones und Davis (1965) der Frage nach, welche Informationen dazu beitragen, dass einem beobachtbaren Verhalten einer Person eine entsprechende stabile Eigenschaft oder Einstellung zugeschrieben wird. Ist also eine Person, die Ihnen in einer konkreten Situation geholfen hat, tatsächlich „hilfsbereit", d.h. verhält sie sich auch in anderen Situationen, anderen Personen gegenüber hilfsbereit und entspricht dies ihren normativen Überzeugungen oder hat sie Ihnen aufgrund von äußerem Druck oder um ihres persönlichen Vorteils willen geholfen?
Unterstellt der Beurteiler zunächst einmal, dass sich die Person absichtlich so verhalten hat und dass sie die dazu notwendigen Fähigkeiten und Kenntnisse besitzt, zieht er als zusätzliche Indikatoren die soziale Erwünschtheit des Verhaltens, vorhandenen externen Druck und die vermuteten Eigeninteressen der Person zur Urteilsbildung heran:
• Zeigt eine Person ein Verhalten, das als sozial nicht erwünscht gilt bzw. den üblichen Rollenerwartungen widerspricht,
• verfügt die Person über Wahl- und Handlungsfreiheit,
• zeigt sie ihr Verhalten sogar entgegen äußerem Druck und
• agiert sie partiell entgegen eigene Interessen,
glaubt der Betrachter starke Belege für die Authentizität des Verhaltens zu haben, bzw. dass dem Verhalten eine entsprechende Eigenschaft oder Einstellung zugrunde liegt. So wird beispielsweise gereiztes, schädigendes Verhalten, das sozial sanktioniert wird und für den Handelnden wenig Erfolg verspricht, auf eine aggressive Persönlichkeitseigenschaft zurückgeführt. Wird das gleiche Verhalten allerdings unter den Bedingungen des Gruppendrucks durchgeführt und verspricht es dem Handelnden soziale Anerkennung und materiellen Gewinn, dürfte nach dem *Modell der korrespondierenden Schlussfolgerung* weniger stark auf eine stabile aggressive Persönlichkeitseigenschaft geschlossen werden. Interessanterweise deuten Untersuchungen darauf hin, dass Personen (zwar in abgeschwächter Weise), aber dennoch dazu neigen, Meinungsäußerungen und Verhalten auf tatsächliche Überzeugungen und Persönlichkeitsmerkmale zurückzuführen, auch wenn sie wissen, dass der Handelnde in seiner Handlungsfreiheit durch einen Auftrag eingeschränkt ist (Näheres s.u. Ausführungen zum *fundamentalen Attributionsfehler*).

Ob Attributionen im Alltag tatsächlich entsprechend einem solch rational anmutenden Vorgehen ablaufen, wie es den beiden vorgestellten Modellen entspricht, mag bezweifelt werden. Wie spontan Eindrucksbildung und Ursachenzuschreibung ablaufen, lässt sich an den Reaktionszeiten illustrieren, die Versuchspersonen brauchen, wenn sie gebeten werden, nach dem Lesen eines Satzes Schlussfolgerungen über die Absicht, die Eigenschaft der beschriebenen Person und die internen oder externen Ursachen ihres Verhaltens abzugeben (Smith & Miller, 1983).

Was meinen Sie, wenn die einfache Frage nach dem Geschlecht der beschriebenen Person nach 2,14 Sekunden beantwortet wird, wie lange braucht wohl die Versuchsperson, um die Frage nach den vermeintlichen Absichten, Eigenschaften und Verhaltensursachen zu beantworten? Erstaunlicherweise macht die durchschnittliche Versuchsperson bereits nach 2,41 Sekunden eine Aussage über die Absicht, nach 2,48 über die zugrundeliegenden Eigenschaften. Eine Ursachenzuschreibung meint sie nach 3,8 Sekunden vornehmen zu können. Auch wenn die absoluten Zahlen in dem experimentellen Setting nicht auf Urteilsbildung in Alltagssituationen zu übertragen sind, weisen gerade die Relationen der Zahlen zueinander darauf hin, wie offenbar auch komplexe Sachverhalte durch einfache *Heuristiken*, von Bierbrauer (2005, S.128) anschaulich als „mentale Faustregeln" bezeichnet, in kürzester Zeit angegangen werden. Darunter werden vereinfachende Strategien der Beurteilung und Entscheidungsfindung verstanden, die auf der Basis leicht zugänglicher Informationen erfolgen (Darstellung unterschiedlicher Urteilsheuristiken in Strack & Deutsch, 2002).

Erschwerend für ein demgegenüber differenzierteres Vorgehen nach den geschilderten, rationalen Modellen (*Kovariationsmodell* und *Modell der korrespondierenden Schlussfolgerung*) kommt hinzu, dass im Alltag die dafür notwendigen Informationen oft nicht zur Verfügung stehen. Mehr noch, ein generelles Merkmal alltagspsychologischer Erklärungen ist, dass sie im Vergleich zu wissenschaftlichen Erklärungen auf eine Informationssammlung auf der Beschreibungsebene des Phänomens weitgehend verzichten. Schlussfolgerungen über Ursachen von Verhalten werden allerdings trotzdem und zwar intuitiv gezogen. Dabei fließen Wissensstrukturen aus früheren Erfahrungen, Einstellungen und sozial vermitteltes Wissen *(kognitive Schemata)* ein, die im Gedächtnis gespeichert sind und durch entsprechende Hinweisreize *(cues)* aktiviert werden. *Personenschemata* können sich beispielsweise auf eine bestimmte Person, auf sich selbst oder auf eine Gruppe von Personen beziehen. Kognitive Schemata beeinflussen die Wahrnehmung und Interpretation des konkreten, aktuellen Geschehens. Besonders schnell aktiviert werden Schemata, die häufig genutzt werden, die erst kürzlich präsent waren und die im Zusammenhang mit persönlich bedeutsamen Erfahrungen stehen. So zeigen Experimente zum *Priming*, dass Versuchspersonen, die Wortlisten auswendig lernen sollten, welche negative Adjektive beinhalteten, eine anschließend zu beurteilende Person negativer bewerteten als Versuchspersonen, die zuvor neutrale oder positiv konnotierte Wörter lernten. Insbesondere wenn die Beurteilung beiläufig erfolgt und die beurteilende Person durch weitere Aktivitäten beansprucht ist, so dass ihre Verarbeitungskapazität eingeschränkt ist, werden solche Mechanismen intuitiv wirksam. So mag ein aktiviertes Personenschema dazu beitragen, dass in einem Bewerbungsgespräch die Rückfrage einer Bewerberin als „Unsicherheit" interpretiert wird, die gleiche Rückfrage eines Bewerbers hingegen als „aktives Interesse" (eine differenzierte Darstellung konzeptgesteuerter Informationsverarbeitung in Bless & Schwarz, 2002).

2.2.2 Attributionstendenzen

Ähnlich wie bei der oben geschilderten Personenwahrnehmung lassen sich auch bei diesen intuitiven Attributionsprozessen einige interessante, systematische Verzerrungstendenzen beobachten, die im Folgenden skizziert werden sollen.

• Selbstwertdienliche Attribution

Die *Theorie des Selbstwertschutzes und der Selbstwerterhöhung* (vgl. Dauenheimer, Stahlberg, Frey & Peterson, 2002) postuliert ein grundlegendes Bedürfnis des Menschen, seinen eigenen Selbstwert zu stabilisieren und zu verbessern. Eine dieser Theorie entsprechende Tendenz zeigt sich in systematischen Unterschieden bei der Erklärung eigener Erfolge und eigener Misserfolge bzw. eigenen Fehlverhaltens. Während wir beispielsweise den Erfolg bei einer gut bestandenen Prüfung eher auf unser Wissen und unser rhetorisches Geschick zurückführen (globale Merkmale der Person), neigen wir dazu, für unser schlechtes Abschneiden eher äußere Umstände (etwa die unklaren Fragen des Prüfers, die schlechten häuslichen Lernbedingungen) verantwortlich zu machen. Falls wir überhaupt personale Ursachen bei der Erklärung von Misserfolgen heranziehen, sind es eher instabile und relativ spezifische Merkmale und Verhaltensweisen („Ich hab mich nicht genug angestrengt, die Themen nicht genau genug abgesprochen, ich war unausgeschlafen") als Zweifel an eigenen grundlegenden Fähigkeiten und Persönlichkeitsmerkmalen.

Interessanterweise wird auch unser Interaktionspartner, der an unserem Erfolg oder Misserfolg in irgendeiner Weise beteiligt ist, tendenziell einer selbstwertdienlichen Bewertung unterzogen. So hatten Versuchspersonen in einem Experiment (Cialdini, Braver & Lewis, 1974) die Aufgabe, eine ihnen fremde Person von etwas zu überzeugen. Was sie nicht wussten, war, dass der Erfolg nicht von der Qualität ihrer Argumentation abhing, sondern die Gesprächspartner vorher per Zufallsauswahl instruiert worden waren, ob sie sich überzeugen lassen sollten oder nicht. Ließ sich der Gesprächspartner vermeintlich überzeugen, schätzte ihn die Versuchsperson als sehr viel intelligenter ein, als wenn er dies nicht tat.

Verallgemeinert formuliert besteht die selbstwertdienliche Attributionsverzerrung darin, dass eigene Erfolge eher *internal* und zwar auf eher *stabile* und *globale* Persönlichkeitsmerkmale zurückgeführt werden, eigene Misserfolge demgegenüber eher *external* oder allenfalls auf *spezifische, instabile* Persönlichkeitsmerkmale. In einem gewissen Umfang dürfte eine solche Verzerrung durchaus funktional sein, da sich Menschen dadurch nicht so leicht durch

Misserfolge entmutigen lassen und ggf. mit vermehrter Anstrengung an die Bewältigung einer Aufgabe herangehen (vgl. Weiner, 1994).

- Depressiver und feindseliger Attributionsstil

Eine Verzerrung im umgekehrten Sinne, also eine systematische Erklärung eigener Erfolge durch situative Umstände oder Zufall und die Attribution eigener Misserfolge auf stabile und globale Persönlichkeitseigenschaften, wird als ein *personaler Risikofaktor* im Prozess der Entstehung und Aufrechterhaltung psychischer Störungen diskutiert (vgl. Jungnitsch, 1999, in dieser Reihe). Psychotherapeutische Bemühungen richten sich dementsprechend u.a. darauf, dass der Klient einen solchen *depressiven Attributionsstil* überwindet und mehr Vertrauen in die eigene Einflussnahme auf relevante Lebensbereiche gewinnt, etwa im Sinne der *Selbstwirksamkeitsüberzeugung* nach Bandura (1997) (vgl. Hautzinger, 2003).

Gruppenprogramme zur Prävention psychischer Störungen (insbes. von Angst und Depression) sensibilisieren bereits Kinder und Jugendlicher für einen *dysfunktionalen Attributionsstil* und ermutigen zu hilfreichen Kognitionen und Selbstinstruktionen, die wiederum einen positiven Einfluss auf die Gefühle, physiologischen Reaktionen und das Verhalten nehmen. So werden beispielsweise in dem *FREUNDE*-Programm zur Prävention von Angst und Depression (Barrett, Webster & Turner, 2003), das sich an Kinder im Grundschulalter richtet, „hilfreiche" und „wenig hilfreiche" Gedanken unterschieden. Als „Runterzieher" und „Aufbauer" bezeichnet das Programm *LARS & LISA, Lust an realistischer Sicht & Leichtigkeit im sozialen Alltag* (Pössel, Horn, Seemann & Hautzinger, 2004) entsprechende Denkweisen für die jugendlichen Gruppenteilnehmer im Alter von 12–16 Jahren und trainiert, „Runterzieher" mithilfe eines „Realitäts-Checks" zu überprüfen. „Was für ein Denktyp bin ich" regt in dem Programm *GO, Gesundheit und Optimismus* (Junge, Neumer, Manz & Margraf, 2002) bei Jugendlichen eine differenzierte Selbstreflexion verschiedener Attributionsstile im Umgang mit eigenem Erfolg und Misserfolg an. Die genannten Programme, die im Kontext von Schule und sozialpädagogischen Arbeitsfeldern angeboten werden, kombinieren gesprächs- und handlungsorientierte Methoden der Gruppenarbeit.

Als individuelle Besonderheit des Attributionsstils, die ebenfalls im Bereich Klinischer Psychologie als störungsrelevant thematisiert wird, ist der *feindselige Attributionsstil* zu nennen. So findet man bei Kindern und Jugendlichen mit aggressiven Verhaltensstörungen die starke Tendenz, anderen Personen feindliche Absichten zu unterstellen und darauf misstrauisch und „präventiv" aggressiv zu reagieren. Das eigene aggressive Verhalten wird dementsprechend als legitimierte, notwendige Reaktion auf die externe Bedrohung interpretiert. Dieses Attributionsmuster begünstigt einen Aufschaukelungsprozess von Aggressivität und sozialer Ablehnung, der zur Stabilisierung und Eskalation der psychischen Störung beiträgt (vgl. Kapitel 7 zur Aggressivität).

- Attribution des Verhaltens von Gruppen

Bei der Attribution von Erfolgen und Misserfolgen *anderer* Personen ist die im Zusammenhang mit selbstwertdienlicher Attribution beschriebene „freundliche Nachsicht" nicht zu finden. Im direkten Vergleich mit einer Fremdgruppe beispielsweise besteht die Tendenz, die Leistung der eigenen Gruppe selbstwertdienlich, die der anderen Gruppe eher mit umgekehrtem Vorzeichen zu erklären und damit eine Aufwertung der eigenen Gruppe und eine *Abwertung der Fremdgruppe* vorzunehmen (vgl. Kapitel 6 zu Intergruppenkonflikten).

Darüber hinausgehend haben *sozial vermittelte* Einstellungen einen bedeutsamen Einfluss auf die individuelle Urteilsbildung. Ob etwa der Wohlstand einer Bevölkerungsgruppe ihrer eigenen Anstrengung und Leistung oder eher dem Glück, familiärem Hintergrund oder den gesellschaftlichen Verhältnissen zugeschrieben wird, hängt u.a. von der politischen Orientierung, also von komplexen kognitiven Schemata ab, die nicht notwendig auf individuellen Erfahrungen basieren, sondern auch das Ergebnis gesellschaftlich vermittelter Einstellungen darstellen (Forgas, 1999).

Ähnliches gilt für das Phänomen, dass der Erfolg von Frauen in Schule, Studium und Beruf mehr auf hohe Motivation, Anstrengung und Glück zurückgeführt wird, als dies bei entsprechenden Erfolgen von Männern angenommen wird. Demgegenüber wird der Erfolg von Männern mehr auf Fähigkeiten zurückgeführt (Zusammenstellung von Untersuchungsergebnissen bei Aronson, 1994). Auch hier dürften sozial vermittelte Einstellungen – in diesem Fall *Geschlechtsrollenstereotype* – die Attribution des Einzelnen beeinflussen. Da gesellschaftlich etablierte Stereotype auch auf das eigene Selbstbild einwirken, wundert es nicht, dass sich auch bei der Befragung von Frauen derartige Attributionsmuster widerspiegeln sowie bei Mädchen und Frauen die Tendenz besteht, die eigenen Leistungen in schul-, studiums- und berufsbezogenen Anforderungssituationen zu unterschätzen (Sieverding, 2003; Krumpholz, 2004).

- Attribution und Beziehungsqualität

Die Zufriedenheit in Partnerschaften wird durch die Attributionsmuster der Beteiligten mit beeinflusst (Fincham & Hewstone, 2002). Neben den bereits vorgestellten Merkmalen der Attribution (*extern–intern, stabil–instabil, global–spezifisch*) spielt hierbei noch der Aspekt der *Verantwortlichkeit* eine Rolle. D.h. unterstellt man dem anderen, absichtsvoll gehandelt zu haben, wird er für dieses Verhalten verantwortlich gemacht, was sowohl im positiven wie auch im negativen Sinne eine Bewertung aktiviert.

Bei Paaren, die mit ihrer Beziehung unzufrieden sind, findet man häufiger Attributionsmuster, bei dem positives Verhalten des Partners/der Partnerin auf vorübergehende äußere Umstände zurückgeführt und das positive Verhalten eher als unbeabsichtigt oder egoistisch motiviert erklärt wird. Negativ empfundenes Verhalten des Partners/der Partnerin wird demgegenüber eher auf globale, stabile Persönlichkeitseigenschaften der Person zurückgeführt und man unterstellt ein absichtsvolles, egoistisch motiviertes, schuldhaftes Handeln. Interessanterweise scheinen solche Attributionsmuster nicht nur ein Begleitphänomen oder eine Folge von Beziehungsunzufriedenheit zu sein, sondern gehen, wie Fincham und Hewstone (2002) mit Verweis auf Längsschnittstudien darlegen, Beziehungsstörungen zeitlich voraus, scheinen also den Status eines *Risikofaktors* für die Beziehungsqualität einzunehmen.

Beratung und Training von Paaren zur Förderung von Kompetenzen für die Partnerschaft (Bodenmann, 2000) sensibilisieren für diesbezügliche Attributionsmuster und regen zur kommunikativen Klärung an.

- Attribution von Verantwortlichkeit

In einer Übersicht zu Befunden zur Attribution von Verantwortlichkeit erinnert Forgas (1999) an die entwicklungspsychologischen Befunde von Piaget, wonach Kinder unter sieben Jahren dazu neigen, Verantwortlichkeit für einen angerichteten Schaden an der Höhe des Schadens und weniger daran zu orientieren, ob er absichtlich oder versehentlich verursacht wurde. Interessanterweise zeigen Untersuchungen zur Verantwortungsattribution, dass eine derartige Tendenz auch noch bei erwachsenen Versuchspersonen besteht.

Eine Person wird für eine negative Folge ihres Verhaltens umso mehr verantwortlich gemacht,
- je größer der eingetretene Schaden ist,
- je weniger attraktiv und gutaussehend sie ist (!),
- je weniger Ähnlichkeit sie mit der beurteilenden Person hat.
Gegenüber einer uns ähnlich wirkenden Person (die möglicherweise „auch noch so nett lächelt" wie in dem o.g. Experiment von Forgas) lassen wir offenbar mehr Wohlwollen walten, als gegenüber einer uns eher fremden und weniger attraktiv erscheinenden Person.

Dem Bedürfnis, den „Glauben an eine gerechte Welt" aufrechterhalten zu können (Lerner, 1980) und das Gefühl der eigenen potentiellen Bedrohtheit abzuwenden, wird in der sozialpsychologischen Diskussion das Phänomen zugeschrieben, dass Personen dazu neigen, den Opfern von Gewalttaten eine Mitverantwortung, ja sogar eine Mitschuld zuzuschreiben (Darstellung von Befunden bei Aronson, 1994; Bierhoff, 2006).

- Der *fundamentale Attributionsfehler*, die Unterschätzung situativer Einflüsse auf das Verhalten anderer Personen

Unabhängig von moralischen Bewertungsprozessen besteht die Tendenz, bei der Erklärung des Handelns anderer Personen, den Einfluss von Situationseinflüssen zu unterschätzen und das Verhalten in übermäßiger Weise auf Eigenschaften der Person zurückzuführen. Dieses Phänomen wurde von Ross (1977) als *fundamentaler Attributionsfehler* bezeichnet. Er kann damit begründet werden, dass für die beurteilende Person der Handelnde im Vordergrund steht und die

Umgebungseinflüsse weitgehend „unsichtbar" bleiben und eher erschlossen werden müssen. Zudem verfügt die beurteilende Person weniger als die handelnde Person selbst über Informationen, ob sich die Person in anderen Situationen anders verhält oder ob sie sich in der Vergangenheit in vergleichbaren Situationen anders verhalten hat (*Distinktheit* und *Konsistenz* im Sinne Kelleys), was ggf. die Bedeutung situativer Einflüsse deutlicher machen würde.

Erstaunlicherweise werden allerdings sogar dann Situationseinflüsse unterschätzt, wenn sie dem Beurteiler offenkundig sind. So zeigte sich entgegen den aus dem *Modell der korrespondierenden Schlussfolgerungen* (s.o.) abgeleiteten Erwartungen Folgendes: Auch wenn die Beurteiler wussten, dass ein Redner für einen Rhetorikwettbewerb den Auftrag hatte, eine Rede zu verfassen, in der eine „sozial unerwünschte", also eine von der gesellschaftlichen Mehrheitsmeinung abweichende Position zu vertreten war, meinten sie dennoch, die in der Rede vertretene Position entspräche weitgehend seiner tatsächlichen Einstellung.

Die Einflüsse situativer Umstände auf ihr *eigenes* Verhalten sind demgegenüber der beurteilenden Person deutlich präsenter und es wird ihnen bei der Erklärung des eigenen Verhaltens ein größeres Gewicht verliehen. Damit schreibt man der eigenen Person eine größere Variabilität im Verhalten zu, da es nicht ausschließlich durch stabile Eigenschaften determiniert ist, sondern in Abhängigkeit von unterschiedlichen situativen Umständen variabel gestaltet werden kann.

Gelingt es der beurteilenden Person, sich in die Perspektive des Anderen kognitiv hineinzuversetzen *(Perspektivenübernahme)* und/oder sich emotional einzufühlen *(Empathie)*, steigen allerdings die Chancen, dass relevante Situationseinflüsse auch in die Erklärung des fremden Verhaltens einbezogen werden und sein Verhalten differenzierter, als durch personenbezogene und situative Faktoren beeinflusst, beurteilt werden kann.

2.3 Eindrucksbildung und Attribution in der Praxis Sozialer Arbeit

2.3.1 Zur Eigendynamik der Eindrucksbildung im Interaktionsgeschehen

Stellen Sie sich vor, Sie sehen als Sozialarbeiterin im Allgemeinen Sozialdienst dem ersten Gespräch mit einer Klientin entgegen. Aus einer Bemerkung Ihrer Vorgängerin (oder aus Aktenvermerken) haben Sie entnommen, dass die Klientin als wenig änderungsmotiviert angesehen wird, sondern in erster Linie an finanzieller Unterstützung interessiert zu sein scheint. Sie haben sich vorgenommen, sich selbst einen unabhängigen Eindruck zu verschaffen. Zu dem vereinbarten Termin erscheint die Klientin nicht. Mit etwa einer knappen Stunde Verspätung trifft sie schließlich ein und entschuldigt sich außer Atem, ihr sei „etwas

dazwischen gekommen". Welche Assoziationen und Gefühle löst das Zuspätkommen bei Ihnen aus? Wie viel Zeit gestehen Sie der Klientin als Verschnaufpause zu? Wie eröffnen Sie das Gespräch? Wie intensiv greifen Sie durch *aktives Zuhören* die Beiträge der Klientin auf, um sie anzuregen und zu ermutigen,
ihre Anliegen zu offenbaren? Stellen Sie sich nun in einer zweiten Variante der
Situation vor, Sie hätten aus den Bemerkungen Ihrer Vorgängerin bzw. den Ak-
ten entnommen, die Klientin sei durch ungünstige Lebensumstände stark belastet. Trotz ihrer Überforderung gäbe sie sich größte Mühe, an einer Veränderung
ihrer Lage aktiv mitzuarbeiten. Als dann die Klientin verspätet und außer Atem
Ihr Büro betritt, was geht in Ihnen vor? Stehen Sie auf? Gehen Sie Ihr entgegen?
Wie lange darf Sie verschnaufen ...?

Die o.g. experimentellen Befunde zu dem Phänomen der *sich selbst erfüllenden
Prophezeiung* weisen daraufhin, dass bereits solche als marginal erscheinenden
Merkmale der Gesprächssituation – wie räumlicher Abstand und Länge der Sätze – einen Einfluss haben, da sie möglicherweise dem Gesprächspartner Interesse, Wertschätzung u.Ä. signalisieren, ihn ermutigen und ihm Ansatzpunkte bieten, sich selbst mit seinen Anliegen und Stärken überzeugend darzustellen.

Zurück zu unserem Beispiel: Die Klientin, die sich ihrerseits von Ihnen als Sozialarbeiterin einen ersten Eindruck bildet, mag aus der Länge der Verschnaufpause,
die Sie ihr gewähren, intuitiv auf Ihr Interesse an ihrer Person und ihrer Befindlichkeit schließen und Ihnen möglicherweise (was damit tatsächlich nicht unbedingt gekoppelt sein muss) ein weiteres Merkmal, nämlich fachliche Kompetenz zuschreiben. Sie mag den Eindruck gewinnen, es sei lohnenswert, sich Ihnen gegenüber zu öffnen und mit Ihnen gemeinsam an einer Bewältigung ihrer
Problematik zu arbeiten und sich nicht auf Forderungen nach materieller Unterstützung zu beschränken.

Glücklicherweise ist das Verhalten der Interaktionspartner nicht vollständig durch
den spontanen Eindruck, den sie voneinander gewinnen und den sie bei dem Gegenüber erzeugen, determiniert (vgl. Kapitel 1), sondern es wirken noch andere
personale und situative Einflussfaktoren mit, die den Beteiligten eine Variabilität
in ihrem Verhalten erlauben. So könnten – bei der ersten Situationsvariante – die
sozialpsychologischen Kenntnisse die Sozialarbeiterin dafür sensibilisieren, darauf zu achten, dass sie in ihrer Verärgerung über das Zuspätkommen nicht vorwie-
gend auf *stimmungskongruente, negative* Informationen achtet und dass sie im
weiteren Gespräch nicht im Sinne einer *hypothesenverifizierenden Strategie* weitere Indikatoren für negative Merkmale, wie mangelnde Motiviertheit sucht, sondern das Gespräch kooperativ und konstruktiv gestaltet. Die Klientin ihrerseits
könnte aufgrund der materiellen Unterstützung, die sie bisher erfahren hat, soweit
entlastet sein, dass sie ihr Augenmerk auf andere Aspekte der Problematik und der
Bewältigungschancen richtet und entsprechende Initiativen in das Gespräch ein-
bringt, so dass die Sozialarbeiterin ihren intuitiven Eindruck, die Klientin sei wenig an einer aktiven Mitarbeit interessiert, korrigiert. Durch diese Erfahrung könnte wiederum die Sozialarbeiterin – im Sinne der *Hypothesentheorie der sozialen*

Wahrnehmung – darin bestärkt werden, auch in anderen Erstgesprächen ihren spontanen Eindruck durch Alternativhypothesen zu überprüfen.

2.3.2 Zur Eigendynamik der Attribution im Interaktionsgeschehen

„Wenn die Kinder gut lernen, führt das der Lehrer auf seinen guten Unterricht zurück. Lernen sie schlecht, liegt' s an den ‚missratenen Schülern‘ und an den ‚Eltern, die sich nicht genug um die Kinder kümmern‘!‘‘, so der Seufzer der Mutter eines Schülers nach dem Elternsprechtag.*

Wir wissen nicht, ob die Mutter das Erklärungsmuster (*Attribution*) des Lehrers zutreffend beschreibt. Allerdings besteht tatsächlich nicht nur bei Laien die oben beschriebene Tendenz, Erfolge eher auf die eigene Leistung zurückzuführen und demgegenüber Misserfolge eher den äußeren Umständen und/oder anderen Personen zuzuschreiben. Auch wird sich mancher im psychosozialen Bereich tätige Professionelle dabei ertappt haben, dass er in den Fortschritten seiner Klienten eine Bestätigung für die gute Beratungs- und Aktivierungsarbeit sieht, während er die Stagnation eines Klienten eher dessen geringer Motivation oder den ungünstigen gesellschaftlichen Verhältnissen anlastet.

Dieses selbstwertdienliche Erklärungsmuster birgt das Risiko, dass die eigenen professionellen Einflussmöglichkeiten auf das Geschehen unterschätzt und daher nicht optimal ausgeschöpft werden, wie an dem folgenden Beispiel aus der erwachsenenpädagogischen Arbeit erläutert werden soll:

In der Literatur zur Bildungsarbeit mit Erwachsenen werden nicht selten Typologien von „schwierigen Teilnehmern" und dazu maßgeschneiderte Tipps, wie mit ihnen zu verfahren sei, vorgestellt. Dabei wird der Text gelegentlich durch Illustrationen angereichert, in denen die schwierigen Teilnehmer als Tiere dargestellt werden. So wird beispielsweise der „Arrogante" als Giraffe dargestellt, der mit langem Hals und verschränkten Armen auf seinem Stuhl sitzt und verächtlich von oben herabblickt oder der „Überschlaue", dessen Spitzfindigkeiten in der spitzen Schnauze einer Fuchsgestalt zum Ausdruck kommen. Die angebotenen praktischen Tipps sind denkbar einfach: „Den Arroganten nicht beachten! Auf Spitzfindigkeiten des Überschlauen nicht näher eingehen!" In aktuellen Materialien zur Lehrerfortbildung findet man menschliche Karikaturen, z.B. den mit zwei Colts bewaffneten Typ des „Untergrundkämpfers", vor dem die Moderatoren der Lehrerfortbildung gewarnt werden, da er sich offiziell mehr oder weniger konform mit der Gruppe zeige, aber im Untergrund Stimmung gegen die Sache oder Personen mache.

Solche humoristisch gestalteten Typologien können möglicherweise dazu beitragen, für die Kursleitenden das subjektiv Bedrohliche einer schwierigen Lehr-Lern-Situation zu entschärfen, indem man die Probleme zu persönlichen Absonderlichkeiten einzelner Teilnehmerinnen und Teilnehmer erklärt *(Attribution auf personale Dispositionen).* Sie suggerieren darüber hinaus, dass es solche Typen gäbe

(Stereotypenbildung) und verleiten dazu, Teilnehmer und deren Verhaltensweisen nicht mehr individuell, situationsbezogen und differenziert wahrzunehmen, sondern einem Typ zuzuordnen *(Kategorisierung)* und die vermeintlichen Merkmale dieses Typs dem Individuum ungeprüft zuzuschreiben *(Stereotypisierung)*.

Angenommen, ich leite als Sozialpädagogin eine Veranstaltung im Bereich der Eltern- und Familienbildung der Volkshochschule. Ich habe gerade etwas erklärt, als sich ein Teilnehmer zu Wort meldet: „Mich wundert das, was Sie gerade erklärt haben. Ich bin bisher davon ausgegangen, das sei so ..." Habe ich als Kursleiterin die o.g. Typologie im Kopf, werde ich möglicherweise den „spitzfindigen Fuchs" entdecken und den Einwurf geflissentlich übergehen und damit die gute Gelegenheit verstreichen lassen, das Vorwissen des Teilnehmers konstruktiv aufzugreifen und im Sinne des *Anschlusslernens* (vgl. Hartung & Wilbert, 2004; Kruse & Rudinger, 1997) Übereinstimmungen und Differenzen zwischen den vorgetragenen Inhalten und Positionen deutlich zu machen und zum Gespräch anzuregen. Ignoriere ich den Beitrag des Teilnehmers, wird mein Verhalten möglicherweise von dem Kursteilnehmer und den anderen Mitgliedern der Lerngruppe so interpretiert, als sei ich an einer aktiven Mitarbeit und Diskussion innerhalb des Lehr-Lern-Geschehens nicht interessiert. Diese Einschätzung dürfte ein ungünstiges Verhalten des Teilnehmers und der Lerngruppe aktivieren und den weiteren Lernprozess und das Gruppenklima nachhaltig beeinträchtigen. Wenn ich mir demgegenüber vergegenwärtige, dass das Kursgeschehen – in erfolgreichen *und* in schwierigen Phasen – von vielen Faktoren abhängig ist (dem Erleben und Verhalten von Teilnehmenden und Kursleitenden, der Auswahl und Aufbereitung der Inhalte und Themen, den Gruppenprozessen, den eingesetzten Methoden und Medien, den Rahmenbedingungen ...), die sich auch noch gegenseitig beeinflussen, wird die Analyse des Problems zwar etwas aufwendiger und diffiziler, aber ich gewinne auch vielfältigere Ansatzpunkte, das Geschehen positiv zu beeinflussen (Hartung, Posse & Wilbert, 2004).

2.3.3 Anregungen zur Reflexion der eigenen Eindrucksbildung und Ursachenzuschreibung

Professionelles Handeln in Feldern Sozialer Arbeit ist in komplexe interaktive Kontexte eingebunden. Je nach Handlungsfeld variieren eher langfristig angelegte Kontakte oder eher punktuelle Kontakte zu einzelnen Personen oder sozialen Gruppen als vorrangige Arbeitsformen. Gemeinsam ist den Situationen,

- dass sie durch vielfältige Merkmale, die miteinander vernetzt sind und sich wechselseitig beeinflussen, gekennzeichnet sind *(Komplexität)*,
- dass sie sich – auch ohne professionelles Eingreifen – entwickeln und verändern *(Dynamik)*,
- dass relevante Informationen nur partiell verfügbar sind und damit viele Einflussgrößen undurchschaubar bleiben *(Intransparenz)*.
  (vgl. Dörner, 2003; vgl. Kapitel 5, Anregungen zur Teamarbeit)

So ist häufig auch der professionell Handelnde gefordert, unter Zeitdruck, ohne über alle relevanten Informationen zu verfügen, intuitive Beurteilungen über Personen und ihr aktuelles und zu erwartendes Verhalten vorzunehmen, um entscheiden und handeln zu können. Dementsprechend dürften Verzerrungen bei der Personenwahrnehmung und Attribution nahezu unvermeidlich sein.

Welche Kenntnisse und Handlungsmöglichkeiten können wir als professionell Handelnde nutzen, um uns für eigene Wahrnehmungsverzerrungen zu sensibilisieren, unsere Urteile zu überprüfen und ggf. zu modifizieren?

• Sozialpsychologische Kenntnisse über die Bedeutung subjektiver Konstruktionen im Prozess der sozialen Wahrnehmung und über typische Verzerrungen bei der Personenwahrnehmung und Attribution, wie sie in diesem Kapitel vorgestellt wurden, sind geeignet, uns möglicherweise schon im Prozess der Urteilsbildung (oder zumindest im Anschluss daran) zu einer kritischen Selbstreflexion und damit zu einer potentiellen Revision der Urteile anzuregen.

• Fachliches Wissen über die vielfältigen und miteinander vernetzten Einflussfaktoren auf menschliches Erleben und Verhalten begünstigt ein angemessen komplexes *Realitätsmodell* (Dörner, 2003), mit dem wir weniger der Gefahr unterliegen, für einen sozialen Sachverhalt nur *eine* Hypothese zu entwickeln, sondern auch *Alternativhypothesen* in Betracht ziehen. Vor diesem Hintergrund steigt die Bereitschaft, Erwartungen und Annahmen zu überprüfen, indem wir beispielsweise auch nach Informationen suchen, die die dominante Hypothese widerlegen könnten *(hypothesenfalsifizierende Strategie)* oder zu einer Differenzierung der Annahmen beitragen.

• Die Kenntnis interaktiver, kreisförmiger Effekte von (1) der Urteilsbildung bezüglich einer Person, (2) dem Verhalten dieser Person gegenüber, (3) der Reaktion der Person auf dieses Verhalten, (4) der Stabilisierung des vorangegangenen Urteils usw., wie es im Zusammenhang mit der *sich selbst erfüllenden Prophezeiung* dargestellt wurde, regt an, das eigene Verhalten als potentiellen Einflussfaktor in Betracht zu ziehen.

• Bei der längerfristig angelegten Arbeit mit Personen in Prozessen der Beratung, Unterstützung, Aktivierung, der Erziehung, Bildung und des Trainings ist eine fundierte Erhebung ihrer Anliegen und relevanter personaler, sozialer und situativer Aspekte des Ist-Zustandes der Personen erforderlich (vgl. Harnach-Beck, 2003; Klann, Hahlweg & Heinrichs, 2003). Auf dieser Grundlage können Interventionen geplant und eine Evaluation des Prozesses und des Ergebnisses (vgl. Wottawa & Thierau, 2003) vorgenommen werden.

• Die zielorientierte Erhebung der Informationen, die zu einer fundierten, intersubjektiv nachvollziehbaren und überprüfbaren Urteilsbildung führen soll, orientiert sich an fachlichen Standards der wissenschaftlichen Beobachtung. Grundlegend ist eine beschreibende Erfassung der Anliegen und der aktuellen Ausgangslage, die mithilfe verschiedener Verfahren (z.B. durch Beobachtungs- und Einschätzverfahren, Tests, Interviewprotokolle) erfolgen kann. Wie detailliert die zu erhebenden Informationen sinnvollerweise sein sollten, ist vor dem Hintergrund fachlicher Überlegungen und praktischer Handlungsanforderungen und -möglichkeiten begründet zu wählen und kritisch zu überprüfen. Abgeleitete Interpretationen, Bewertungen und Schlussfolgerungen müssen deutlich von der Beschreibungsebene getrennt sein (differenzierte Darstellung wissenschaftlicher Beobachtung im Kontext Sozialer Arbeit in Schermer, 2005, in dieser Reihe).

- Das gedankliche Hineinversetzen in die Perspektive des Beurteilten sowie ein empathisches Einfühlen in dessen Erleben und Verhalten reduziert die Gefahr, die beurteilte Person auf wenige stabile Merkmale zu reduzieren und erhöht die Wahrscheinlichkeit, unter Berücksichtigung personaler und situativer Einflussfaktoren ein differenziertes Urteil zu bilden.

- Perspektivenübernahme und Empathie gelingt am ehesten, wenn die beurteilte Person am Prozess der Urteilsbildung aktiv als Subjekt, als Expertin der eigenen Anliegen und der Lebenssituation beteiligt ist. Für die Gestaltung von Erstgesprächen sowie für *fremdiniitierte* Kontaktaufnahmen in der Sozialen Arbeit hat dies Kähler (2001, 2005) überzeugend dargestellt.

- Teamgespräche, kollegiale Fallberatung, Supervision (vgl. Belardi, 2005; Schulz von Thun, 1998) können als Korrektiv genutzt werden, indem die Datengrundlage der Urteilsbildung über eine Person und die daraus abgeleiteten Schlussfolgerungen einer intersubjektiven Reflexion zugänglich gemacht werden. Dabei ist darauf zu achten, dass eine „Gesprächskultur" realisiert wird, in der Differenzierungen von Meinungen angeregt werden und nicht eine vorschnelle Konsensbildung eine kritische Reflexion behindert (vgl. Kapitel 5 zu Meinungsbildungsprozessen in Gruppen).

3   Einstellungen, Einstellungsänderung und Verhalten

Herr M. findet in einer Telefonzelle einen adressierten und frankierten Brief, der offenbar versehentlich liegen geblieben ist. Adresse und Absender zeigen einen ausländisch klingenden Namen. Wird Herr M. den Brief liegen lassen oder in den nächsten Briefkasten einwerfen? Wodurch wird sein Verhalten beeinflusst?
Durch das vorangegangene Kapitel zur Attribution (d.h. Ursachenzuschreibung, alltägliche Erklärungsversuche für das Verhalten von Personen) sensibilisiert, werden Sie wahrscheinlich mehrere Einflussfaktoren in Betracht ziehen. Es könnten situative und soziale Faktoren sein: Wie weit ist der nächste Briefkasten entfernt? Wird Herr M. durch eine Person begleitet oder beobachtet, von der er annimmt, sie erwarte von ihm diese kleine Gefälligkeit? Es können aber auch personenbezogene Einflussfaktoren sein: Fühlt sich Herr M. momentan angespannt und erschöpft? Hat er Ausländern gegenüber generell eine eher ablehnende Einstellung?

Wir wissen zwar nicht, was Herr M. tun wird und warum er es tut. Interessant dürfte für Sie als Leserin und Leser allerdings der von Wagner und Zick (1998) veröffentlichte Befund sein, dass bei einem entsprechenden Feldexperiment in Münster und München Briefe mit deutsch klingenden Absendern und Adressen signifikant häufiger eingeworfen wurden als solche mit ausländisch klingenden Namen. Dies lässt nach Meinung der Autoren auf eine tendenziell ausländerfeindliche Einstellung der beobachteten Bürger schließen (vgl. Kapitel 6: Konflikte zwischen Gruppen).

3.1   Was sind Einstellungen?

Einstellungen (in der englischsprachigen Literatur als *attitudes* bezeichnet) sind nicht direkt beobachtbar, sondern werden aus dem Verhalten (physiologischen Reaktionen, verbalen Äußerungen, Verhaltensabsichten und beobachtbarem Verhalten) erschlossen. Sie stellen relativ überdauernde, positive oder negative Bewertungen gegenüber einem Einstellungsobjekt (Personen, Gruppen, Situationen, Ideen, Normen, Gegenstände, Produkte u.a.) dar und nehmen potentiell Einfluss auf das Verhalten einer Person.

Bei dem Begriff der *Einstellung (attitude)* steht der Bewertungsaspekt *(affektive Komponente)* gegenüber dem Einstellungsobjekt im Vordergrund. Demgegenüber akzentuiert der Begriff der *Überzeugung (belief)* die *kognitive Komponente*, d.h. die auf das Einstellungsobjekt bezogenen Informationen und Wissensbestände. Die *Verhaltenskomponente* umfasst sowohl offen gezeigtes Verhalten als auch die Absicht, sich in bestimmter Weise gegenüber dem Einstellungsobjekt zu verhalten. Beispiel: Ich bewerte eine politische Partei positiv *(affektive Komponente);* ich verfüge über Informationen bezüglich ihrer Programmatik und ihrer Aktivitäten in einem mir bedeutsamen Politikfeld *(kognitive Komponente)*; ich bin bereit, sie zu wählen und erkundige mich bezüglich einer örtlichen Wählerinitiative, in der ich möglicherweise aktiv werden kann *(Verhaltenskomponente)*.

Nun zeigen Forschungsergebnisse und Alltagserfahrungen, dass der Zusammenhang zwischen Einstellungen, Überzeugungen und Verhalten nicht so stark ist, wie man intuitiv annehmen möchte. So mag ein Einstellungsobjekt positive Gefühle bei mir auslösen, obwohl mir gute, rationale Argumente bekannt sind, die dagegen sprechen. Zudem kann jeder von uns über enttäuschende Erfahrungen berichten, wo er gute, bestens begründete Vorsätze nicht umgesetzt hat, obwohl er potentiell über die nötigen Fähigkeiten und Ressourcen verfügte oder wo er sich entgegen seinen grundlegenden Wertvorstellungen verhalten hat. Sozialpsychologische Forschung geht der Frage nach, unter welchen Bedingungen Einstellungen und Einstellungsänderungen zustande kommen, wie Einstellungen das Verhalten initiieren und steuern bzw. die Einstellungen selbst durch das Verhalten bestärkt oder modifiziert werden.

Wie werden Einstellungen erhoben?

Da Einstellungen nicht direkt beobachtbar sind, müssen zu ihrer Messung *Indikatoren* (vgl. Kapitel 1) bestimmt werden, von denen man annimmt, dass sie die Einstellung der Person repräsentieren. Dies können *Selbsteinschätzungen* der Person sein, in der die Person direkt nach ihrer Bewertung und ihrer Überzeugung zu einem Einstellungsobjekt gefragt wird. Beispielsweise kann auf einer mehrstufigen Skala (–2 lehne völlig ab ... +2 stimme völlig zu) der Grad der Zustimmung/Ablehnung erhoben werden zu einer vorgegebenen Aussage wie „Ich halte die Erweiterung der politischen Rechte der in Deutschland lebenden Ausländer für unerlässlich." oder „Zum Erhalt meines Wohlbefindens halte ich es für wichtig, mindestens zweimal pro Woche Sport zu treiben.". Dabei können die vorgegebenen Statements oder Fragen *(Items)* so formuliert sein, dass sie nach eher globalen Einstellungen fragen (z.B. nach der subjektiven Wichtigkeit von Gesundheit) oder nach sehr spezifischen Einstellungen (z.B. der subjektiven Bewertung eines sofortigen Einstellens des Rauchens).

Die Selbsteinschätzungen der Person können über einen Fragebogen oder auch über Interviews unterschiedlichen Strukturierungsgrades erhoben werden. Bei der Erhebung in der Form von Interviews können die Aussagen der Personen in einer anschließenden qualitativen Auswertung bestimmten Inhaltskategorien zugewiesen werden und bei der weiteren Verarbeitung ggf. *quantifiziert,* d.h. in Zahlen transformiert werden, die einen Kennwert für die Ausprägung der zu erhebenden Einstellung ergeben (vgl. Bortz & Döring, 2002; Lamnek, 2005; Mayring, 2002).

Angesichts des Risikos, dass sich die befragte Person nach außen hin vorteilhaft präsentieren möchte und dadurch ihre Antworten im Sinne *sozialer Erwünschtheit* verzerrt sein könnten oder dass Einstellungen erst anlässlich der Frage spontan gebildet werden, können auch indirekte, *nicht-reaktive Messungen* vorgenommen werden. Dabei wird die Person in einstellungsrelevanten Situationen beobachtet, wie es z.B. mit der eingangs genannten Technik des verlorenen Briefes versucht wird (Darstellung verschiedener Verfahren zur Einstellungsmessung und deren Vor- und Nachteile bei Stahlberg & Frey, 1996 und Thomas, 1991).

3.2 Wie entstehen Einstellungen und welche Funktion erfüllen sie?

Einstellungen werden im Verlaufe der Lerngeschichte erworben und ggf. verändert. Dabei können sowohl Prozesse des (1) *klassischen Konditionierens,* des (2) *operanten Konditionierens* als auch des (3) *Modell-Lernens* wirksam sein (nähere Darstellung der Lernprinzipien in Schermer, 2005 und Rothgang, 2003, in dieser Reihe. Siehe auch Kapitel 7 zum Lernen von aggressivem Verhalten). Die folgenden Beispiele illustrieren die angenommenen Lernmechanismen:

• Zu (1): Habe ich beim Schulsport unangenehme Erfahrungen gemacht (Leistungsdruck, Versagenserlebnisse, Spott, körperliche Verletzung), löst allein der Gedanke daran, ich sollte zur Verbesserung meiner Fitness Sport treiben, (oder bereits der Geruch einer Sporthalle) unangenehme Gefühle aus.
• Zu (2): Habe ich die Erfahrung gemacht, nach einer Jogging-Runde fällt der Alltagsstress von mir ab oder beim Joggen treffe ich nette Leute, werde ich das Joggen positiv bewerten. Auch wenn meine sportbegeisterten Äußerungen von mir wichtigen Personen mit Zustimmung oder gar Bewunderung aufgegriffen werden, ist eine Verstärkung meiner positiven Einstellung zu erwarten.
• Zu (3): Beobachte ich attraktive Personen, die selbst gerne Sport treiben oder vermitteln sie verbal ihre positive Einstellung zu sportlicher Aktivität, begünstigt dies eine entsprechende Einstellung meinerseits. Erlebe ich demgegenüber die Sporttreibenden als „Gemeinschaft der AOK-Aktiven, die joggend um die Häuser torkelt", wie es der Kabarettist Wiglaf Droste tut, dürfte ihr Verhalten eher den gegenteiligen Effekt ausüben.
(Darstellung lerntheoretisch begründeter sozialpsychologischer Theorien in Frey & Irle, 2002a)

Anhand der genannten Beispiele wird deutlich, dass Einstellungen nicht unbedingt bewusst reflektiert werden, sondern auch als *implizite Einstellungen* intuitiv aktiviert werden können.

Bei dem Versuch, den Erwerb von Einstellungen zu erklären, werden über die allgemeinen Lerngesetze hinausgehend, kognitive Prozesse der Informationsaufnahme und -verarbeitung untersucht. So ist die Frage interessant, ob die Bildung, Festigung oder auch Veränderung von Einstellungen eher durch gute Argumente oder etwa durch das Image der Informationsquelle begünstigt wird. Befunde stützen die in dem *Elaboration Likelihood Model, ELM* (Petty & Cacioppo, 1986; Petty & Wegener, 1998) formulierte Annahme, dass eine differenzierte Argumentation dann effektiv ist, wenn die Person bereit ist, sich mit diesen Argumenten auseinander zu setzen, etwa weil ihr das Thema wichtig ist und sie davon persönlich betroffen ist. Ist die Person weniger bereit oder in der Lage, sich in *elaborierter Weise* mit der Argumentation auseinander zu setzen, sind *periphere Hinweisreize*, wie z.B. die Berühmtheit, der Status der Informationsquelle oder die Anzahl der Personen, die die entsprechende Einstellung vertreten, wirksamer. Einstellungen, die über den elaborierten Weg zustande gekommen sind, zeigen eine größere Stabilität und erweisen sich als verhaltenswirksamer.

Einstellungen erfüllen für die Person wichtige Orientierungsfunktionen in einer komplexen Umwelt. Auf der Basis erworbener Bewertungen erlauben sie es der Person, neue Informationen, aktuelle Anforderungen u.Ä. einzuordnen, zu interpretieren, Schlussfolgerungen für das eigene Handeln abzuleiten sowie eigene Werte und Anliegen zum Ausdruck zu bringen und zu verfolgen. Grundlegende Einstellungen tragen zum Gefühl der eigenen Identität sowie zur Verbundenheit mit einer Gruppe bei, die ähnliche Einstellungen vertritt. Einstellungen, die auf eigener Erfahrung beruhen, sind nach Fazio und Zanna (1981) im Gedächtnis prägnanter und fester assoziiert und damit leichter abrufbar als sozial vermittelte Einstellungen (*Zugänglichkeit* von Einstellungen) und erweisen sich daher als besonders stabil, änderungsresistent und verhaltenswirksam.

Die Orientierungsfunktion von Einstellungen wird auch im Zusammenhang mit der Aufnahme, Verarbeitung und Erinnerung von Informationen deutlich. Entsprechend der von Festinger begründeten *Theorie der kognitiven Dissonanz* (vgl. Kapitel 1) erleben Menschen einen unangenehmen Spannungszustand, wenn bedeutsame Kognitionen (Einstellungen, Überzeugungen, Wissensinhalte) im Widerspruch zueinander stehen. Gemäß dieser Theorie ist es naheliegend, dass Personen nach Informationen streben, die mit ihrer Einstellung übereinstimmen (*konsonante* Informationen) und einstellungskonträre *(dissonante)* Informationen eher meiden. Diese Tendenz findet sich besonders dann, wenn die Person eine irreversible Stellungnahme abgegeben hat, sie also nicht den Eindruck hat, ihre Bewertung noch einmal korrigieren zu können. Ein aktives Interesse an inkonsistenten Informationen zeigen demgegenüber Personen, die zu dem entsprechenden Objekt eine sehr gefestigte Einstellung haben und es ihnen daher leicht fällt, eine abweichende Information zu widerlegen bzw. zu integrieren oder deren Einstellung dermaßen instabil ist, dass sie nach neuer Orientierung ggf. durch einen Einstellungswechsel streben (Stahlberg & Frey, 1996).

3.3 Unter welchen Bedingungen üben Einstellungen Einfluss auf das Verhalten aus?

Wie bereits im vorangegangenen Kapitel zur Personenwahrnehmung und Eindrucksbildung im Zusammenhang mit dem *fundamentalen Attributionsfehler* angesprochen, neigen wir im Alltag dazu, das Verhalten von Personen auf stabile Eigenschaften und Einstellungen zurückzuführen und situative Einflussfaktoren zu unterschätzen. Forschungsergebnisse zur Übereinstimmung *(Konsistenz)* von Einstellungen und Verhalten zeigen demgegenüber hier nur moderate Zusammenhänge.

Ein ernüchterndes Experiment (s. auch Kapitel 8 zum prosozialen Verhalten) führten Darley und Batson (1973) durch. Sie beauftragten Theologiestudenten, in einem anderen Universitätsgebäude eine kurze Rede zu halten. Auf dem Weg dorthin lag mit geschlossenen Augen ein armselig gekleideter, stöhnender und hustender Mann, der offensichtlich Hilfe brauchte. 65% der Studenten leisteten Hilfe. Hatte man den Studenten allerdings vorher gesagt, sie mögen sich bitte beeilen, da man schon auf sie warte, waren nur 10% hilfsbereit. Pikanterweise war die Rate der Hilfeleistenden auch bei den Studenten nur wenig höher, die eine Rede zum Gleichnis des barmherzigen Samariters halten sollten. Eine grundlegend positive Einstellung zu altruistischem Verhalten – wie man sie möglicherweise von Theologiestudenten erwartet – sowie die Aktualisierung dieser Einstellungen durch eine konkrete Aufgabe scheinen demnach in ihrem Einfluss auf ein konkretes Handeln wenig widerstandsfähig zu sein gegenüber aktuellen situativen Einflussfaktoren.

Forschungsbefunde weisen allerdings auch darauf hin, dass es personenspezifische Unterschiede gibt in dem Ausmaß, wie Einstellungen und Verhalten korrespondieren. Eine höhere Konsistenz von Einstellung und Verhalten findet man bei Personen, die sich selbst so einschätzen, dass sie sich über verschiedene Situationen hinweg konsistent mit ihren Einstellungen, Gefühlen und persönlichen Besonderheiten verhalten und sich weniger an aktuellen Situationen und Reaktionen ihrer sozialen Umwelt orientieren (Snyder & Kendziersky, 1982; Bem & Allen, 1974; Zanna et al. 1980).

Sozialpsychologische Forschung hat sich damit beschäftigt, unter welchen Bedingungen die Wahrscheinlichkeit steigt, dass sich eine Person entsprechend ihrer Einstellungen verhält, bzw. dass man das Verhalten einer Person auf der Grundlage der Kenntnis ihrer Einstellung zu einem bestimmten Einstellungsobjekt (Personen, Gruppen, Gegenstände, Normen ...) voraussagen kann. Einstellungen erweisen sich eher als verhaltenswirksam, wenn

- sie in Übereinstimmung stehen mit dem bisherigen Verhalten der Person (mit Gewohnheiten oder auch mit zielgerichtetem Handeln),
- sie auf eigenen Erfahrungen beruhen,
- sie mit einem Einstellungsobjekt so eng assoziativ verknüpft sind, dass sie quasi automatisch aktiviert werden,
- sie als subjektiv bedeutsam angesehen werden,
- ihnen gegenüber eine moralische Verpflichtung empfunden wird,
- sie als mit der eigenen Identität oder der Identität der Bezugsgruppe verbunden erlebt werden,
- sie in ein Netz von Bewertungen und Überzeugungen eingebunden sind,
- sie sowohl eine starke affektive Komponente haben als auch eine differenzierte, argumentative Elaboriertheit,
- sie spezifisch auf das konkrete Verhalten bezogen sind,
- ihre Erhebung frei von situativen oder sozialen Zwängen erfolgte (z.B. anonym) und ihre Formulierung nicht durch die Tendenz zur sozialen Erwünschtheit verzerrt wurde.

(Übersicht zu einzelnen Befunden in Bierbrauer, 2005; Bierhoff, 2006; Thomas, 1991; Stroebe & Jonas, 1996; Bohner, 2002)

Das folgende Zitat stammt aus einem Interview, das im Rahmen eines Projektes zur Konfliktbewältigung in einer Jugendfreizeiteinrichtung durchgeführt wurde (vgl. Kapitel 7). Der Jugendliche beschreibt einen inneren Konflikt zwischen einer eher rational begründeten Einstellung und einer in seinem Lebensalltag offenbar spontan verhaltenswirksamen Einstellung. Ausgangspunkt ist die Frage, wie man auf eine provokative Bemerkung eines Passanten reagieren sollte.

„Man sollte auf die andere Straßenseite gehen, nichts mit dem zu tun haben wollen. Ich habe allerdings selber nie so reagiert, aber ich meine, das wäre echt das Beste. Nur ich hab' dann immer gedacht, dass jemand denkt, ich bin feige, und das will ich nicht. Darum greif' ich meistens an, obwohl ich das irgendwie nicht will ... Ein Typ mit kurzen Haaren, so 'n Nazi, hat mich beleidigt wegen meiner Frisur. Ich guck' den an ,Hast 'n Problem?' und bin hingegangen und hab' gefragt, was der will. Da hat der mich am Halstuch festgehalten und ich konnte nichts tun. Ich hab' mich voll Scheiße gefühlt. Die meisten auf der Schule haben Respekt vor mir, aber ich glaube, der wollte der Größte sein. Dann hat der losgelassen und ich hab' dem 'ne Faust gegeben und wir sind zusammen durch 'ne Glasscheibe geflogen. Er war verletzt, da kam dann der Krankenwagen. Und ich war nicht so verletzt und musste zum Direx und war schuld. Meine Eltern meinen auch immer, dass ich schuld bin, weil ich vor Gericht immer Schuld bekomme. Ich war da ja schon öfter, immer wegen Körperverletzung. Das ist ungerecht: Immer der, der verletzt ist, hat keine Schuld. Ich musste die Scheibe bezahlen. ... Ich find das eigentlich auch nicht gut,

wie das gelaufen ist, aber das ging nicht anders, entweder der oder ich. Und jetzt grüßt der auch wieder freundlich. "

Das Modell des geplanten Handelns

Ob Einstellungen verhaltenswirksam werden, hängt – wie in dem Experiment mit den erstaunlich wenig barmherzigen Theologiestudenten illustriert wurde – stark von situativen und sozialen Zwängen ab, die vermeintlich oder tatsächlich die Handlungsfreiheit einschränken. In diesen Zusammenhang ist auch die Bedeutung sozialer Normen einzuordnen. Das *Modell des geplanten Handelns* (Ajzen, 1991, 2002), eine Weiterentwicklung des von Fishbein und Ajzen vorgestellten *Modells des begründeten Handelns*, integriert personale und sozial normative Einflussfaktoren. Von diesen Einflussfaktoren hängt es ab, ob die Person eine Intention, eine Handlungsabsicht entwickelt, die wiederum als Voraussetzung für ein geplantes, einstellungskonsistentes Handeln gesehen wird. Die Bildung einer Intention, eines Vorsatzes, hängt ab:
1. von der *Einstellung* der Person gegenüber der Handlung.
2. von der *subjektiven Norm*.
3. von der *wahrgenommenen Kontrolle* über das Verhalten.

1. Die *Einstellung* gegenüber der Handlung setzt sich zusammen aus der *Überzeugung* bezüglich der Wirkung des Verhaltens und der *Bewertung* der erwarteten Wirkungen. Beispiel: „Wenn ich regelmäßig jogge, fühle ich mich fit und bekomme eine bessere Figur *(Überzeugung)*." „Mich fit zu fühlen, finde ich erstrebenswert und eine bessere Figur könnte auch nicht schaden *(Bewertung)*."

2. Die *subjektive Norm* setzt sich zusammen aus der Annahme, was andere, als wichtig erlebte Personen erwarten und wünschen *(normative Überzeugungen)* und der Motivation, sich den normativen Erwartungen der anderen entsprechend zu verhalten *(Einwilligungsmotivation)*. Beispiel: „Meine Freunde meinen, ich sollte mehr Sport treiben; meine Eltern meinen, ich sollte meine Zeit nicht mit Sport vertrödeln *(normative Überzeugungen)*. Ich möchte die Tipps der Freunde aufgreifen; die Tipps meiner Eltern passen eh nicht zu mir *(Einwilligungsmotivation)*."

Zwischen (1) *Überzeugung* und *Bewertung* sowie zwischen (2) *normativer Überzeugung* und *Einwilligungsmotivation* wird in dem Modell eine multiplikative Verknüpfung angenommen, d.h. wenn eine der Komponenten gleich Null ist, bleibt auch die andere unwirksam. Wenn ich also annehme, Joggen mache zwar fit, dies ist aber für mich wenig wichtig, so wird auch die (1) *Einstellung* gegenüber der Handlung schwach bleiben. Erwarten zwar relevante Personen von mir, dass ich Sport treibe, habe ich aber kein Interesse daran, ihren Erwartungen zu entsprechen oder sogar Spaß daran, ihnen zu widersprechen *(Reaktanz*, s.u.*)*, bleibt (2) die *subjektive Norm* im Bereich Null, wird also nicht zur Bildung einer Verhaltensabsicht beitragen.

66

3. Als weiterer bedeutsamer Einflussfaktor gilt die *wahrgenommene Handlungs-kontrolle* der Person, d.h. die Erwartung, dass sie in der Lage ist, das angestrebte Verhalten auch tatsächlich auszuführen. Darin fließen sowohl Annahmen über internale als auch externale handlungshindernde und -unterstützende Faktoren ein. So können sowohl die eigenen Fähigkeiten, die Entschlusskraft, das Durchhaltevermögen als auch situative Umstände abgeschätzt werden. In dem genannten Beispiel wären situative Umstände etwa die Erreichbarkeit der Sportanlage, der finanzielle Aufwand, konkurrierende berufliche oder private Verpflichtungen. Die wahrgenommene Handlungskontrolle beeinflusst bereits die Bildung der Intention. Im Verlaufe der Handlung wirkt sie sich zudem darauf aus, ob die Handlung aufrechterhalten, fortgeführt und auch trotz auftretender Schwierigkeiten weiterverfolgt oder auch nach Misserfolgen wieder aufgegriffen wird.

3.4 Einstellungsänderung durch gezielte Einflussnahme

Unter welchen Bedingungen gelingt es, durch gezielte Einflussnahme die Einstellung von Personen zu verändern und damit potentiell auf ihr Verhalten Einfluss auszuüben? Der Prozess gezielter Einflussnahme durch Informationen und kommunikative Botschaften wird in der sozialpsychologischen Literatur in Anlehnung an die englischsprachige Fachliteratur meist mit dem Begriff der *Persuasion* (des Überredens, Überzeugens) bezeichnet. Die alltagssprachliche Konnotation des Wortes „Überredung" suggeriert einen manipulativen Prozess, der den eigentlichen Interessen des Überredeten tendenziell entgegensteht. Der Begriff der *Persuasion* umfasst allerdings sowohl beabsichtigte als auch nicht intendierte Einflussnahme; die beabsichtigte Einflussnahme kann zwischen manipulativen und differenziert argumentativen Strategien angesiedelt sein; die Zielperson kann sich der übermittelten Meinung unter Abwägung von Argumenten und Interessen bewusst annähern oder sich eher unreflektiert beeinflussen lassen.

Der Prozess des Einstellungswandels durch kommunikative Einflussnahme kann anhand eines Phasenmodells beschrieben werden (McGuire, 1985). Der Prozess der Persuasion kann in jeder dieser Phasen stagnieren oder scheitern. Er ist erfolgreich, wenn alle Phasen durchlaufen sind:
1. Die Aufmerksamkeit wird geweckt.
2. Informationen werden aufgenommen und verstanden.
3. Die Argumente werden bewertet und ggf. akzeptiert.
4. Die geänderte bzw. neu gewonnene Einstellung wird beibehalten.
5. Die Person verhält sich entsprechend der veränderten Einstellung.

3.4.1 Was erhöht die Erfolgswahrscheinlichkeiten einer gezielten Einflussnahme?

Die Wahrscheinlichkeit, dass eine persuasive Botschaft bei der Zielperson eine Einstellungsänderung erzielt, hängt ab (1) von der Informationsquelle, dem Kommunikator, (2) der Art der Kommunikation, der Informationsdarbietung und (3) der Zielperson (anschauliche Darstellung einer Reihe auch eigener experimenteller Arbeiten in Aronson, 1994; Aronson, Wilson & Akert, 2004).

(1) Einflussfördernde Merkmale der Informationsquelle

Die einstellungsändernde Wirkung nimmt zu, wenn der Kommunikator der Botschaft als kompetent, glaubwürdig, attraktiv und/oder mächtig eingeschätzt wird. Die erlebte *Kompetenz* des Kommunikators kann beispielsweise aus der Prägnanz, Differenziertheit und Anschaulichkeit seiner Argumentation abgeleitet werden. Experimente stützen allerdings die Alltagserfahrung, dass der Eindruck der Kompetenz vielfach allein aus dem zugeschriebenen Expertenstatus abgeleitet wird und die exakt gleiche Argumentation einen stärkeren Effekt auf die Einstellung der Zielperson hat, wenn sie als Meinungsäußerung einer Expertin/ eines Experten deklariert wird.

Die *Glaubwürdigkeit* eines Kommunikators kann ebenfalls mit dem Status assoziiert sein, aber auch, wie im vorangegangenen Kapitel zur Personenwahrnehmung deutlich wurde, durch eher periphere Merkmale wie Aussehen, Gesichtsausdruck, Gruppenzugehörigkeit, Geschlecht u.a. beeinflusst werden. Als überzeugender Hinweis auf die Glaub- und Vertrauenswürdigkeit wirkt der Eindruck, dass der Kommunikator von der vertretenen Position keinen persönlichen Nutzen hat bzw. ggf. seinen eigenen unmittelbaren Interessen entgegenhandelt (siehe auch Kapitel 5 zum Einfluss von Minoritäten). Der Eindruck der Vertrauenswürdigkeit wird erhöht, wenn die Zielperson das Gefühl hat, man versuche sie nicht zu beeinflussen. Umgekehrt kann der Eindruck, man versuche sie gezielt zu beeinflussen, Skepsis und Misstrauen aktivieren.

Die *Attraktivität* eines Kommunikators wird u.a. durch Sympathie, ein positives Image, einen hohen Bekanntheitsgrad und durch die erlebte Ähnlichkeit mit dem Empfänger der Botschaft erhöht. Die *Macht* eines Kommunikators bezieht sich auf die vermeintliche oder tatsächliche Verfügbarkeit über positive Anreize oder Sanktionen. *Attraktivität* und *Macht* des Kommunikators beinhalten allerdings die Gefahr, dass eine Einstellungsänderung bei der Zielperson weniger durch eine Akzeptanz und Verankerung der Argumente erzielt wird, sondern eher einer oberflächlichen Anpassung entspricht, die allerdings – wie im Zusammenhang mit einstellungsdiskrepantem Verhalten in Kapitel 3.5 ausgeführt wird – eine gewisse Eigendynamik entfalten kann.

(2) Einflussfördernde Merkmale der Informationsdarbietung

Kommunikative Botschaften, die *anschaulich* und *beispielhaft* sind, einen *Bezug zur alltäglichen Lebenswelt der Zielperson* und damit auch eine *affektive*

Komponente aufweisen, scheinen durchweg die Wirksamkeit der Information zu erhöhen. So sind beispielsweise statistische Erhebungen über das Erkrankungs-risiko bei einer bestimmten gesundheitsschädlichen Verhaltensweise weniger wirksam, als wenn die Zielperson erfährt, dass eine ihr bekannte (oder in der Form einer Falldarstellung bekannt gemachte) Person in Folge dieses Verhaltens an dieser Erkrankung leidet. Spezielle Effekte von Furcht als einer affektiven Komponente werden in Kapitel 3.6 im Zusammenhang mit Strategien der Gesundheitsförderung diskutiert.

Die dargebotene Information darf nicht zu stark von den Einstellungen der Adressaten und ihrer sozialen Bezugsgruppe abweichen, wenn sie nicht das Ri-siko eines Kontrasteffektes, einer Einstellungsänderung in die entgegengesetzte Richtung, eingehen will. Am wirksamsten scheint ein mittleres *Ausmaß an Diskrepanz* zu der bisher vertretenen Einstellung zu sein. Wird die Diskrepanz zu groß, neigt die Zielperson dazu, die erlebte Dissonanz dadurch zu reduzieren, dass sie den Kommunikator abwertet (etwa als inkompetent, weltfremd, eigen-nützig). Erlebt sie allerdings den Kommunikator als vertrauenswürdig und at-traktiv, ist sie eher geneigt, die Dissonanz durch einen Einstellungswandel zu reduzieren. Dies würde die Befunde von Aronson (1994) erklären, wonach ein Kommunikator mit hoher Glaubwürdigkeit ein Maximum an Einstellungswandel bewirkt, wenn er eine Meinung mit starker Diskrepanz zur Zielperson vertritt.

(3) Einflussfördernde Merkmale der Zielperson

Einige weitere Aspekte der Informationsdarbietung variieren in ihrer Effektivi-tät in Abhängigkeit von Merkmalen der Zielperson. Ob eher rational formulierte oder eher emotional getönte Informationen den Empfänger überzeugen, ob es für den Kommunikator erfolgversprechender ist, die Schlussfolgerungen aus den Informationen selbständig ziehen zu lassen oder vorzugeben, ob er auch Gegen-argumente vorbringen oder die Position eher einseitig vortragen sollte, hängt von der Zielperson, ihren *Vorkenntnissen*, ihrer *Voreinstellung*, ihrer *Aufnahme-und Reflexionsbereitschaft* ab. So scheint eine gut informierte Person, insbeson-dere wenn sie tendenziell eine gegenläufige Einstellung vertritt, eher durch eine differenzierte, pro und kontra einbeziehende Argumentation zu überzeugen zu sein. Demgegenüber spricht einiges dafür, dass sich eine wenig informierte und wenig aufnahmebereite Person, zumal wenn sie ohnehin zu der vom Kommu-nikator vertretenen Position neigt, in ihrer Einstellung eher durch emotional ge-tönte, einseitige Argumentation beeinflussen lässt und eine differenzierte Argu-mentation eher als verwirrend empfindet.

Befunde deuten darauf hin, dass ein niedriges *Selbstwertgefühl* die Zielperson empfänglich für persuasive Botschaften macht. Bedroht allerdings die Botschaft ihr ohnehin schwaches Selbstwertgefühl oder löst Ängste aus, ist – zumindest kurzfristig – eher mit Abwehr der einstellungskonträren Informationen zu rech-nen (Leventhal, 1982).

Einstellungen, die die Person ohne reflexive Abwägung gebildet hat, wie es bei-spielsweise bei Einstellungen der Fall ist, die in der sozialen Bezugsgruppe für selbstverständlich gehalten werden oder die unter dem Einfluss mächtiger oder attraktiver Personen entstanden sind, werden stabilisiert und gegen potentielle Beeinflussungsversuche abgeschirmt, wenn die Person in einer Art „kognitiver Schutzimpfung" (McGuire, 1985) mit *abgeschwächten Gegenargumenten* konfrontiert wird. Dadurch wird sie angeregt, ihre Einstellungen zu reflektieren und Verteidigungsargumente zu entwickeln. Wird sie dann später mit massiven einstellungskonträren Positionen konfrontiert, erweist sich ihre Einstellung als änderungsresistenter.

3.4.2 Einflussnahme durch Werbung

Wenn wir uns noch einmal die genannten Merkmale des Kommunikators, der Informationsdarbietung und der Zielperson vergegenwärtigen, die die Effizienz der gezielten Einflussnahme fördern oder behindern, dann mag man sich über die Wirksamkeit von Konsumwerbung und von politischen Werbekampagnen wundern. Denn bereits Kinder wissen, dass Werbung eigennützige Interessen verfolgt und die erklärte Intention hat, unsere Einstellung zu einem Objekt zu verändern und uns zu einem bestimmten Verhalten zu veranlassen und dass ihr Wahrheitsgehalt zweifelhaft ist. Zudem sind die Protagonisten der Werbebotschaft häufig keine auf das entsprechende Produkt bezogene Experten (sondern Ehefrauen von Zahnärzten, Fußballspieler, TV-Kriminalkommissare, Kamele, Teddybären, Besitzer von Frittenbuden ...). Was diese Protagonisten allerdings auszeichnet, ist ihre Attraktivität oder ihre vermeintliche Ähnlichkeit mit dem Betrachter.

> *So ist es selbstverständlich die hübsche, blonde, schlanke, von bewundernden Männerblicken begleitete Joggerin, die ihrer molligen, schwitzenden, frustrierten, sich Schokolade verkneifenden Mitläuferin verrät, dass sie sich durch einen bestimmten Schokoladenriegel so schlank und fit hält.*

Darüber hinaus trägt die wiederholte Darbietung der Werbebotschaft dazu bei, dass eine assoziative Verknüpfung von Produkt und Attraktivität entsteht, die quasi automatisch bei der Wahrnehmung des Produkts aktiviert wird (s.o. *Zugänglichkeit* von Einstellungen). Werbung wird in der Regel beiläufig wahrgenommen, so dass bei der Zielperson wenig Bereitschaft und kognitive Kapazitäten zur bewussten Reflexion der Botschaft vorhanden sind. Dies begünstigt, wie bereits erläutert, die Wirksamkeit *affektgetönter, peripherer Hinweisreize* bei der Bildung von Bewertungen gegenüber dem Einstellungsobjekt.

3.4.3 Reaktanz. Widerstand gegen massive Beeinflussung

Der Versuch der Einflussnahme auf die Einstellung und das Verhalten einer Person kann unter bestimmten Bedingungen auch gegenteilige Effekte haben. Die

Theorie der psychologischen Reaktanz (Brehm & Brehm, 1981; vgl. Dickenberger, Gniech & Grabitz, 1993) postuliert, dass Menschen grundlegend motiviert sind, ihre Handlungs- und Entscheidungsfreiheit aufrechtzuerhalten. Dazu gehört auch das Recht auf eigene Einstellungen und Überzeugungen. Erlebt die Person ihren Freiheitsspielraum durch andere bedroht, eingeschränkt oder gar aufgehoben, entsteht ein als unangenehm erlebter Spannungszustand, der die Person motiviert, ihre Freiheit zu verteidigen oder wieder herzustellen. Dieser als *Reaktanz* bezeichnete motivationale Zustand ist besonders stark, wenn
• die Freiheitseinschränkung als illegitim beurteilt wird,
• die Freiheitseinschränkung als groß und
• die davon betroffenen Freiheitsräume des Handelns und Denkens als bedeutsam erlebt werden.

Der Versuch, die Freiheit wieder herzustellen, kann zum einen durch direkte Aktionen und offenen Widerstand erfolgen. Erscheint dies nicht möglich oder sind aversive Konsequenzen zu erwarten, versucht die Person, die Freiheit auf indirektem Wege wieder herzustellen, indem sie beispielsweise auf Verhaltensweisen ausweicht, die der unterdrückten Aktionsmöglichkeit ähnlich sind, sich weiteren Anordnungen widersetzt, andere Personen zum Widerstand ermuntert, die unterdrückte Handlungsalternative oder Einstellung in ihrer Attraktivität aufwertet.

Vielfältige Befunde unterstützen die aus der Reaktanztheorie abgeleiteten Vorhersagen: Wird die gezielte Einflussnahme durch einen Kommunikator als zu massiv empfunden, als Versuch die eigene Denk- und Handlungsfreiheit einzuschränken, kann dies bei der Zielperson eine gegenläufige Einstellungsänderung und ein gegenläufiges Verhalten provozieren. Ein solches Phänomen des *„Jetzt erst recht!"* (oder *„Jetzt erst recht nicht!"*) zeigte sich beispielsweise darin, dass mehr Personen eine Petition unterschrieben, wenn ein vermeintlicher Passant sie durch eine massive verbale Einflussnahme davon abzuhalten versuchte. In einem der klassischen Feldexperimente von Brehm konnte beobachtet werden, dass ein Produkt, für das mit moderater verbaler Empfehlung oder finanzieller Vergünstigung geworben wurde, mehr gekauft wurde, als wenn dies mit einer massiven Aufforderung oder einer unangemessen hohen finanziellen Vergünstigung verbunden war.

3.5 Kann das Verhalten die Einstellung verändern?

Im Zusammenhang mit Attraktivität und Macht des Kommunikators (s.o.) wurde darauf aufmerksam gemacht, dass diese möglicherweise nur eine oberflächliche Anpassung begünstigen und keine Reflexion und damit Verankerung der Argumente. Ein ähnlicher Mechanismus dürfte auch wirksam sein, wenn ein bestimmtes Verhalten durch soziale Normen, durch Anreize oder durch Sanktionen veranlasst wird. So ließ beispielsweise die Gesetzesänderung, wonach das Anlegen von Sicherheitsgurten bei Autofahrten verpflichtend wurde, die Anschnallquote stark ansteigen, trotz des nur geringen angedrohten Bußgeldes. Demgegenüber hatten jahrelange, aufwendige und einfallsreiche Informationskampagnen, die über Einsicht eine Einstellungs- und Verhaltensänderung erzielen sollten, weitaus geringere Effekte verzeichnet. Ein Anreiz bzw. eine angedrohte Sanktion verändert zunächst nur das Verhalten, nicht die Einstellung. Allerdings kann das veränderte Verhalten einen Einfluss auf die Einstellung ausüben. Denn verhält sich eine Person anreizbedingt anders, als sie es bisher getan hat, besteht die Chance, dass sie neue Erfahrungen macht, die einen nachträglichen Einstellungswandel begünstigen.

Beispielsweise erlebt die Person im Verlaufe der Routine das Anlegen des Sicherheitsgurtes als gar nicht so lästig, wie es ihr anfangs vorkam; die im Auto mitfahrenden Kleinkinder arrangieren sich mit der Bewegungseinschränkung durch den Kindersitz und entdecken die Abdeckplatte als nützliche Spielfläche, und die Fahrerin erlebt es als Entlastung, ihre Aufmerksamkeit mehr auf den Verkehr als auf die herumkletternden Kleinkinder richten zu können.

3.5.1 Zur Selbstrechtfertigung einstellungskonträren Verhaltens

Was geschieht nun, wenn die Person ein *einstellungsdiskrepantes* Verhalten ausübt, das zudem noch mit *unangenehmen* Begleiterscheinungen und Folgen verbunden ist? Es wäre naheliegend anzunehmen, dass sie ihre Einstellung nicht ihrem Verhalten anpasst, also nicht ändert. Interessanterweise gibt es eine Fülle von Befunden, die das Gegenteil belegen und zwar insbesondere für einstellungsdiskrepantes Verhalten, das die Person freiwillig ausgeführt hat.

Stellen Sie sich vor, Sie haben sich bereiterklärt, für eine sozialpsychologische Untersuchung einen prägnanten Aufsatz zu einem politisch brisanten Thema zu verfassen. Als Honorar verspricht man Ihnen 150,– Euro und kündigt Ihnen an, dass Ihr Aufsatz in Schulen zur Anregung von Diskussionen verwendet werden soll. Als Sie nun mit dem Schreiben beginnen wollen, teilt man Ihnen mit, dass Sie in dem Aufsatz eine Position vertreten sollen, die der von Ihnen im Vorgespräch geäußerten Position widerspricht. Falls es Ihnen so gehen würde wie den meisten Versuchspersonen in ähnlichen Experimenten, würden Sie sich – zumal Sie nun einmal da sind und auch prinzipiell Ihre Mitarbeit zugesagt haben – mit einigen moralischen Bedenken an die Arbeit machen. Aber wie können Sie Ihr Verhalten, *freiwillig* etwas zu tun, was Ihrer eigenen Einstellung widerspricht und für dessen *negative Konsequenzen* sie sich *verantwortlich* fühlen müssen (nämlich die mögliche Beeinflussung von Schülern in einem Ihnen nicht genehmen Sinne), vor sich selbst rechtfertigen? Es wird nicht einfach sein, aber naheliegend ist für Sie der Hinweis auf das nette Honorar, das Sie im Moment wirklich gut gebrauchen können.

Was wäre, wenn man Ihnen unter sonst gleichen Bedingungen nur 15,– Euro als kleine Aufwandsentschädigung in Aussicht gestellt hätte? Möglicherweise hätten Sie dann – im Gegensatz zu den meisten Versuchspersonen – Ihre Bereitschaft zur Mitarbeit widerrufen. Wenn Sie aber trotzdem den Aufsatz geschrieben hätten, wie hätten Sie dann Ihr Verhalten vor sich selbst rechtfertigen können? Der Verweis auf den Gewinn entfällt bei einem solch mageren Honorar. Allerdings könnten Sie auf die Idee kommen, dass die von Ihnen in dem Aufsatz vertretene Position „gar nicht so abwegig ist, nein, überhaupt nicht, eigentlich sind da sehr wesentliche Aspekte des Sachverhalts genau getroffen ...".

Tatsächlich weist eine Fülle von Befunden zu den kognitiven Folgen *forcierter Zustimmung (forced compliance*; Zusammenstellung bei Aronson, 1994; Aronson, Wilson & Akert 2004; Bohner 2002) darauf hin, dass Personen, die sich unter Bedingungen von *Handlungsfreiheit* einstellungskonträr verhalten (was durch kleine Anreize, Überredung, Überrumpelung, aktuelle Stimmungen oder situative Bedingungen, die als nicht zwingend erlebt werden, angestoßen werden kann) und die mit ihrem Verhalten *negative Folgen zu verantworten* haben, dazu neigen, ihre Einstellung in Richtung des gezeigten Verhaltens zu verändern. Demgegenüber zeigen Personen, die durch hohe Anreize oder angedrohte Strafen zu einem einstellungskonträren Verhalten veranlasst werden, keine oder allenfalls eine geringere Tendenz zu einer Einstellungsänderung.

Zur Erklärung dieses Phänomens kann auf die bereits mehrfach angesprochene *Theorie der kognitiven Dissonanz* zurückgegriffen werden: Personen empfinden den Widerspruch zwischen bedeutsamen Kognitionen – hier zwischen Einstellung und Verhalten – als unangenehmen Spannungszustand und sind motiviert, diese Dissonanz zu reduzieren. Insbesondere wenn das gezeigte Verhalten nicht mehr revidiert werden kann, besteht die Tendenz, die Dissonanzreduktion durch eine Anpassung der Meinung an das gezeigte Verhalten anzustreben. Vertrete ich beispielsweise öffentlich eine politische Position, die meiner Überzeugung widerspricht, kollidiert das mit meinem Selbstbild, wonach ich eigentlich für das einstehe, was mir wichtig ist. Diese Dissonanz und damit mein unangenehmes Gefühl kann reduziert werden, indem ich die von mir geäußerte Position gegenüber der vorher vertretenen aufwerte.

Bekommt die Person für ihr einstellungsdiskrepantes Verhalten allerdings eine höhere Belohnung, so kann die Person ihr Verhalten damit hinreichend rechtfertigen. Sie reduziert damit die Dissonanz und braucht nicht auf eine Veränderung der Einstellung zurückzugreifen.

Gelingt es also, eine Person zu einem Verhalten zu bewegen, das mit ihren bisherigen Einstellungen nicht übereinstimmt, z.B. ein Fest zu besuchen, auf dem man mit Mitgliedern einer von ihr abgelehnten Gruppe in Kontakt kommt, besteht zum einen die Möglichkeit, dass die Person wider Erwarten positive Erfahrungen mit der Fremdgruppe macht und daher eine Einstellungsänderung angestoßen wird. Zum anderen veranlasst möglicherweise bereits allein das Verhalten, einen solchen Kontakt zu riskieren, eine Selbstrechtfertigung dahingehend, dass die anderen „so schlimm ja nicht sein können". Beide Überlegungen gehen in die im Zusammenhang mit der Überwindung von Fremdgruppen-diskriminierung aufgestellte *Kontakthypothese* ein (siehe Kapitel 6).

Interessante Feldversuche, von der Arbeitsgruppe um Aronson durchgeführt und angeregt (Aronson, 1994), weisen auf mögliche pädagogische Implikationen des Phänomens hin. Fünfjährige Kinder durften in einem mit verschiedenen Spielzeugen ausgestatteten Raum allein spielen, wobei ihnen untersagt wurde, ein bestimmtes, von den Kindern als attraktiv eingeschätztes Spielzeug, einen Roboter, zu benutzen. In einer der beiden Versuchsbedingungen wurde den Kindern für eine Verbotsübertretung eine massive Strafe angedroht, in der anderen Bedingung blieb es bei einem Appell mit einer milden Strafandrohung. Unter beiden Bedingungen hielten sich die Kinder an das Verbot. Am Ende der Spielzeit wurde noch einmal erhoben, wie attraktiv die Kinder das Spielzeug einschätzten. Bei den Kindern, die mit einer massiven Strafandrohung konfrontiert worden waren, hatte das Spielzeug nichts an Attraktivität verloren, teilweise sogar hinzugewonnen. Bei den Kindern mit der milden Strafandrohung hatte das Spielzeug deutlich an Attraktivität eingebüßt.

In einer Versuchsvariante erhielten die Kinder neun Wochen später noch einmal – scheinbar zufällig – die Gelegenheit, sich in dem Raum mit den Spielzeugen zu beschäftigen, ohne irgendwelche Auflagen zu erhalten. Die Kinder, die der massiven Strafandrohung ausgesetzt gewesen waren, machten nun mehr von der Möglichkeit Gebrauch, mit dem ehemals verbotenen Spielzeug zu spielen, als die Kinder, die sich nur aufgrund des Appells von dem Spielzeug ferngehalten hatten. Der Befund legt als pädagogische Schlussfolgerung nahe, dass harte Strafandrohungen eine Internalisierung von Normen und einen entsprechenden Erwerb von Einstellungen behindern, da die Person ihr einstellungsdiskrepantes Verhalten, hier das Unterlassen einer attraktiven Handlung, hinreichend mit der Strafandrohung rechtfertigt. Verhält sie sich angesichts nur leichten Drucks normkonform, wird eine normkonsistente Einstellung gefördert, d.h. die Einstellung wird dem Verhalten angenähert.

3.5.2 Wie unangemessene Belohnungen Einstellungen destabilisieren können

Hohe Belohnungen oder massive Strafandrohungen können also einer Einstellungsänderung abträglich sein, wenn die Person ihr einstellungs*konträres* Verhalten darauf zurückführt. Was passiert aber, wenn ein Verhalten, das in Übereinstimmung mit den Einstellungen der Person steht, also einstellungs*kongruentes* Verhalten, deutlich belohnt wird? Interessanterweise können hohe Belohnungen für einstellungskongruentes Verhalten dazu beitragen, dass bereits vorhandene Einstellungen destabilisiert werden. Wenn eine Person einem Verhalten positiv gegenüber eingestellt ist, es tut, weil es ihr Spaß macht *(intrinsische Motivation)*, kann die Einführung von externen Anreizen und Belohnungen dazu führen, dass die positive Einstellung gegenüber dem Verhalten an Stärke verliert (Lepper, Green & Nisbet, 1973). So beobachtete man sowohl bei Kindern als auch bei

Erwachsenen, dass sie an einer Tätigkeit, die ihnen vorher Spaß gemacht hatte (Puzzle oder Rätselaufgaben), das Interesse verloren, nachdem eine Zeit lang eine deutliche Belohnung für die Tätigkeit ausgegeben wurde *(over-justification)*. Bezugnehmend auf die *Theorie der Selbstwahrnehmung* (Bem, 1972) erklären die Autoren ihre Befunde damit, dass der Handelnde ähnlich wie ein außenstehender Beobachter versucht, eine Erklärung für sein Verhalten zu finden *(Attribution)*. Er lässt sich ebenfalls von solchen Hinweisen wie Stärke der extrinischen Belohnung/Strafe versus Wahlfreiheit leiten: Verhält sich eine Person ohne äußeren Anreiz oder Druck, wird dieses Verhalten auf ein Personenmerkmal (hier die positive Einstellung zu der Tätigkeit) zurückgeführt, verhält sie sich angesichts von deutlichen sichtbaren externen Anreizen, so hält man ihr Verhalten für external, anreizgesteuert.

Auf den ersten Blick scheint das beschriebene Phänomen, wonach eine Belohnung einstellungskongruentes Verhalten und dessen Attraktivität mindert, nicht vereinbar zu sein mit lerntheoretischen Erklärungsmodellen, wonach ein Verhalten und – wie in Kapitel 3.1. angesprochen – auch Einstellungen durch Verstärkungsmechanismen *(operantes Konditionieren)* erworben und modifiziert werden. Danach müssten positive Konsequenzen in Form einer Belohnung die Wahrscheinlichkeit erhöhen, dass das Verhalten bzw. die Einstellung gezeigt werden. Bedeutsam für den hier beschriebenen gegenläufigen Effekt ist offenbar die Höhe der externalen Belohnung *(over-justification)*, die die von Bem vermuteten Prozesse der Um-Attribuierung des vormals intrinsisch motivierten Verhaltens begünstigt.

Bei der Diskussion pädagogischer Implikationen sind demnach nicht nur harte Strafandrohungen zu problematisieren, sondern auch hohe Belohnungen für das Unterlassen unerwünschter Verhaltensweisen bzw. für die Ausführung erwünschten Verhaltens.

3.6 Gesundheitsförderliche Einstellungen und Gesundheitshandeln. Strategien der Gesundheitsförderung

Sozialpsychologische Erkenntnisse haben einen wichtigen Beitrag zur Gesundheitspsychologie geleistet, ein relativ neuer Forschungs- und Anwendungsbereich der Psychologie, der sich mit der Förderung und Aufrechterhaltung von Gesundheit, der Vorbeugung von Erkrankungen und der Bewältigung von chronischer Krankheit befasst (vgl. Schwarzer, Jerusalem & Weber, 2002; Jerusalem & Weber, 2003; Schwarzer, 2004, 2005; Knoll, Scholz & Rieckmann, 2005; Faltermaier, 2005; Stroebe & Stroebe, 1998).

Gesundheitsförderung als Querschnittsaufgabe im Bereich Sozialer Arbeit (vgl. Brieskorn-Zinke & Köhler-Offierski, 1997; Sting & Zurhorst, 2000; Röhrle, 2002; Hurrelmann, Klotz & Haisch, 2004) integriert gesundheitspsychologische Erkenntnisse in die individuelle Beratung, aktivierende Gruppenangebote und Trainingsprogramme, in Informationskampagnen, Förderung von Selbsthilfeaktivitäten sowie in Initiativen zur Gestaltung gesundheitsförderlicher Umgebungsbedingungen. Sowohl bei dem Bemühen, auf das *Verhalten* der Personen Einfluss zu nehmen, als auch bei Interventionen, die eine Veränderung von *Verhältnissen* (Lebensbedingungen) anstreben, können die Kenntnisse bezüglich des Erwerbs und der Veränderung von verhaltensrelevanten Einstellungen hilfreich sein.

3.6.1 Furchtappelle und defensiver Optimismus

Kommunikative Botschaften, die neben einer argumentativen auch eine affektive Komponente aufweisen, wurden in den vorangegangenen Ausführungen als besonders einstellungs- und verhaltenswirksam beschrieben. Im Zusammenhang mit Gesundheitsaufklärung und -erziehung wurde speziell der *Furcht* als affektiver Reaktion besondere Aufmerksamkeit gewidmet.

Das bereits in Kapitel 3.3. vorgestellte *Modell des geplanten Handelns* (Ajzen, 1991, 2002) postuliert als einen zentralen Einflussfaktor auf das Gesundheitshandeln die *Einstellung* gegenüber dem Verhalten, die sich wiederum aus der *Überzeugung* bezüglich dessen Wirkung und der *Bewertung* dieser Wirkung zusammensetzt. Um auf die Überzeugungen und Bewertungen Einfluss zu nehmen, wurden in Maßnahmen der Gesundheitsaufklärung und -erziehung die bedrohlichen Folgen eines gesundheitsschädlichen Verhaltens (z.B. Rauchen, Alkohol- und Drogenkonsum, alkoholisiertes Autofahren) oder des Unterlassens gesundheitsförderlichen Verhaltens (z.B. Bewegung, Schutzimpfungen, gesunde Ernährung, Beachten von Sicherheitsvorschriften am Arbeitsplatz) betont.
  Die Annahme der Wirksamkeit von solchen als *Furchtappelle* bezeichneten Botschaften leitet sich aus dem klassischen *Health Belief Model*, dem *Modell der Gesundheitsüberzeugungen*, ab. Gemäß diesem von Sozialpsychologen der US-amerikanischen Gesundheitsbehörden entwickelten Modell ist ein wesentlicher Aspekt der Gesundheitsüberzeugung, wie hoch eine Person ihr subjektives Erkrankungsrisiko einschätzt, ob sie also annimmt, für eine bestimmte Krankheit oder eine gesundheitliche Schädigung *anfällig zu sein (percieved susceptibility)* und wie sie den *Schweregrad* der Krankheit/Schädigung und die damit verbundenen Belastungen und Einschränkungen einschätzt *(percieved severity)*. Beide Aspekte tragen bei zu dem Grad der subjektiv empfundenen *Bedrohlichkeit* als einer wesentlichen Einstellungskomponente. Eine weitere Einstellungskomponente ist die wahrgenommene *Effektivität* eines Gesundheitshandelns zur Abwehr der Bedrohung, die sich aus der Abwägung des zu erwartenden *Nutzens* und des zu investierenden *Aufwandes* ergibt. Meint die Person, die subjektiv empfundene Bedrohung durch hinreichend effektive Maßnahmen abwenden zu können, bedarf es noch eines aktivierenden Handlungssignals *(cue to action)* (etwa Krankheitssymptome, Tipp eines Bekannten, Medienbericht ...), um die Person zu einem Gesundheitshandeln anzuregen (Rosenstock, 1974).

Die Wirksamkeit von Furchtappellen wurde in einer Reihe von Studien nachgewiesen beispielsweise im Bezug auf die Bereitschaft, sich impfen zu lassen, Früherkennungsuntersuchungen wahrzunehmen, den Alkoholkonsum zu reduzieren, das Rauchen aufzugeben sowie Sicherheitsvorschriften zu beachten. Furchtappelle sind umso eher geeignet, Vorsätze im Hinblick auf gesundheitsförderliches Verhalten anzuregen,
- je höher das subjektive Erkrankungsrisiko eingeschätzt wird,
- je stärker die mit dem Schweregrad der Erkrankung verbundenen persönlichen Einschränkungen gesehen werden,
- je rascher die negativen Folgen zu erwarten sind,
- je präsenter negative soziale Konsequenzen im Bewusstsein der Person sind.
Eine differenzierte Darstellung und Diskussion der Erklärungsmodelle und aktueller empirischer Befunde bieten Barth und Bengel (1998), Stroebe und Jonas (2002).

Allerdings zeigt sich in Forschungsergebnissen wie auch in Alltagserfahrungen, dass reine Furchtappelle nur eine begrenzte Wirksamkeit entfalten. Zwar erzeugen sie möglicherweise zunächst einen unangenehmen Spannungszustand, wenn der Person der Widerspruch zwischen ihrer Überzeugung und ihrem tatsächlichen Verhalten bewusst wird („Obwohl ich weiß, dass ich zur Abwehr einer Gesundheitsbedrohung mein Verhalten ändern sollte – mehr Bewegung, mehr Entspannungspausen, weniger Rauchen, ... – und obwohl es im Prinzip mit einem vertretbaren Aufwand verbunden wäre, tue ich es nicht!"). Aber anstatt diesen Spannungszustand durch eine Verhaltensänderung abzubauen, versucht die Person ihn möglicherweise durch eine Verleugnung der Bedrohung zu reduzieren.

Das als *defensiver Optimismus* (Schwarzer, 2004) oder *erlernte Sorglosigkeit* (Frey & Schulz-Hardt, 1996) bezeichnete Phänomen ist dadurch gekennzeichnet, dass die Person
- ihr eigenes Risiko im Vergleich zu dem anderer, ihr ähnlicher Personen, systematisch unterschätzt, sich also selbst für tendenziell unverwundbar erklärt,
- mögliche langfristige negative Folgen ignoriert,
- selektiv nach Informationen und nach sozialen Kontakten sucht, die ihre Position bestätigen,
- widersprechende Informationen und soziale Kontakte aktiv meidet und
- ggf. Alibihandlungen vollführt, die vermeintlich die gesundheitliche Bedrohung kompensieren.

> *Falls ich überzeugte Raucherin wäre, könnte ich sicherlich mindestens einen „top-fitten" Hochbetagten in meiner Familienchronik benennen, der sein Leben lang täglich mehrere Packungen Zigaretten geraucht hat und der es erfolgreich vermieden hat, sich von miesepetrigen, militanten Nichtrauchern den Genuss verderben zu lassen. Außerdem würde ich darauf verweisen können, dass ich viel für meine Gesundheit tue, indem ich regelmäßig Obst esse oder sogar die im Supermarkt gleich neben dem*

Zigarettenautomaten drapierten Raucher-Vitamine zu mir nehme. Und falls mir gerade einfiele, dass im deutschen Nationalsozialismus der Slogan „Die deutsche Frau raucht nicht!" propagiert wurde, könnte ich fast in Versuchung kommen, den aufsteigenden Zigarettenrauch als antifaschistisches, emanzipatorisches Fanal zu interpretieren.

Die Tendenz, das Ausmaß der gesundheitlichen Bedrohung abzuwerten, steigt, wenn die Person durch ihr gesundheitsschädigendes Verhalten einen unmittelbaren Gewinn erlebt (wie z.B. eine Reduzierung von Anspannung, Langeweile, Unsicherheit oder einen Zuwachs an sozialer Anerkennung).

Der Verzicht auf Furchtappelle und die bloße Betonung der positiven Seiten eines Gesundheitshandelns (z.B. die Betonung der erotischen Attraktivität „Nichtraucher schmecken und riechen gut!") reduziert zwar die Tendenz zu defensiven Strategien, erweist sich allerdings in Bezug auf die Förderung gesundheitsrelevanter Einstellungen und entsprechenden Verhaltens als nicht erfolgreicher. Die höchste Wirkung auf gesundheitsrelevante Einstellungen und entsprechendes Gesundheitshandeln hat eine Kombination von Furchtinduktion *und* konkreten Hinweisen für Bewältigungshandeln (Barth & Bengel, 1998).

Dabei können Furchtappelle mit Humor und mit selbstbewusstseinsstärkenden Botschaften verknüpft sein. Ein interessantes Praxisbeispiel für einen solchen Versuch ist eine Kampagne, die die *Zentralstelle für Suchtvorbeugung* im Auftrag des Landes Schleswig-Holstein durchführte. Durch Plakate mit dem Slogan „Irgendwann wird's zuviel!" wurde versucht, dem Betrachter die freiheitseinengende Wirkung von Alltagssüchten und gesundheitsgefährdenden Gewohnheiten vor Augen zu führen und *Reaktanz,* ein Streben nach Wiederherstellung der Handlungsfreiheit, zu provozieren. So sieht man die Zeichnung einer Bierflasche und darunter den Satz „Protzt doch diese Flasche damit, dass sie mich abfüllen will!", eine Zigarettenschachtel mit dem Kommentar „Bildet sich doch diese Schachtel ein, sie könnte mich in die Raucherecke schicken!" oder schließlich ein Stück Sahnetorte mit der Bemerkung „Bläht sich doch diese Torte auf und will mir das Maul stopfen."

3.6.2 Konkretisierung von Bewältigungsmöglichkeiten und gesundheitliche Kompetenzerwartung

Die Tendenz einer Person, die Beunruhigung durch Furchtappelle abzuwehren, wird dann geringer, wenn sie konkrete Bewältigungsmöglichkeiten sieht, die Gesundheitsbedrohung abzuwehren und positiv formulierte Gesundheitsziele zu erreichen. So nahmen beispielsweise in einem klassischen Feldexperiment der Arbeitsgruppe um Leventhal 28% der Studierenden die Gelegenheit einer Tetanusschutzimpfung wahr, denen man sowohl die gesundheitliche Bedrohung dargestellt hatte, als auch die genaue Instruktion gegeben hatte, wo, wann und wie man sich impfen lassen konnte. Von denjenigen, die nur die bedrohliche Information erhalten hatten, ließen sich nur 3% impfen; von denen, die nur die Information über das Impfangebot erhalten hatten, nahm niemand die Gelegenheit wahr (vgl. Leventhal & Hirschman, 1982).

Offenbar wird durch die konkreten Hinweise und Informationen zu Handlungsmöglichkeiten die bereits im *Modell des geplanten Handelns* angesprochene *wahrgenommene Handlungskontrolle* gefördert, eine wesentliche Voraussetzung, eine Handlungsabsicht zu bilden und diese Absicht in tatsächliches Verhalten umzusetzen. Die wahrgenommene Handlungskontrolle schließt sowohl den Aspekt der potentiellen Bewältigung ein, d.h. die Annahme, dass es wirksame Handlungsmöglichkeiten gibt *(Ergebniserwartung)* und die Annahme, dass man selbst dazu in der Lage ist, diese Handlungen auszuführen. Letzteres entspricht dem von Bandura (1997, 2004) entwickelten Konstrukt der *Selbstwirksamkeitsüberzeugung (self-efficacy),* auch als *Kompetenzerwartung* bezeichnet. Das Ausmaß der *Selbstwirksamkeitsüberzeugung* hat sich als einer der wichtigsten Einflussfaktoren auf eine erfolgreiche Entwicklung und Umsetzung gesundheitsrelevanter Absichten erwiesen (Darstellung empirischer Befunde und gesundheitsthematischer Messverfahren in Schwarzer, 2004).

Die Veränderung gesundheitsrelevanter Gewohnheiten gelingt in der Regel nicht unmittelbar, sondern durchläuft einen längeren Prozess, der sich in verschiedene, aufeinander aufbauende Stadien bzw. Phasen gliedern lässt. In seinem *sozial-kognitiven Prozessmodell des Gesundheitsverhaltens* (auch als *Health Action Process Approach HAPA* bezeichnet) differenziert Schwarzer (2004; Sniehotta & Schwarzer, 2003; Scholz & Schwarzer, 2005) zwischen einer (1) *Motivationsphase* und einer (2) *Volitionsphase:*
   Wie bereits in dem *Modell des geplanten Handelns* und dem *Health Belief Model* angenommen, sind in der *Motivationsphase* die persönliche *Risikowahrnehmung*, die Abwägung der Vor- und Nachteile möglicher Verhaltensalternativen *(Handlungsergebniserwartung)* und das Vertrauen in die eigenen Fähigkeiten, diese möglicherweise neuartige, schwierige, konfliktbehaftete Situation zu bewältigen *(Selbstwirksamkeitserwartung),* bedeutsam. Gesundheitsaufklärung, -beratung für Personen, die sich in dieser Phase befinden, sollte demnach sowohl für persönlich bedeutsame gesundheitliche Risiken sensibilisieren als auch mithilfe einer *Ressourcenkommunikation* eigene Handlungsoptionen und Kompetenzen entdecken lassen, die zur Bildung einer Zielintenion bezüglich eines gesundheitsförderlichen Verhaltens ermutigen.
   In der nachfolgenden *Volitionsphase* sollten zunächst allgemeine Ziele (z.B. mehr Bewegung, mehr Entspannung) konkretisiert und spezifische Handlungspläne entwickelt werden, die sich mit vertretbarem Aufwand und auch kurzfristig angenehmen Effekten in alltägliche Abläufe integrieren lassen. Dieser (a) *präaktionalen Phase* der Planung folgt in der (b) *aktionalen Phase* die Initiative zur Ausführung des gesundheitsförderlichen Verhaltens bzw. zum Unterlassen des gesundheitsschädlichen Verhalten, in der die Person ihr neues Verhalten erprobt und ggf. auch angesichts von Schwierigkeiten und Versuchungen aufrechterhält und weiterentwickelt. In der (c) *postaktionalen Phase* bewertet

die Person erste Erfolge, Schwierigkeiten, Misserfolge, sucht nach möglichen Erklärungen und Modifikationsmöglichkeiten, die sie entweder darin bestärken, die Zielintention weiter zu verfolgen oder auch aufzugeben *(Disengagement)*. Personen, die ihre Erfolge den eigenen Anstrengungen und Fähigkeiten zuschreiben *(selbstwertdienliche Attribution*, s. Kapitel 2) und sich eher zutrauen, Schwierigkeiten zu bewältigen *(Selbstwirksamkeitserwartung)* und über konkrete Handlungspläne verfügen, haben größere Chancen ihre Intentionen aufrechtzuerhalten, weiterzuverfolgen und letztlich erfolgreich als Gewohnheit zu stabilisieren. Gesundheitsaufklärung, -beratung und -training kann dementsprechend Personen in der Volitionsphase durch phasenspezifische Anregungen wirksam unterstützen.

Gesundheitsbezogene Trainings (Stressbewältigung, Entspannung, Nichtrauchen, Ernährung, Bewegung, Bewältigung chronischer Erkrankungen, ...), die in vielfältigen Handlungsfeldern Sozialer Arbeit mit unterschiedlichen Zielgruppen eingesetzt werden können, zielen auf eine Ressourcenaktivierung und eine Erhöhung der Selbstwirksamkeitserwartung. Dazu werden Basisstrategien der Verhaltensmodifikation genutzt (detaillierte Darstellung bewährter operanter Verfahren, kognitiver Verhaltensmodifikation, Rollenspiel, Entspannungsverfahren in Schermer, Weber, Drinkmann & Jungnitsch, 2005, in dieser Reihe).

Mit kommunikativen und handlungsorientierten, aktivierenden Methoden wird im Rahmen der Gesundheitstrainings angeregt:
- eine Reflexion persönlicher Zielsetzungen und Prioritäten,
- die Erarbeitung verhaltensnaher, kleinschrittiger, auf die Gegenwart und unmittelbare Zukunft bezogener persönlicher Ziele,
- eine konkrete Vorstellung des Szenarios (*Was* mache ich *wann*, *wie* und ggf. mit *wem*? Was mache ich *statt dessen*? Wie gehe ich mit zu erwartenden Schwierigkeiten um?),
- Probehandeln in Rollenspielen, im geschützten Raum der Lerngruppe und in ausgewählten Alltagssituationen,
- die Selbstbeobachtung und ggf. Visualisierung und Protokollierung der Ziele und der Zielerreichung,
- eine handlungsorientierte Bewältigung von Schwierigkeiten, Misserfolgen und Rückschlägen,
- die schrittweise Integration des neuen Verhaltens in bestehende Alltagsroutinen,
- die Nutzung von Unterstützung aus dem sozialen Netzwerk, Aktivieren von Ressourcen,
- evtl. die Veränderung von Alltagsstrukturen und externen Verstärkungsbedingungen.

Als gelungene Beispiele differenzierter Manuale für die Gestaltung von Gesundheitstrainings sei verwiesen auf die Gruppenprogramme zur Stressbewältigung für Kinder von Hampel und Petermann (2003), Klein-Heßling und Lohaus (2000), für Jugendliche von Junge, Neumer, Manz und Margraf (2002) sowie für Erwachsene von Kaluza (2004) und zur Stressprävention in Partnerschaften (Boden-mann, 2000) .

3.6.3 Weitere gesundheitsrelevante Einstellungen

Gesundheitsrelevantes Verhalten ist nicht notwendig an *gesundheitliche* Über-zeugungen und Bewertungen gebunden. Möglicherweise übt eine Person ein Verhalten aus, das unter gesundheitlichen Aspekten als förderlich (oder als schäd-lich) zu bewerten wäre, ohne sich jemals über den gesundheitlichen Aspekt Ge-danken gemacht zu haben.

Dies trifft vor allem auf Verhaltensweisen zu,
• die in kulturellen Standards, persönlichen Gewohnheiten und Routinen fest verankert sind,
• denen positive Handlungskonsequenzen emotionaler, sozialer oder materiel-ler Art folgen („es macht Spaß", „ich erziele ein euphorisches Körpergefühl", „ich erlebe soziale Anerkennung, erziele materiellen Gewinn", ...),
• die unangenehme Zustände beenden (Überwinden von Unsicherheit, Lange-weile, sozialem Druck, körperlichem Unwohlsein...),
• die drohende Sanktionen vermeiden (Bußgelder, Kritik, Missachtung...),
• die von Modellen im sozialen Nahraum und in den Medien (Zeitgeist, Mode, Lifestyle) präsentiert werden.
Darüber hinaus spielt die Verfügbarkeit verhaltensrelevanter Bedingungen bei der Wahl einer Handlungsalternative eine bedeutsame Rolle (Welche Nahrungsmittel und Getränke sind im häuslichen Kühlschrank vorrätig, ist die Pommes-Bude gleich um die Ecke, was ist das preiswerteste Angebot in der Werkskantine ...?).

Insbesondere bei Kindern und Jugendlichen spielen gesundheitsbezogene Über-zeugungen und Bewertungen, insbesondere wenn sie auf langfristige Folgen bezogen sind, im Vergleich zu Überzeugungen und Bewertungen bezüglich der sozialen Anerkennung durch Gleichaltrige eher eine untergeordnete Rolle (vgl. Hurrelmann & Settertobulte, 2002; Lohaus, Jerusalem & Klein-Heßling, 2006). Dies soll anhand eines Ausschnittes aus einem Interview, das in einer Jugendfreizeiteinrichtung in einem sozialen Brennpunkt durchgeführt wurde, illustriert werden. Die 13-jährige Tina erinnert sich an den anstrengenden Start ihrer Raucherkarriere vor 4 Jahren:

> *Ich habe immer andere über die Straße mit 'ner Zigarette gesehen. Hab'*
> *auch schon mal daran gedacht und hab' aber dann gesagt: „Ach nee,*
> *lieber doch nicht!" Weil ich hab' viel im Fernsehen über's Rauchen gese-*
> *hen, dass das schädlich sein kann. Ja, und dann haben wir bei Nicoles*
> *Bruder oben im Zimmer Computer gespielt. Und da stand da 'ne Schale*
> *mit Zigaretten und dann hab ich immer auf die Zigaretten geschaut. Und*
> *da meinte Nicole: „Sollen wir uns zwei nehmen?" Da hatte ich vorher*
> *noch nie geraucht. Und da habe ich gesagt: „Nein!" Und da hat die ge-*
> *sagt: „Ach, komm!" Und dann hab' ich gesagt: „Na, gut!" Und dann hat*

sie gesagt: „Nehmen wir uns vier!" Und dann sind wir hinten auf die große Wiese gegangen und dann hat sie die angemacht. Und ich wollte erst nicht ziehen: „Nein, mach die aus!" und so. Und dann hab' ich doch gezogen. Und das war so ein ekliger Geschmack im Mund. (...) Ich hab da ja noch nicht richtig Lunge geraucht, also erst nur gepafft. Und dann haben meine Freunde gesagt: „Versuch doch mal Lunge zu machen in kleinen Zügen". Dann hab ich angefangen mit Lunge. Und dann ging's auch. Aber dann wurde mir immer nach 'ner Zigarette schlecht und dann hab ich wieder mit dem Rauchen aufgehört. (...) Meine Cousine, die Nicole, die war wirklich ein Vorbild für mich. Ich hab' gesagt: „Ich habe aufgehört zu rauchen." Und wie sie da vor mir stand mit 'ner Zigarette, hab' ich gesagt: „Ich rauche auch wieder!" Weil ich fand, die hat sich so cool gefühlt und so erwachsen.

Eine über zwei Jahre angelegte Längsschnittstudie (Berlin-Bremen-Studie) an 12–16-jährigen Jugendlichen ging u.a. der Frage nach, welche Einflussfaktoren den Beginn des Rauchens begünstigen. Dazu wurden mehr als 700 jugendliche Nichtraucher bzw. Gelegenheitsraucher zu Beginn der Untersuchung zu verschiedenen Aspekten befragt (zur gesundheitlichen Bewertung des Rauchens, zu ihrer sozialen Position im Klassenverband, zum Anteil rauchender Freundinnen und Freunde, zu erlebtem Stress und psychischer Befindlichkeit, zur sozial-affektiven Erwartung an das Rauchen, zur Verfügbarkeit von Zigaretten etc.). Später wurde verglichen, wodurch sich die Gruppe der Jugendlichen, die über den zweijährigen Untersuchungszeitraum Nichtraucher geblieben waren bzw. weiterhin nur gelegentlich rauchten, von der Gruppe unterschied, die begonnen hatte zu rauchen bzw. nun regelmäßig rauchte. Als bedeutendste Vorhersagevariablen *(Prädiktoren)* für den Beginn bzw. die Verfestigung des Rauchens erwiesen sich nun rückblickend eine extravertierte Position im Klassenverband, ein hohes Ausmaß an Stresserleben und negativer psychischer Befindlichkeit, die Verfügbarkeit von Zigaretten, das Vorbildverhalten rauchender Freunde und eine hohe *sozial-affektive Erwartung* an das Rauchen, d.h. die Erwartung, dass man mit Rauchen soziale Anerkennung und Stimmungsverbesserung erzielen könnte. Demgegenüber unterschieden sich die beiden Gruppen nicht bezüglich ihrer gesundheitlichen Bewertung des Rauchens. Die Autoren der Studie kommen zu dem Schluss, dass aus der Perspektive der Jugendlichen Rauchen weniger ein Gesundheitsverhalten als ein Sozialverhalten ist, das der Integration in die Gruppe der Gleichaltrigen und der Verbesserung der eigenen Befindlichkeit dienen soll (Bundesministerium für Gesundheit, 1991).

Präventive Maßnahmen – auch im Kontext Sozialer Arbeit – sollten demnach über gesundheitsbezogene Informationen hinausgehend zur Reduzierung von Stressoren durch strukturelle Maßnahmen (vgl. Siegrist, 1995; Klocke & Hurrelmann, 1995; Schwartz, Badura, Busse, Leidl, Raspe, Siegrist & Walter, 2003), zur handlungsorientierten Förderung von Stressbewältigungskompetenzen und zum Aufbau sozialer Kompetenzen beitragen, die eine Verbesserung des psychischen Wohlbefindens und der sozialen Anerkennung durch alternative, nicht gesundheitsschädigende Strategien ermöglichen. Darüber hinaus sind gesundheitsförderliche Verhaltensweisen anzuregen und zu fördern, die sich durch das Erleben von Spaß selbst verstärken und die in Gewohnheiten und Routinen des Alltagshandelns integriert werden können.

4 Kommunikation

Die populär gewordene Behauptung Watzlawicks, „Man kann nicht *nicht* kommunizieren", ebenso wie man sich „nicht *nicht* verhalten" könne, weist daraufhin, dass in zwischenmenschlichen *(interpersonalen)* Situationen, wo Menschen einander wahrnehmen, jedes Verhalten Mitteilungsqualitäten hat und bei dem jeweils anderen Prozesse der Interpretation, der Sinngebung und Bedeutungsverleihung anregt (Watzlawick, Beavin & Jackson, 2000). Auch wenn eine Person nicht beabsichtigt zu kommunizieren, sich deshalb abwendet und schweigt, impliziert dies eine Mitteilung und wird von dem anderen möglicherweise als Desinteresse oder als Ängstlichkeit interpretiert und löst einen entsprechenden Effekt aus. Kommunikation beschränkt sich demnach nicht nur auf bewusst intentionales Mitteilungsverhalten, sondern findet auch bei wenig reflektiertem, routinisiertem Verhalten statt und hat möglicherweise unbeabsichtigte Wirkungen.

Die Begriffe der *interpersonalen Kommunikation* und der *sozialen Interaktion* werden in der Sozialpsychologie weitgehend synonym verwendet; der Begriff der Kommunikation betont mehr den Aspekt der Mitteilung, der Interaktionsbegriff den Aspekt der Beeinflussung und Steuerung (Thomas, 1991). Beides bezeichnet den dynamischen, sozialen Prozess, bei dem die Beteiligten miteinander in Kontakt treten und gleichzeitig aufeinander Einfluss nehmen. Es findet ein wechselseitiger Austausch von Mitteilungen/Botschaften und eine wechselseitige Beeinflussung, Steuerung und Kontrolle statt. Es besteht eine *interdependente* Beziehung wechselseitiger Einflussnahme und Abhängigkeit; die Beteiligten sind gleichzeitig Handelnde/Agierende und Empfänger von Mitteilungen/Re-Agierende.

4.1 Komponenten des Kommunikationsprozesses

Zur modellhaften Beschreibung des Ablaufs des Kommunikationsvorganges wird in den verschiedenen wissenschaftlichen Disziplinen, die sich mit Kommunikation befassen, häufig auf Analogien aus der Nachrichtentechnik zurückgegriffen. Dabei werden die tatsächlich *simultan* verlaufenden Prozesse der wechselseitigen Einflussnahme *sequenziert*, also als zeitliche Folge von Senden und Empfangen einer Mitteilung, von Agieren und Re-Agieren dargestellt. In diesem Modell werden verschiedene Komponenten unterschieden: (1) Der *Kommunikator*, der *Sender*, der Mitteilungen verschlüsselt (*encodiert*), d.h. das

84

Gemeinte in sprachliche, mimische, gestische o.a. Zeichen und Symbole übersetzt, die dann als (2) *Botschaft/Nachricht/Information* über einen oder mehrere (3) *Kommunikationskanäl*e (akustisch, visuell, taktil, olfaktorisch ...) an den (4) *Empfänger/Rezipienten* weitergegeben werden. Der Empfänger *dekodiert*, entschlüsselt die Nachricht/Information/Botschaft.

Durch sein Verhalten oder durch eine explizite Empfangsbestätigung gibt der Empfänger dem Sender eine Rückmeldung *(Feedback)*, woraus der Sender schließt, was der Empfänger verstanden hat, wie er zu der Botschaft steht. Der dem Kybernetiker Norbert Wiener zugeschriebene Ausspruch „Ich muss erst die Antwort hören, um zu wissen, was ich gesagt habe" bringt die Bedeutung der Rückmeldung humorvoll zugespitzt zum Ausdruck. In der Phase der Rückmeldung wird der Empfänger selbst zum Sender, der kommunikative Kreislauf tritt in die nächste Runde.

Nach diesem Nachrichtenmodell bedarf eine erfolgreiche wechselseitige Verständigung zwischen Sender und Empfänger eines gemeinsamen Vorrats an bedeutungshaltigen Zeichen. Die Beteiligten müssen das gleiche Zeichensystem kennen bzw. über eine hinreichende Menge an gemeinsamen Zeichen verfügen und annähernd gleiche Regeln für die Zuordnung von Zeichen zu Sachverhalten bzw. kognitiven Repräsentationen dieser Sachverhalte haben. Eine zentrale Schwierigkeit der Verständigung besteht darin, dass Personen nicht nur über ein unterschiedliches Repertoire an Zeichen verfügen, sondern auch die vermeintlich gemeinsamen Zeichen mit unterschiedlichen Bedeutungsnuancen versehen sind. Die Bedeutungsnuancen variieren in Abhängigkeit von sozialen Bezugsgruppen, von persönlichen Lebenserfahrungen oder von der aktuellen Stimmungslage einer Person. So mag das sprachliche Zeichen „Familie" bei verschiedenen Personen zwar die gleiche Hauptbedeutung *(Denotation)*, aber unterschiedliche emotional bewertete Nebenbedeutungen *(Konnotation)* haben: bei der einen Person ist Familie mit „Verbundenheit, gemeinsamer Identität, wechselseitiger Verantwortung, Geborgenheit" assoziiert, bei der anderen eher mit „sozialer Kontrolle, Einschränkung von Autonomie, Rigidität und Traditionalismus". So mag das Berühren der Schulter oder des Armes zwar in einer Gesellschaft allgemein als Aufmunterung („Schulterklopfen") verstanden werden, kann aber in einer konkreten Interaktionssituation von einer Person als herablassende oder distanzlose Demonstration von vermeintlicher Überlegenheit interpretiert werden. Kommunikation kann also nicht nur als Transport und Austausch von Informationen gesehen werden, die auf sprachunabhängige Sachverhalte verweisen, sondern als wechselseitige Anregung zur Konstruktion von Sinn und Bedeutung. In diese Konstruktionen fließen vielfältige Wissensbestände, kulturelle Normen, das Verständnis der Vergangenheit und des situativen Kontextes mit ein.

Vertraute Personen verfügen über gemeinsame Wissensbestände, so dass im Kommunikationsprozess vieles nicht mehr explizit formuliert werden muss. Ein eigener Sprachcode, ein eigener Jargon, der für außenstehende Personen möglicherweise wenig verständlich ist, vereinfacht Austausch und Verstehen und fördert die Verbundenheit und gemeinsame Identität. So beschreibt Forgas (1999) das Phänomen des *Code-Switching* zwischen Hochsprache und Dialekt bzw. bei zweisprachig aufgewachsenen Personen zwischen der Sprache des Herkunftslandes und der des derzeitigen Aufenthaltsortes. In Abhängigkeit von der Vertrautheit der Personen oder auch des Anliegens wird zwischen den Codes gewechselt. In einer von Forgas zitierten norwegischen Studie beobachtete man, dass die Bewohner einer Gemeinde den Beamten im Rathaus zunächst im heimischen Dialekt begrüßten und sich nach dem Befinden seiner Familie erkundigten. Begannen sie dann das offizielle Anliegen vorzutragen, wechselten sie in die Hochsprache.

4.2   Modalitäten der Kommunikation

Kommunikation kann in verschiedenen Modalitäten erfolgen, wobei grob zwischen einem sprachlichen und einem nicht-sprachlichen Modus unterschieden werden kann.

Sprachliche Kommunikation kann sowohl über die gesprochene als auch über die geschriebene Sprache erfolgen. Die in einer Sprachgemeinschaft per Konvention vereinbarte Zuordnung von sprachlichen Zeichen zu Bedeutungen sowie die Regeln zur Verknüpfung von Zeichen ermöglichen die Kommunikation auch über komplexe und abstrakte Sachverhalte, die Darstellung logischer Beziehungen u.v.m. Darüber hinaus konstituiert Sprache ihrerseits Denkprozesse, indem sie der Person Strukturen vorgibt, nach denen sie diffuse psychische Prozesse und Eindrücke strukturiert. So lenkt eine Sprachgemeinschaft, die über ein mehrfach abgestuftes System von Anredepronomen verfügt, die Aufmerksamkeit ihrer Mitglieder auf subtile Statusunterschiede zwischen Personen.
Bei der gesprochenen Sprache *(verbale Kommunikation)* bestehen vielfältige stimmliche Gestaltungsmomente, um die Botschaft zu modellieren, wie Betonung, Sprachmelodie, Lautstärke, Sprechrhythmus, Sprechtempo, Stimmhöhe, Tonhöhenvariation, Artikulation, Akzentuierung.

Nicht-sprachliche Kommunikation, häufig auch als *nonverbale Kommunikation* bezeichnet, erfolgt beispielsweise durch Blickrichtung, Blickkontakt, Gesichtsausdruck *(Mimik)*, Ausdrucksbewegung der Hände *(Gestik)*, Körperhaltung, Bewegung, Berührung, räumlichen Abstand. Darüber hinaus könnten in einem kommunikativen Prozess auch Zeichnungen, musikalische Äußerungen u.Ä. einer nicht-sprachlichen Modalität zugeordnet werden.
   Als *paraverbale Kommunikation* wird eine stimmliche, nicht-sprachliche Kommunikationsmodalität bezeichnet, in der Mitteilungen etwa in der Form von Äußerungen wie „hm", „ach", „och" oder durch Seufzen, Schluchzen, Gähnen, Räuspern, Lachen, Pausen erfolgen.
   Nicht-sprachliche Mitteilungen können als Analogien zu dem bezeichneten Sachverhalt aufgefasst werden (Watzlawick, Beavin & Jackson, 2000), d.h. sie

bringen auf eine eher ganzheitliche, unmittelbare Weise Ähnlichkeiten zu dem Gemeinten zum Ausdruck. Sie eignen sich besonders zum Ausdruck von Gefühlen, Bewertungen und Beziehungsaspekten.

In einer konkreten Kommunikationssituation werden verbale, paraverbale und nonverbale Signale in koordinierter Weise, simultan oder sukzessiv, eingesetzt. Sie können sich gegenseitig unterstreichen, verdeutlichen, ergänzen, Bedeutungsnuancen verändern oder auch widersprechen. Die Signale der verschiedenen Modalitäten werden vom Wahrnehmenden zu einem Gesamteindruck verarbeitet und vor dem Hintergrund des Gesprächskontextes, der vorangegangenen Kommunikation, von Erwartungen und sozialen Vergleichen interpretiert. Im Fall der Inkongruenz von sprachlicher und nichtsprachlicher Mitteilung misst der Empfänger i.d.R. der nicht-sprachlichen Botschaft bezüglich der Interpretation von Emotionen und Beziehungsaspekten intuitiv eine größere Bedeutung bei.

Nach kulturvergleichenden Studien von Ekman, Friesen et al. (1987) scheint der mimische Ausdruck von grundlegenden Emotionen relativ kulturunabhängig zu sein und universal verständlich. Die intuitive Reaktion von Säuglingen auf ein besorgtes Gesicht einer nahestehenden Person (vgl. Schmidt-Denter, 2005) weist ebenso darauf hin, dass hier relativ basale Verstehensprozesse wirksam werden (vgl. Kapitel 8.2 zur Entwicklung prosozialen Verhaltens). Nonverbales Ausdrucksverhalten wird vom Sender i.d.R. weniger stark kontrolliert als verbale Mitteilungen und vom Empfänger eher intuitiv interpretiert (etwa als angespannt, impulsiv, besorgt, furchtsam, verwirrt, nervös, freundlich, aufgeschlossen). Dementsprechend werden Rückschlüsse auf emotionale Zustände, auf Sympathie und Wertschätzung, auf Zu- und Abneigung, also auf die *Affiliation* (d.h. den ausgedrückten positiven oder negativen Affekt in einer Interaktion*)* stark aus dem nonverbalen Ausdrucksverhalten abgeleitet. Allerdings wird der Zusammenhang zwischen Emotion und Gesichtsausdruck auch durch kulturspezifische soziale Normen beeinflusst. Die Kommunikanten neigen dazu, den offenen mimischen Ausdruck von Emotionen zu reduzieren, wenn damit eine Verletzung sozialer Normen verbunden wird.

Nach Forgas (1999) werden nonverbale Signale insbesondere zur Erfüllung folgender Funktionen eingesetzt:
- zur Kommunikation emotionaler Zustände (z.B. Freude, Ärger, Trauer),
- zur Kommunikation von Einstellungen und Bewertungen (z.B. Zustimmung, Zweifel, Ablehnung, Missbilligung),
- zur Selbstdarstellung und
- zur Steuerung einer sozialen Situation.

Während die beiden erstgenannten Funktionen ohne weitere Erläuterung nachvollziehbar sein dürften, sind die Funktionen der Selbstdarstellung und der Steuerung einer sozialen Situation mittels nonverbalen Verhaltens weniger offenkundig und sollen deshalb erläutert werden.

In sozialen Situationen besteht bei einer Person vielfach ein Interesse daran, auf den Interaktionspartner einen bestimmten, vorteilhaften Eindruck zu machen, um die eigenen Ziele erfolgreicher verfolgen zu können. Dazu möchte sie beispielsweise intelligent, einfühlsam, aufgeschlossen, humorvoll und vital wirken. In vielen sozialen Kontexten würde es (unausgesprochenen) Normen widersprechen und den Interaktionspartner befremden, wenn ihm dies die Person explizit verbal mitteilen würde ("Ist Ihnen schon aufgefallen, dass ich äußerst intelligent und einfühlsam bin?"). Nonverbales Verhalten kann in subtiler Weise die Funktion einer solchen Selbstdarstellung erfüllen. Ein einfühlsamer Blick, ein nachdenklicher Gesichtsausdruck, eine dezentes Nicken, ein federnder Schritt, ein unbefangen wirkendes Lachen, eine zugewandte Körperhaltung können zu einer entsprechenden Eindrucksbildung beim Interaktionspartner beitragen.

4.3 Soziale Steuerung durch Kommunikation

Neben der sprachlichen Kommunikation haben nonverbale und paraverbale Kommunikationsmodalitäten einen bedeutsamen Stellenwert bei der wechselseitigen Steuerung im Interaktionsprozess. In einer Gesprächssituation wird beispielsweise das *turn-taking*, die Übernahme und Übergabe des Rederechts, mittels Blickkontakt, tiefem Einatmen, sich Vorbeugen bzw. sich Zurücklehnen subtil gesteuert. Der Grad des Verstehens, der Zustimmung bzw. des Widerspruchs zu dem Beitrag des Gesprächspartners kann kontinuierlich durch nonverbale Botschaften kommuniziert werden beispielsweise durch Blickkontakt, Abwenden des Blicks, durch kaum merkliches Nicken oder Kopfschütteln, durch Stirnrunzeln, Hochziehen der Augenbrauen, Lächeln, durch zu- oder abgewandte Körperhaltung, durch Veränderung der räumlichen Distanz. Dadurch wird der Gesprächspartner veranlasst, seine Äußerungen zu erläutern, zu vertiefen, zu modifizieren oder auch zu beenden.

Die einzelnen nonverbalen Signale können in verschiedenen Kulturen und auch innerhalb verschiedener Sozialschichten und Subkulturen einer Gesellschaft unterschiedlichen Konventionen folgen. So ist etwa die räumliche Distanz, die zu einem Kommunikationspartner eingehalten wird, und die Dauer des Blickkontakts abhängig vom Geschlecht, vom Status, von der Vertrautheit und vom Grad der Affiliation und weist kulturspezifische Variationen auf. Beispielsweise ist die übliche räumliche Distanz, die zu einem Gesprächspartner eingehalten wird, in Westeuropa größer als in Südosteuropa. Daher könnte ein Westeuropäer die ungewohnte räumliche Nähe eines aus Südosteuropa kommenden Gesprächspartners als Aufdringlichkeit interpretieren, so dass er spontan mit einer Vergrößerung der Distanz oder durch Reduktion des Blickkontakts regiert. Diese Reaktion wird von dem Interaktionspartner vor dem Hintergrund der ihm vertrauten Konventionen möglicherweise als Ablehnung interpretiert, was den Prozess wechselseitiger Verständigung erschweren kann.

Nach Argyle und Dean (1965) folgt die Steuerung von Intimität, Nähe und Distanz dem Prinzip einer *Gleichgewichtsbalancierung (Intimitäts-Balance-Theo-*

rie). Wird in einer Situation die angestrebte Distanz unterschritten, etwa durch eine der Beziehung unangemessene körperliche Nähe (z.B. in einem Aufzug oder in einer Wartegruppe), wird die Nähe durch Abwenden des Blickes, das Einstellen von Gesprächen gemildert bzw. kompensiert. D.h. das angestrebte Intimitätsniveau wird ausbalanciert, indem auf Veränderung in einer Modalität mit komplementärer Steuerung in einer anderen Modalität reagiert wird. Falls zwischen den Kommunikationspartnern eine diskrepante Vorstellung über die angemessene Distanz besteht, versucht möglicherweise die nach Nähe strebende Person durch Berührung, persönliche Ansprache und Selbstoffenbarung die Distanz zu verringern. Daraufhin wird die nach Distanz strebende Person dies beispielsweise durch Wechsel in ein unpersönliches Thema, durch Abwenden des Blickes und durch Vergrößerung des räumlichen Abstandes zu kompensieren versuchen, um damit die von ihr angestrebte Distanz wieder herzustellen.

Die Steuerung der sozialen Situation wird, abgesehen von den Inhalten der sprachlichen Mitteilung, auch über eher formale Sprachmerkmale beeinflusst. So begünstigen die Differenziertheit des Wortschatzes, eine hohe Sprechgeschwindigkeit, ein korrekter Akzent (Hochsprache) den Eindruck von sozialem Status und Kompetenz. Demgegenüber wird eine „machtlose Sprache", die sich beispielsweise der Verwendung von „Intensivierern" („wirklich", „sehr"), einer fragenden Betonung bei Feststellungen, relativierenden Redewendungen („halt", „eben", „Ich sag mal, ...") und Absicherungsfloskeln („Finden Sie nicht auch?") bedient, mit einem geringen sozialen Status und niedriger Einflussnahme assoziiert (vgl. Wiemann & Giles, 1996).

4.4   Zur Bedeutungsvielfalt von Mitteilungen

Die Vielfalt der Bedeutungsnuancen, die bereits mit *einem* Zeichen verbunden sein können, potenziert sich in einem kommunikativen Akt, der mehrere Zeichen verschiedener Kommunikationsmodalitäten miteinander verknüpft. Mitteilungen implizieren eine immense Bedeutungsvielfalt, angesichts derer man sich wundern könnte, wieso Verständigung überhaupt funktioniert.

In Anlehnung an Karl Bühler und Paul Watzlawick entwickelte der Hamburger Kommunikationswissenschaftler Friedmann Schulz von Thun ein anschauliches, populär gewordenes Modell der Bedeutungsvielfalt von Mitteilungen (Schulz von Thun, 2006). In seinem als „Nachrichtenquadrat" bezeichneten Modell postuliert er, dass eine kommunikative Botschaft (mindestens) vier verschiedene Bedeutungsaspekte beinhaltet: den Sach-, den Selbstkundgabe-, den Beziehungs- und den Appellaspekt.
1. Der *Sachaspekt* bezieht sich auf den angesprochenen Sachverhalt, den von Watzlawick als *Inhaltsaspekt* bezeichneten Gehalt einer Mitteilung.
2. Der *Selbstkundgabeaspekt* beinhaltet eine Mitteilung über den Zustand des

Kommunikators, etwa über seine Befindlichkeit, seine Bewertungen, seinen Gefühlszustand, seine Anliegen.

3. Der *Beziehungsaspekt*, den auch Watzlawick in seinem Kommunikationsmodell nennt, bringt zum Ausdruck, wie der Sprecher die Beziehung zu dem Kommunikationspartner erlebt und bewertet.

4. Der *Appellaspekt* betrifft die in einer Aussage enthaltene Aufforderung an den Kommunikationspartner, etwas zu tun oder zu unterlassen.

Stellen Sie sich folgende Alltagssituation vor: Sie kommen am späten Abend gut gelaunt nach Hause; nach dem Sport haben Sie sich noch mit netten Leuten unterhalten, so dass es deutlich später wurde als verabredet. Ihr Partner empfängt Sie mit den Worten: „Es ist 5 vor 12." Höchstwahrscheinlich wäre er überrascht, wenn Sie nun nach einem raschen Uhrenvergleich seiner Feststellung zustimmen würden: „Ja, auf meiner Uhr auch!", also offenbar nur auf den Sachaspekt seiner Botschaft eingehen würden. Möglicherweise würde Ihr Partner eher erwarten, dass Sie seiner Botschaft entnehmen, dass er verärgert ist (Selbstkundgabeaspekt), sich in der Beziehung nicht fair behandelt fühlt (Beziehungsaspekt) und von Ihnen erwartet, dass Sie sich entschuldigen bzw. in Zukunft an Vereinbarungen halten (Appellaspekt).

Die von Schulz von Thun postulierten vier Aspekte sind in einer Mitteilung in der Regel nicht allesamt explizit formuliert. Bei der Übersetzung des Gemeinten in sprachliche und nichtsprachliche Zeichen *(Encodierung)* wird der Sprecher notwendig eine Selektion vornehmen müssen, von der er meint, dass sie beim Empfänger der Nachricht die beabsichtigte Wirkung erzielt. Zudem kann es sein, dass dem Sprecher die verschiedenen Aspekte (z.B. wie sein eigener Gefühlszustand ist, wozu er den anderen bewegen möchte, wie er zu der Beziehung steht), aktuell auch nicht so bewusst sind, als dass er sie spontan in einer elaborierten Weise zum Ausdruck bringen könnte.

Der Empfänger der Nachricht steht nun vor der schwierigen Aufgabe, aus der wahrgenommenen Mitteilung die relevanten Aspekte zu erschließen. Vor dem Hintergrund von Wissensbeständen, Normen, Vorerfahrungen mit der Person, Hinweisen aus dem aktuellen situativen Kontext, Erwartungen usw. wird er Interpretationen und Konstruktionen vornehmen, um der Botschaft Bedeutung zu verleihen. Auch wenn der Empfänger der Botschaft den Eindruck hat, das Gemeinte zu re-konstruieren (bzw. zu *decodieren*), wird es in der Regel zu einer mehr oder weniger starken Selektion von Inhalten und zu Bedeutungsverschiebungen kommen.

Man kann also konstatieren, dass zwischen (1) dem *Gemeinten*, (2) dem tatsächlich *Gesagten*, (3) dem durch den Gesprächspartner *Aufgenommenen* und schließlich (4) dem *Verstandenen* vielfältige Selektionen und Bedeutungsverschiebungen auftreten.

Bei dem oben genannten Alltagsbeispiel könnte möglicherweise die An-
nahme, der Partner fordere die zu spät Kommende auf, sich zu entschuldi-
gen und in Zukunft verbindliche Verabredungen zu treffen, unzutreffend
sein, und er würde auf eine entsprechende „Unterstellung" eher befrem-
det reagieren, weil er meint, „tatsächlich" etwas ganz anderes zum Aus-
druck gebracht zu haben.

Das Ausmaß der Diskrepanz zwischen Gemeintem und Verstandenem beeinflusst
die Qualität der Kommunikation und Interaktion. Um Austausch und Verständigung zu optimieren sowie Missverständnisse und daraus resultierende Spannungen und Konflikte zu reduzieren, wäre sowohl auf der Seite des Senders als auch
auf der Seite des Empfängers einer Nachricht kommunikative Kompetenz zu
fördern. Dazu gehören:
- die Fähigkeit der Senders, bedeutsame Aspekte des Gemeinten explizit und
  eindeutig mitzuteilen (beispielsweise durch Selbstmitteilungen, sog. *Ich-Aussagen*), sowie
- die Fähigkeit des Empfängers, das eigene Verstehen der bedeutsamen Aspekte einer Nachricht zu optimieren (beispielsweise durch *aktives Zuhören*).

4.5 Kommunikative Kompetenz

Kommunikative Kompetenz wird im Folgenden verstanden als ein Komplex er-
lernter Fähigkeiten des (Sich-)Mitteilens und Verstehens, mit dem eine Person
in einer interpersonalen Interaktion ihre Anliegen zielgerichtet, in einer der Situation und den beteiligten Personen angemessenen und hinreichend flexiblen
Weise erfolgreich verfolgt. Dazu übersetzt sie eigene Motive, Ziele und Pläne
unter Berücksichtigung des von ihr wahrgenommenen und interpretierten Verhaltens ihres Kommunikationspartners in konkretes Handeln. Die Rückmeldung
aus dem Verhalten des Interaktionspartners nutzt sie kontinuierlich zu einem Ist-
Soll-Vergleich und modifiziert ggf. ihr Verhalten oder ihre Ziele. Dabei müssen
die verfolgten Motive, Ziele und Pläne der Person nicht in jeder Phase des
Kommunikationsprozesses explizit im Bewusstsein präsent sein, sondern können auch intuitiv umgesetzt werden.

Aus der Vielfalt kommunikativer Fertigkeiten (vgl. Hargie, 2006) sollen beispielhaft die des *aktiven Zuhörens* und der *Ich-Botschaften* vorgestellt werden,
die sich insbesondere in Kontexten anbieten, in denen die Person eine *kooperative* oder eine *altruistische Orientierung* (vgl. Kapitel 6.4 zur Leistung in Gruppen und Kapitel 8 zum prosozialen Verhalten) verfolgt.

4.5.1 Verstehensoptimierung durch aktives Zuhören

Aktives Zuhören gilt als kommunikative Basiskompetenz, die die Wahrschein-lichkeit erhöht, das Anliegen des Gesprächspartners in seinen relevanten Aspek-ten zu verstehen. Es stellt eine aktive Strategie des Explorierens und Entdeckens dar, bei dem verbale, paraverbale und nonverbale Kommunikationsmodalitäten integriert eingesetzt werden.

Komponenten aktiven Zuhörens

Blickkontakt
zugewandte Körperhaltung
paraverbale Äußerungen wie „hm", „ach", „oh", „ja?"
Pausen lassen
reformulieren
offene Fragen
auf Beispiele und Konkretisierung abzielende Fragen
sich vergewissern, ob man den anderen richtig verstanden hat

Erst dann:

Stellung nehmen, nach Lösungsvorschlägen fragen,
selbst Lösungsvorschläge einbringen

Das Vorgehen des aktiven Zuhörens soll an einem Beispiel aus der sozialpäd-agogischen Praxis illustriert werden. Stellen Sie sich vor, Sie arbeiten als Fach-beraterin bei einem Träger der Kinder- und Jugendhilfe und wollen die Mitar-beiterinnen der angeschlossenen Kindertageseinrichtungen anregen, ein gut eva-luiertes Programm zur Gesundheitsförderung, zunächst zur Kariesprophylaxe, durchzuführen. Die Leiterin einer Kindertagesstätte reagiert auf Ihre Anregung mit dem Einwand: „Wir machen selbst Gesundheitserziehung und haben erst kürzlich das Thema Zähne angesprochen." Sie könnten entgegnen: „Anspre-chen genügt nicht. Untersuchungen zu wirksamer Kariesprophylaxe haben ge-zeigt, dass erst eine systematische Informationsvermittlung, praktisches Trai-ning, Elternarbeit und eine Verankerung des Gelernten im Alltagshandeln er-folgversprechend sind." Auch wenn diese Ausführungen in der Sache sicherlich zutreffend sind, wären sie möglicherweise wenig hilfreich, falls sie das Anlie-gen der Leiterin nicht treffen. Denn vielleicht befürchtet sie den Widerstand ih-rer Mitarbeiterinnen gegenüber Belastungen durch ein neues Aufgabenfeld. Viel-leicht hat sie schlechte Erfahrungen gemacht mit einem zu verschult gestalteten Programm. Vielleicht befürchtet sie den zu erwartenden Kontrollaufwand bei der Durchführung langfristiger Maßnahmen, wie täglichem Zähneputzen in der Tagesstätte. Vielleicht hat sie auch nur im Moment keine Zeit, ein längeres Gespräch zu führen. Oder vielleicht möchte sie darauf hinweisen, dass sie selbst Expertin in dem Bereich Gesundheitsförderung ist und möchte, dass dies anerkannt wird. Je nachdem, was und in welcher Kombination zutrifft, müssten Sie als Fachberaterin anders damit umgehen.

Verfolgen Sie nun die *Strategie des aktiven Zuhörens*, werden Sie nicht mit einer „schlagfertigen" Antwort kontern. Sie werden auch nicht sofort eine Rechtfertigung für Ihr Vorhaben formulieren oder eine Lösung für das vermeintliche Problem vorschlagen. Sondern:

- Sie wenden sich der Gesprächspartnerin zu und halten Blickkontakt. Damit bringen Sie Ihr Interesse zum Ausdruck und nehmen nonverbale Botschaften Ihrer Gesprächspartnerin wahr.
- Sie signalisieren Ihr Interesse, Ihre Zustimmung, Ihre Verwunderung, Ihr weiteres Informationsbedürfnis u.a. mit mimischem Ausdruck und paraverbalen Äußerungen wie „Ja?", „Hm".
- Sie reformulieren Aspekte der Äußerung Ihrer Gesprächspartnerin mit Ihren Worten („Sie haben bereits vielfältige Erfahrungen im Bereich der Gesundheitserziehung!").
- Sie stellen sowohl offene als auch auf Beispiele und Konkretisierung abzielende Fragen („Welche Angebote haben sich als besonders erfolgreich erwiesen?" „Welche Einwände der Eltern erwarten Sie im Besonderen?").
- Sie vergewissern sich, ob Sie Ihre Gesprächspartnerin richtig verstanden haben („Sie haben die Sorge, das Programm könnte zu verschult sein?").
- Erst dann nehmen Sie selbst Stellung, fragen nach Vorschlägen und bringen ggf. eigene Lösungsvorschläge ein.

Durch aktives Zuhören vermeiden Sie, unter unnötigen Rechtfertigungs- oder Handlungsdruck zu geraten. Sie gewähren Ihrem Gesprächspartner Zeit, sein eigentliches Anliegen zum Ausdruck zu bringen. Sie gewähren sich selbst Zeit, das Anliegen des anderen richtig zu verstehen. Wenn Sie erst dann eine eigene Stellungnahme abgeben und Lösungsvorschläge einbringen, haben Sie eine größere Chance, diese sensibel und differenziert an die Problemlage, an die aktuelle Befindlichkeit des Gesprächspartners, seine Anliegen, Befürchtungen, seinen Wissensstand anzupassen und ggf. eine kooperative Vereinbarung aushandeln.

Aktives Zuhören in der kollegialen Kooperation

Ein anderes Beispiel zur Bedeutung aktiven Zuhörens zur Verstehensoptimierung stammt aus dem Bereich der kollegialen Zusammenarbeit in einem Team. Kollege A wirft ein: „Mir hat mal wieder niemand Bescheid gesagt!" Kollegin B kontert: „Die Termine stehen in dem Rundschreiben vom Jahresanfang." Diese Entgegnung von Kollegin B löst nur dann das Problem, wenn Kollege A wirklich wissen möchte, auf welchem Blatt die Termine stehen, um sich die nächsten rechtzeitig herauszusuchen, aber nicht, wenn er das Gefühl hat, an der Planung, der Aufgabenverteilung und den Absprachen nicht genügend partnerschaftlich beteiligt zu sein. Mit dem Satz „Mir hat mal wieder niemand Bescheid gesagt." könnte möglicherweise gemeint sein:

- Ich wurde nicht über den Termin informiert *(Sachaspekt)*.
- Informiere mich und beteilige mich an der Planung *(Appellaspekt)*.
- Unsere Arbeitsbeziehung ist nicht gleichberechtigt, ich fühle mich übergangen und missachtet *(Beziehungsaspekt)*.
- Ich bin verärgert und nicht bereit, in dieser Form weiter zu arbeiten *(Selbstkundgabeaspekt)*.

Durch aktives Zuhören könnte Kollegin B versuchen, die Aspekte, die für sie nicht spontan zu verstehen sind, herauszufinden, um dann sensibler und gezielter reagieren zu können. „Warum sagt er nicht gleich, worum es ihm geht?" könnte Kollegin B einwenden. Das mag daran liegen, dass sich A in dem Moment selbst nicht genau klar darüber ist, was ihn bewegt. Oder auch, dass er sich nichts davon verspricht, seinen grundlegenden Ärger anzusprechen. Oder auch, dass er meint, das müsste B doch wohl selbst merken und richtig verstanden haben. Ein aktives Zuhören von Kollegin B könnte zu einer Klärung des Anliegens und zu einer kollegialen Verständigung beitragen.

4.5.2 Mitteilungsoptimierung durch Ich-Aussagen

Da es sicherlich nicht immer zutrifft, dass der Empfänger einer Mitteilung über die kommunikative Basiskompetenz des aktiven Zuhörens verfügt bzw. sie tatsächlich einsetzt, dient es der Vermeidung von Missverständnissen, wenn bereits der Sender zu einer Verbesserung der Verständigung beiträgt, indem er in seinen Aussagen wesentliche Aspekte seines Anliegens deutlich macht. Dies kann in schwierigen Gesprächssituationen voraussetzen, dass sich der Sprecher zunächst selbst sein Anliegen vergegenwärtigt:

- Welche Sachaspekte möchte ich ansprechen, worüber möchte ich informieren?
- Wozu möchte ich den anderen veranlassen?
- In welcher Beziehung stehe ich zu dem Gesprächspartner, was möchte ich ihm darüber mitteilen?
- Was möchte ich über meine eigene Befindlichkeit, über meine Wünsche und Anliegen mitteilen?

Greifen wir noch einmal das letztgenannte Beispiel des Dialogs um die Terminabsprachen aus der Sicht der Kollegin B auf. Ihr Hinweis, die Termine stünden im Rundschreiben, transportiert den Sachaspekt. Aber kommt darin das Anliegen von Kollegin B hinreichend zum Ausdruck? Möglicherweise ist sie über den anklingenden Vorwurf ihres Kollegen *erstaunt*. Oder sie ist *verunsichert* darüber, dass sich Kollege A nicht hinreichend informiert fühlt. Vielleicht würde es ihr *helfen*, wenn Kollege A sie in Zukunft sofort darauf hinweist, wenn sie mal wieder die Organisation schnell alleine macht, ohne die eigentlich vereinbarte partnerschaftliche Zusammenarbeit zu praktizieren. Vielleicht ist sie *erleichtert*, dass dieses Problem nun einmal auf den Tisch kommt und *freut sich*, wenn nun erste Vereinbarungen über eine neue Gestaltung der Zusammenarbeit getroffen werden.

Ich-Aussagen

Selbstmitteilungen bringen die eigene Befindlichkeit, Wünsche und Anliegen deutlich zum Ausdruck!

„Ich bin erstaunt ...“
„Ich bin verunsichert, weil ...“
„Ich bin verärgert, weil ...“
„Es würde mir helfen, wenn Sie ...“
„Ich bin erleichtert, dass ...“
„Ich freue mich, dass Sie ...“

Werden diese Aspekte direkt, in der Form von *Ich-Aussagen* angesprochen, kommen neben dem Sachaspekt auch der Appellaspekt, der Beziehungsaspekt und der Selbstkundgabeaspekt zum Ausdruck.

Dass insbesondere der Selbstkundgabeaspekt häufig nicht explizit mitgeteilt wird, mag daran liegen, dass neben der mangelnden Übung auch die Befürchtung besteht, sich durch *Ich-Aussagen* angreifbar zu machen. Dem sozialen Kontext entsprechend angemessen dosiert, strahlen sie jedoch eher Souveränität aus und – was ihre Steuerungseffizienz betrifft – sie können von dem Gesprächspartner nicht so leicht ignoriert werden, wie etwa ein Einwand auf der Sachebene (z.B. seit wann das Rundschreiben vorliegt u.Ä.). Wird eine *Ich-Aussage* noch erweitert um eine konkrete Erläuterung dessen, was dieses Erleben ausgelöst hat und wie es sich auf die konkrete Situation auswirkt, erleichtert sie den Aushandlungs- und Verständigungsprozess. In seinem sozialpsychologisch fundierten, praxisorienterten Buch zur Kommunikation im Beruf illustriert Theo Gehm (1994) dies an Beispielen aus dem beruflichen Kontext und gibt entsprechende Empfehlungen für das Training von Gesprächsführungstechniken.

Bezogen auf das o.g. Beispiel könnte eine *erweiterte Ich-Aussage* von Kollegin B lauten: „Ich bin überrascht, aber auch erleichtert, dass Sie Ihre Unzufriedenheit mit meiner Organisation angesprochen haben. Ich bin zuversichtlich, dass es uns jetzt leichter fallen wird, darauf zu achten, Vereinbarungen tatsächlich gemeinsam zu treffen.“

4.5.3 Verständigungsoptimierung durch die Unterbrechung dysfunktionaler Kreisläufe

Wie eingangs beschrieben, sind kommunikative Prozesse dadurch gekennzeichnet, dass die Beteiligten sich gleichzeitig und wechselseitig beeinflussen, jeder gleichzeitig Sender und Empfänger, Handelnder und Reagierender ist. Kausale Abläufe, d.h. Ursache-Wirkungs-Relationen stellen sich daher im kommunikativen Prozess weniger *linear kausal* dar (A beeinflusst B), sondern eher als *wechselseitig* (A beeinflusst B und B beeinflusst A) oder als *zirkulär* im Sinne eines kreisförmigen, sich möglicherweise aufschaukelnden Prozesses.

Im Zusammenhang mit der Analyse und Bewältigung unbefriedigender, gestörter Kommunikation weist Watzlawick darauf hin, dass im Erleben der Beteiligten häufig eine (unzulässige) *Interpunktion* der zirkulären Abläufe zu finden ist. Sie empfinden sich nicht als Mit-Akteure, sondern als lediglich Re-Agierende. Die moralische Konnotation weist dem jeweils anderen die Rolle des „Täters" zu, sich selbst erlebt die Person als „Opfer".

Ein dysfunktionaler kommunikativer Kreislauf im beruflichen Alltag zwischen Mitarbeiter A und Mitarbeiterin B könnte beispielsweise so aussehen:
⇒ B trifft Entscheidungen, zieht die Organisation an sich, gibt Anweisungen.
⇒ Dadurch fühlt sich A übergangen, zum Handlanger degradiert, gekränkt.
⇒ Infolgedessen zieht A sich zurück, nörgelt an den Entscheidungen und der Organisation herum, macht die Arbeit missmutig.
⇒ Dadurch fühlt sich B im Stich gelassen, fühlt sich allein verantwortlich, meint, sie müsse die „Trägheit" des Kollegen ausgleichen.
⇒ Infolgedessen gibt B erst recht Anweisungen, trifft Entscheidungen...
⇒ usw.

Es dürfte müßig sein zu recherchieren, *wer denn nun „angefangen" hat*, A oder B. In der Anfangsphase der beruflichen Zusammenarbeit gab es möglicherweise nur unmerkliche Akzente bezüglich der Aufgabenteilung, die durch ständige Wiederholung im Laufe der Zeit zu einem dysfunktionalen Kreislauf eskaliert sind, in dem sich beide unwohl fühlen. Beide nehmen beim anderen lediglich das Verhalten wahr, die Gefühle und Gedanken des anderen bleiben weitgehend verborgen. Wenn man Person B fragen würde, warum sie das so mache, würde sie die Schuld bei A suchen: „Mir bleibt nichts anderes übrig, als alles in die Hand zu nehmen. B ist völlig träge." A würde seinerseits behaupten: „Wenn B alles an sich reißt, habe ich keine Möglichkeit, mich aktiv einzubringen." Wie könnten die Beteiligten diesen dysfunktionalen Kreislauf unterbrechen, so dass B mehr an Verantwortung abgibt und A sich wieder mehr engagiert? Solange ein solch reduziertes Erklärungsmodell in den Köpfen der Beteiligten besteht, fallen Veränderungen schwer, da jeder der Beteiligten die Verantwortung und Handlungsmöglichkeiten für eine Veränderung beim anderen sieht.
  Ein möglicher Weg wäre, das Thema anzusprechen, indem einer der Beteiligten (jeder sollte sich selbst dazu ermutigen) die Initiative ergreift und in der

Form von *Ich-Aussagen* sein Erleben mitteilt und durch *aktives Zuhören* versucht, das Erleben des anderen nachzuvollziehen.

Sind die Beteiligten dazu aktuell nicht in der Lage, kann eine Konfliktvermittlung durch Dritte entsprechende Impulse geben etwa in der Form geleiteter Konfliktgespräche (vgl. Gehm, 1994), kollegialer Beratung, Supervision (vgl. Belardi, 2005) oder Mediation (Montada & Kals, 2001; Haynes, Mecke, Bastine & Fong, 2004; Besemer, 2005).

4.5.4   Training kommunikativer Kompetenz

Kommunikative Kompetenz, umschrieben als ein Komplex von Fähigkeiten, eigene Anliegen mitzuteilen, die Anliegen anderer Personen zu verstehen sowie Verständigungs- und Aushandlungsprozesse aktiv und befriedigend mitzugestalten, stellt einen zentralen *Schutzfaktor* für die psychische Entwicklung und die Lebensqualität von Personen dar. Eine defizitäre kommunikative Kompetenz einer Person und ungünstige Kommunikationsmuster in ihren sozialen Beziehungen stellen demgegenüber Quellen chronischer Belastung und damit *Risikofaktoren* für die psychische Gesundheit dar.

Es liegen eine Reihe gut evaluierter verhaltensorientierter Trainingsprogramme zur Förderung kommunikativer Basisfertigkeiten vor (wozu auch das o.g. aktive Zuhören und die Formulierung von Ich-Aussagen gehören), die für unterschiedliche Zielgruppen und Problemkonstellationen konzipiert sind und an dieser Stelle beispielhaft genannt werden sollen:

- So werden im Gruppentraining sozialer Kompetenzen von Hinsch und Pfingsten (2002) mit Erwachsenen kommunikative Basisfähigkeiten für die erfolgreiche Bewältigung von unterschiedlichen Situationen trainiert: (1) In dem Situationstyp „Recht durchzusetzen" besteht das Ziel sozial kompetenten Auftretens in der Durchsetzung eigener, durch gesellschaftliche Normen und Konventionen legitimierter Forderungen. (2) In dem Situationstyp „um Sympathie werben" werden kommunikative Fertigkeiten variabel eingesetzt, um zu einer Person Kontakt aufzunehmen und/oder den anderen zu einem Entgegenkommen bezüglich eines spezifischen Anliegens zu bewegen. (3) Sozial kompetentes Verhalten mit dem Ziel der Gestaltung und Verbesserung persönlicher „Beziehungen" umfasst u.a. den Ausdruck der eigenen Gefühle und Bedürfnisse, das Verstehen der Gefühle und Bedürfnisse des anderen sowie den Einsatz kooperativer Aushandlungsstrategien. Auf der Grundlage eines kognitiv-verhaltensorientierten Erklärungsmodells werden Empfehlungen zu anliegens- und situationsangemessenen Kommunikationsstrategien vorgestellt sowie in Rollenspielen und Übungen im Alltag praktisch erprobt.

- Das Kommunikationstraining für Familien schizophrener Patienten von Hahlweg, Dürr, Dose und Müller (2006) setzt an Merkmalen familiärer Kommunikation an, die sich als *Rückfallprädiktoren* für Schizophrenie erwiesen haben. Es fördert die „Akzeptanz des Gesprächspartners", die „Themenorientierung" familiärer Problemlösegespräche und versucht dysfunktionaler Kommunikation wie „abwertender Kritik" und übermäßiger „Einflussnahme und Gedankenlesen" entgegenzuwirken. Angehörige und Patienten lernen, ausgehend von aktuellen Ereignissen aus dem familiären Alltag, einen negativen Aufschaukelungsprozess von wechselseitigen Anschuldigungen, Rechtfertigungen, Abwertungen, Drohungen zu unterbrechen bzw. ihn durch ein konstruktives Äußern von Wünschen, ein Äußern von positiven und negativen Gefühlen und durch aktives Zuhören zu ersetzen. Dazu werden einfache Regeln eingeführt, die den Familienmitgliedern Orientierung bieten und eine positive Rückmeldung erleichtern. Das Kommunikationstraining ist Bestandteil eines komplexen Konzeptes der Familienbetreuung schizophrener Patienten.

• Kommunikationstrainings sind bedeutsame Komponenten in Trainingsprogrammen zur sozialen Kompetenz für Jugendliche (Petermann & Petermann, 2003; Jugert, Rehder, Notz & Petermann, 2002), für Schülerinnen und Schüler (Petermann, Jugert, Tänzer, Verbeek, 1999), für sozial unsichere sowie für aggressive Kinder (Petermann & Petermann, 2003, 2005). So wird beispielsweise bei aggressiven Kindern die Wahrnehmung und Interpretation von Mimik, Gestik und Körperausdruck geübt, da bei einem Teil der aggressiven Kinder die Tendenz besteht, uneindeutige Reize als feindselig zu interpretieren und darauf mit aggressiven Strategien zu reagieren (vgl. Kapitel 7). Erkennen und Ausdrücken von Gefühlen, kommunikative Fähigkeiten zur Initiierung und Aufrechterhaltung von Kontakten, zur angemessenen Selbstbehauptung, zur Kooperation und zum Hilfeverhalten stellen weitere Trainingsziele dar. Die Gruppensituation wird als kommunikatives Lernfeld gestaltet. Darüber hinaus bieten Interaktionsspiele, Übungen und Rollenspiele Möglichkeiten zu erlebnis- und handlungsorientiertem Lernen. Hausaufgaben für alltägliche Realsituationen, die auf der Basis von Selbstbeobachtungen gemeinsam in der Gruppe reflektiert werden, erleichtern den Transfer des Gelernten auf den Alltag.

• Kommunikative Basisfertigkeiten sind ebenfalls Bestandteil von Gruppentrainings, die zur Überwindung *Kritischer Lebensereignisse* wie der Trennung und Scheidung der Eltern beitragen (Jaede, Wolf & Zeller-König, 1996). Insbesondere die Fähigkeit, in der Gruppe über die erlebte Belastung, eigene Gefühle und Wünsche zu sprechen, wird als wichtige Bewältigungsstrategie gefördert und erleichtert die Inanspruchnahme der Unterstützungsressourcen im sozialen Netzwerk.

Die Förderung kommunikativer Kompetenz stellt in vielen Handlungsfeldern Sozialer Arbeit ein bedeutsames Ziel dar. Elemente aus den genannten Programmen können, der jeweiligen Zielgruppe und den aktuellen Rahmenbedingungen angemessen modifiziert, genutzt werden. Darüber hinaus können Lernumwelten so gestaltet werden, dass kommunikative Modelle und Übungsmöglichkeiten die Chancen zur Erprobung und Erweiterung der kommunikativen Kompetenzen erhöhen.

4.6 Sprechen als kommunikatives Handeln im Beratungsprozess

Psychosoziale Beratung kann definiert werden als ein kommunikativer Prozess, der das Ziel verfolgt, personale und soziale Ressourcen wie
- Wissen,
- Einstellungen,
- Verhaltenskompetenzen sowie
- Fähigkeiten und Bereitschaft zur Nutzung (informeller und professioneller) sozialer Unterstützung
zu fördern, die den zu Beratenden befähigen, interne und externe Anforderungen zu bewältigen, die seine alltäglichen Bewältigungsroutinen überschreiten.

Wie bereits angesprochen, nimmt Sprache Einfluss auf die Wahrnehmung und Interpretation von Wirklichkeit. Dies trifft sowohl auf die einer Sprachgemeinschaft zur Verfügung stehende Sprache als System von Bedeutungen und Zeichen zu, als auch auf den konkreten einzelnen Sprechakt.

Die Analyse verschiedener Therapie- und Beratungsstrategien macht deutlich, wie die *pragmatische* Funktion der Sprache genutzt werden kann, um auf das Erleben und Verhalten der ratsuchenden Person subtil Einfluss zu nehmen und ressourcenaktivierende Impulse zu geben.

Zunächst ein Beispiel aus der Psychotherapieprozessforschung (Hartung & Schulte, 1991): Befunde weisen darauf hin, dass die erfolgreiche Überwindung einer Angststörung wesentlich begünstigt wird, wenn es in den ersten Sitzungen des Therapieprozesses gelingt, bei den Klienten eine *lageorientierte* Fixierung auf ihren misslichen Zustand, zu erwartende Probleme und Schwierigkeiten zu überwinden und eine *handlungsorientierte* Perspektive zu aktivieren. Als *lageorientiert* wäre beispielsweise eine Äußerung eines Klienten zu bewerten, in der er ausführt, dass er sich zwar vorgenommen hat, seine soziale Isolation zu überwinden, indem er Kontakte zu alten Bekannten durch einen Besuch reaktiviert, sich aber nicht traut, weil er befürchtet, die Bekannten könnten sich durch sein plötzliches Auftauchen bedrängt fühlen, was ihm sehr peinlich wäre. Als *handlungsorientiert* wäre demgegenüber eine Äußerung einzustufen, bei der der Klient in einer emotionsregulierenden oder strategieorientierten Weise seine Aufmerksamkeit auf die Umsetzung des als schwierig empfundenen Vorhabens richtet. Die Therapeutin kann ihrerseits die Anliegen des Klienten unter einer lageorientierten oder einer handlungsorientierten Perspektive fokussieren. „Was könnten Sie tun, um sicherzustellen, dass Sie nicht ungelegen kommen?" wäre eine auf die o.g. Klientenäußerung bezogene handlungsorientierte Fokussierung. Demgegenüber hätte die Frage „Haben Sie in Ihrer Vergangenheit die Erfahrung gemacht, zurückgewiesen zu werden?" einen lageorientierten Fokus.

Die inhaltliche Analyse von aufeinanderfolgenden Gesprächsbeiträgen der Klienten und ihrer Therapeuten gibt einen Einblick in diesbezügliche subtile Steuerungsprozesse durch Sprache. Bei den im Rahmen des *Bochumer Angst-Therapie-Projektes* untersuchten Therapiegesprächen zeigten sich signifikante Unterschiede zwischen erfolgreichen und wenig erfolgreichen Therapien: In erfolgreichen Therapien geben die Therapeuten mehr handlungsorientierte Impulse und greifen handlungsorientierte Beitrage ihrer Klienten häufiger gleichgerichtet auf. Demgegenüber sind wenig erfolgreiche Therapien, insbesondere solche, die vorzeitig abgebrochen werden, dadurch gekennzeichnet, dass Therapeuten nur selten handlungsorientierte Impulse geben und eher die lageorientierten, nicht aber die ohnehin spärlichen handlungsorientierten Beiträge ihrer Klienten systematisch aufgreifen.

Die beobachteten Therapeut-Klient-Interaktionen fanden im Rahmen eines verhaltenstherapeutischen Settings statt. Die Befunde können nicht ohne weiteres auf andere Problembereiche und Beratungssettings übertragen werden. Deutlich wird allerdings, dass sich die Analyse und Bewertung von Beratungsprozessen nicht nur auf der Ebene grober Konzepte und „Schulrichtungen" lohnt, sondern auch auf der Ebene der Mikrosteuerung durch Sprache.

> *Stellen Sie sich vor, ein Vater äußert im Beratungsgespräch: „Es gelingt mir ganz selten, mit meinen Kindern in Kontakt zu kommen. Meistens habe ich das Gefühl, ich bin völlig überflüssig oder werde nur als störend empfunden."*
> *Die Beraterin könnte daraufhin fragen: „Das Gefühl, überflüssig zu sein, belastet Sie?"*
> *Sie könnte aber auch äußern: „Sie sagen, es gelingt Ihnen ganz selten, mit Ihren Kindern in Kontakt zu kommen. Wie schaffen Sie es, dass es Ihnen in diesen Situationen gelingt? Was tun Sie?"*

Beide Fragen der Beraterin greifen im Sinne des *aktiven Zuhörens* relevante Aspekte der Äußerung des Gesprächspartners auf. Unterschiedlich ist allerdings die Auswahl der Aspekte. Im ersten Fall wird eher eine *problemorientierte* Perspektive vertieft, die den Vater anregt, seine negativen Gefühle näher zu explorieren. Im zweiten Fall wird durch die Frage nach den gelungenen Ausnahmen der Problematik eher eine *lösungsorientierte* Perspektive angeregt. Auch ohne die Problematik des Vaters näher zu kennen, ist zu erwarten, dass die unterschiedlich formulierten Fragen unterschiedliche Effekte auf die Selbstaufmerksamkeit und Selbstreflexion des Vaters und den weiteren Gesprächsverlauf haben werden. Hier wird offenkundig, dass Fragen nicht nur Instrumente zur Informationserhebung sind, sondern bereits Interventionen darstellen.

Verschiedene Beratungskonzepte favorisieren – insbesondere in der Anfangsphase einer Beratung – unterschiedliche Akzentsetzungen. So entspricht dem
von Carl Rogers begründeten Konzept der *Personenzentrierten Beratung* (vgl.
Sander, 1999) eher eine *Exploration emotionaler Erlebnisinhalte*, die mit den
belastenden Erfahrungen verbunden sind. Konzepte *Lösungsorientierter Beratung* (vgl. Bamberger, 2005), die in Anlehnung an die am *Brief Family Therapy
Center (BFCT)* in Milwaukee/Wisconsin entwickelte lösungsorientierte Kurz-
therapie formuliert wurden, fokussieren bereits in der ersten Gesprächsphase
Ausnahmen des Problems, aktivieren Zielvisionen, regen an zur Formulierung
von gegenwartsbezogenen Zielen, die im Einflussbereich der Person liegen und
ermutigen zu ersten kleinen konkreten Handlungsschritten. Beide Beratungskonzepte zielen im Ergebnis auf eine (Re-)Aktivierung personeneigener und sozialer Ressourcen und Stärken ab.

Beratung in der Sozialen Arbeit ist durch eine Vielfalt der Zielgruppen, der zu
bearbeitenden Problemlagen, der verfolgten Handlungsziele, der Beratungs-
settings sowie der gesellschaftlichen Rahmenbedingungen gekennzeichnet (vgl.
Belardi, Akgün, Gregor et al., 2005; Galuske, 2005; Kähler, 2005; Nestmann,
Engel & Sickendiek, 2004a, 2004b; Pantucek, 1998; Sander, 1999; Sickendiek,
Engel & Nestmann, 2002; von Schlippe & Schweitzer, 2003; Steinebach, 2006;
Thole, 2002). Diese Vielfalt lässt die Festlegung auf *einen* Beratungsansatz als
eher dysfunktional erscheinen. Förderlich dürfte eher eine Flexibilität in der
Beratungsstrategie sein, die sich an den aktuellen Problemen, Ressourcen, An-
liegen und Zielen der Klientinnen und Klienten sowie an den Erfordernissen und
Handlungsmöglichkeiten orientiert, die das spezifische Beratungssetting und die
erreichte Phase des Beratungsprozesses bieten. Dabei kann eine Sensibilisierung für kurz- und langfristige (auch nicht-intentionale) Steuerungseffekte von
Sprache hilfreich sein.

5 Interaktion in Gruppen

Gruppen, in denen Personen in direkten Kontakt zueinander treten (*face-to-face-Gruppen*), sind als *Systeme wechselseitiger Beeinflussung* und *dynamischer Entwicklung* ein zentrales Thema der Sozialpsychologie. Dabei werden Gruppen betrachtet hinsichtlich ihrer Fähigkeit, Ziele zu verfolgen und Aufgaben zu lösen *(Aufgabenfunktion)* und hinsichtlich ihrer Fähigkeit, den Gruppenmitgliedern Orientierung zu bieten, Identität zu vermitteln, soziale Kontrolle auszuüben und soziale Unterstützung zu erweisen *(sozial-emotionale Funktion)*.

5.1 Was ist eine Gruppe?

Nicht jede Ansammlung von Personen ist eine „Gruppe". In verschiedenen sozialpsychologischen Definitionen von Gruppe werden folgende Merkmale genannt:
*   Die Gruppe ist (mehr oder weniger explizit) durch eine gemeinsame Zielsetzung oder Aufgabenstellung verbunden.
*   Zwischen den Gruppenmitgliedern finden Kontakte mit wechselseitiger Beeinflussung *(Interaktionen)* statt.
*   Es bilden sich innere *Strukturen* (z.B. Hierarchien, Untergruppen, Koalitionen). Einzelnen Gruppenmitgliedern werden bestimmte Bündel von Erwartungen bezüglich ihres Agierens in der Gruppe *(Rollen)* entgegengebracht.
*   Es entwickeln sich gruppenspezifische Regeln und Normen, die den Gruppenmitgliedern Orientierung bieten und sie sozialer Kontrolle aussetzen.
*   Die Gruppe erlebt sich als eine abgrenzbare soziale Einheit, die durch eine Gruppenidentität („Wir-Gefühl") verbunden ist.
*   Das Individuum nimmt Einfluss auf die Entwicklung der Gruppe und wird seinerseits durch Gruppenprozesse in seinem Erleben und Handeln beeinflusst.
*   Die Gruppe als *Subsystem* ist eingebunden in Beziehungen wechselseitiger Beeinflussung zu anderen sozialen Systemen im institutionellen und gesellschaftlichen Kontext.

Diese allgemeinen Definitionsmerkmale skizzieren sehr verschiedenartige Gruppen. So treffen sie beispielsweise auf peer-groups Jugendlicher, Selbsthilfegruppen, Arbeitsgruppen eines Unternehmens, Teams in der Sozialen Arbeit, Lerngruppen in der Erwachsenenbildung und auch auf ad hoc zusammengestellte Gruppen für sozialpsychologische Experimente zu.

Diese verschiedenartigen Gruppen unterscheiden sich allerdings in bedeutsamen Aspekten u.a. durch den Grad
- ihrer emotionalen Verbundenheit,
- der Bedeutung formaler und institutioneller Rahmenbedingungen,
- der Freiwilligkeit der Mitgliedschaft,
- der zeitlichen Stabilität und damit der gemeinsamen Vorgeschichte und Zukunft,
- der Fluktuation ihrer Mitglieder,
- der Homogenität der Zusammensetzung,
- der Abgrenzung nach außen

und nicht zuletzt durch ihre unterschiedlichen Ziel- und Aufgabenstellungen.

Die Ausprägung dieser Merkmale ist bei der Beschreibung einer Gruppe, der Erklärung und Beeinflussung von Gruppenphänomenen zu berücksichtigen. Angesichts der Vielfalt von Gruppen mag es verwundern, dass die sozialpsychologische Kleingruppenforschung überhaupt zu „verallgemeinerbaren Aussagen" kommt. Kritische Überlegungen zum Übergewicht von Studienanfängern des Faches Psychologie in den Experimentalgruppen sozialpsychologischer Forschung referiert Manfred Sader (2002).

Bei der Beschreibung des Ist- und Zielzustandes von Gruppen, mit denen wir uns im Rahmen Sozialer Arbeit auseinandersetzen, sind die o.g. Definitions- und Beschreibungsmerkmale hilfreich. Auf dem Hintergrund einer differenzierten Beschreibung gelingt es uns eher, angemessene Erklärungen und Bewertungen von Gruppenphänomenen und ggf. Ziele und Strategien der Einflussnahme zu entwickeln. Ein solches Vorgehen wäre beispielsweise angebracht, wenn es unser Anliegen ist, die *Teamentwicklung* voranzutreiben (vgl. Stumpf & Thomas, 2003), Lerngruppen zu fördern (vgl. Hartung & Posse, 2004) oder zur Veränderung von Gruppenstrukturen beizutragen, die die psychosoziale Entwicklung ihrer Mitglieder beeinträchtigen.

5.2 Wie entwickeln sich Gruppen?

Als *dynamische Systeme* zeichnen sich Gruppen durch ständige Veränderungen aus, sie werden durch wechselseitige Beeinflussung der Beteiligten und der umgebenden Bedingungen in Bewegung gehalten.

Der Prozess, in dem sich aus einer Ansammlung von Personen eine Gruppe entwickelt, die zudem hinsichtlich ihrer *Aufgabenfunktion* und der *sozial-emotionalen Funktion* erfolgreich ist, wird von verschiedenen Autoren in Anlehnung an Tuckman (1965) als eine idealtypische Abfolge von Phasen *(forming – storming – norming – performing – adjourning)* beschrieben.

Diese Phasen unterscheiden sich in Bezug auf:

- die Klarheit und den Grad der Übereinstimmung zwischen den Beteiligten bezüglich der Ziele, Regeln und Normen,
- die Flexibilität von Aufgaben- und Rollenverteilungen,
- das Wohlbefinden der Gruppenmitglieder (Verbundenheit, Identifikation, Vertrauen, Spannungen, Unsicherheit ...),
- die Arbeitsfähigkeit der Gruppe.

1. Die erste Phase (*forming*) ist gekennzeichnet durch Unsicherheiten und Suche nach Orientierung. Es bestehen Unklarheiten bezüglich der individuellen Bedürfnisse und Befürchtungen der Beteiligten, der gemeinsamen Ziele, Aufgaben und Regeln, der möglichen individuellen Beiträge zur Aufgabenlösung und deren Koordination. Man versucht, sich an leitenden Personen zu orientieren.
2. In der folgenden Phase (*storming*) werden Positionen und Einfluss, Normen und Regeln, Vereinbarungen über Ziele und Aufgaben durchaus konflikthaft erstritten, was als anregend, aber auch belastend erlebt werden kann und die Arbeitsfähigkeit der Gruppe zunächst beeinträchtigt.
3. Gelingt es, die Phase des *storming* konstruktiv zu bewältigen, schließt sich die Phase des *norming* an, eine Phase des Ausgleichs, der Integration und Akzeptanz, der Etablierung gruppenspezifischer Vereinbarungen und Normen und des Erlebens eines „Wir-Gefühls". Die Gruppe entwickelt die Fähigkeit zu kooperativem Handeln.
4. Dies liefert die Basis für die Phase der maximalen Leistungsfähigkeit (*performing*), die im positiven Fall durch differenzierte und flexible Aufgaben- und Rollenverteilung, Kooperation, konstruktive Problemlösung, Gruppenzusammenhalt (*Kohäsion*) und Zufriedenheit der Gruppenmitglieder gekennzeichnet ist.
5. Die Gruppenentwicklung schließt mit der Phase der Ablösung (*adjourning*) und der Transformation von Aspekten der Gruppenerfahrung auf andere Gruppen und Alltagsbezüge ab.

Ob die Entwicklung einer Gruppe tatsächlich dieser nach Optimierung strebenden Phasenfolge entspricht oder ob sich dysfunktionale Konflikte, starre Rollenzuweisungen und Hierarchien, Ausgrenzungen von Gruppenmitgliedern, starre Abgrenzungen nach außen, unzureichende Meinungsdifferenzierungen, Motivations- und Leistungseinbußen u.Ä. entwickeln, die sowohl die Arbeitsfähigkeit der Gruppe als auch das sozial-emotionale Klima beeinträchtigen, hängt von einer Vielzahl von Faktoren ab.

Einige dieser Einflussgrößen sollen im Folgenden dargestellt werden. Ihre Kenntnis kann unsere Sensibilität gegenüber Gruppenprozessen und damit auch unsere eigenen Gestaltungsmöglichkeiten erhöhen. In diesem Zusammenhang wird den Fragen nachgegangen: Welchen Einfluss hat die Anwesenheit der Gruppe auf die Meinungsbildung und das Verhalten eines Individuums (*soziale Beeinflussung*)? Wie nimmt das Individuum seinerseits Einfluss auf Meinungsbildungsprozesse in der Gruppe? Welche situativen Bedingungen, welche Merkmale der

Personen, der Interaktionen und der Gruppenleitung fördern bzw. beeinträchtigen die Leistungsfähigkeit der Gruppe?

5.3 Konformität und Innovation

Sie arbeiten seit einigen Monaten in einem Team einer Beratungsstelle. In der heutigen Teamsitzung soll eine konzeptionelle Neuerung diskutiert werden. Sie haben sich auf die Sitzung inhaltlich gut vorbereitet und sind zu dem Schluss gekommen, dass die vorgeschlagene Neuerung die Zugangsschwelle für sozial benachteiligte Zielgruppen erheblich anheben würde und damit de facto der intendierten Zielsetzung der Einrichtung zuwider laufen würde. Die Aussprache wird eröffnet, und zu Ihrer Verwunderung äußern sich mehrere Kolleginnen und Kollegen zugunsten der Neuerung. Die dabei vorgebrachten Argumente hatten Sie selbst bereits in Ihre Überlegungen einbezogen und als leicht zu entkräften verworfen. Trotzdem spüren Sie ein Gefühl der Verunsicherung. Sie zögern, sich zu Wort zu melden. Sollten Sie als Berufsanfängerin vielleicht doch nicht die Komplexität des Problems einschätzen können? Lohnt es sich überhaupt, den Entscheidungsprozess durch eine abweichende Meinung aufzuhalten, zumal sich mittlerweile alle Kollegen und Kolleginnen unter Berufung auf unterschiedliche Informationsquellen und Bewertungsgesichtspunkte für die Neuerung ausgesprochen haben?

5.3.1 Konformität. Zum Einfluss von Mehrheiten auf die Urteilsbildung eines Individuums

Die Versuchung, sich entgegen der eigenen Urteilsbildung der Mehrheitsmeinung einer Gruppe anzuschließen, ist ein in der sozialpsychologischen Forschung intensiv untersuchtes Phänomen. Die Befunde sprechen dafür, dass es nicht vorrangig ein Problem „sozial ängstlicher" oder „opportunistischer" Individuen ist, sondern eine allgemeine Tendenz in Gruppen, die durch verschiedene situative Einflussgrößen begünstigt wird. Der Begriff der *sozialen Konformität* bezeichnet in diesem Zusammenhang den Vorgang, bei dem ein Individuum unter dem Einfluss einer Gruppe seine Meinung in Richtung der Mehrheitsmeinung der Gruppe verändert.

Einen Erklärungsrahmen können die von Festinger begründeten Theorien sozialer Vergleichsprozesse und kognitiver Dissonanz bieten (Darstellung beider Theorien, ihrer Weiterentwicklungen und empirischen Befunde in Frey & Irle, 1993). Die zentrale Annahme der *Theorie sozialer Vergleichsprozesse* ist die, dass Menschen ein Bedürfnis haben, sich durch den Vergleich mit ähnlichen Anderen ihrer Einstellungen, Fähigkeiten und Gefühle zu vergewissern, insbesondere, wenn sie selbst verunsichert sind. Als Kernpunkt der *Theorie kognitiver Dissonanz* wird ein Bedürfnis nach Widerspruchsfreiheit bedeutsamer Kognitionen (z.B. von Wissensbeständen, Meinungen, Einstellungen, Beurteilungen der eigenen Person) postuliert. Durch Inkonsistenz entsteht ein Spannungszustand, der die Person veranlasst, durch Veränderung von Kognitionen oder ihres Verhaltens wieder eine Konsistenz herzustellen (nähere Darstellung der *Theorie kognitiver Dissonanz* in Kapitel 1.2.2).

Versucht nun eine Person, sich über einen Sachverhalt ein Urteil zu bilden, dann strebt sie an, ihre Urteilsbildung zu *validieren*, d.h. deren Gültigkeit zu überprüfen. Als Informationsquellen stehen ihr dazu die „physikalische Realität", wie sie mit den eigenen Sinnen erfahrbar ist, zur Verfügung und die „soziale Realität", wie sie sich in den Urteilen der sozialen Bezugsgruppe widerspiegelt. In der Lebensgeschichte eines Menschen haben sich beide Informationsquellen als hoch bedeutsam herausgestellt, wobei ein Ignorieren dieser Informationsquellen mit einem hohen Risiko negativer Konsequenzen – „natürlicher" oder sozialer Art – behaftet war. Befinden sich beide Informationsquellen im Widerspruch zueinander, so dass sich das Individuum entgegen seiner eigenen Wahrnehmung und Urteilsbildung mit einer kontroversen Gruppenmeinung konfrontiert sieht, entsteht für das Individuum das Bedürfnis, diese *Dissonanz* zu reduzieren. Dies könnte zum einen dadurch geschehen, dass es versucht, soziale Unterstützung für die eigene Meinung einzuholen und die Gruppe zu einer Revidierung ihrer Einschätzung zu veranlassen, zum anderen dadurch, dass es seine eigene Einschätzung der der Gruppe annähert.

5.3.1.1 Informativer und normativer Einfluss der Mehrheit

Eine klassische, bereits in den 1950er Jahren durchgeführte Reihe von eindrucksvollen Experimenten zu Konformitätseffekten stammt von Salomon Asch (1956). Versuchspersonen wurden gebeten, eine Linie in ihrer Länge mit drei Referenzlinien zu vergleichen und die in ihrer Länge übereinstimmende Linie auszuwählen. Diese einfache, eindeutige Aufgabe lösten 95% der Versuchspersonen bei mehreren Versuchsdurchgängen richtig. Die Trefferquote sank allerdings dramatisch ab, wenn die Versuchsperson ihr Urteil in einer Gruppe von 5 bis 7 Personen abgeben sollte, bei der die anderen Teilnehmer vorher übereinstimmend ein falsches Urteil abgegeben hatten. Und zwar waren die anderen Gruppenmitglieder (tatsächlich Mitarbeiter des Versuchsleiters) instruiert worden, – nach einer Reihe zutreffender Antworten – übereinstimmend falsche Urteile abzugeben. Nur 25% der Versuchspersonen gaben unter diesen Bedingungen durchgehend richtige Einschätzungen ab. Obwohl hier die „physikalische Realität" als „objektive" Informationsquelle zur Verfügung stand, flossen offenbar soziale Vergleichsprozesse in die Urteilsbildung ein.

Die – nicht notwendig bewussten – Beweggründe der Versuchspersonen dieser und ähnlicher Experimente, sich dem offensichtlich falschen Urteil der Mehrheit (*Majorität*) anzuschließen, lassen sich zwei unterschiedlichen Wirkmechanismen zuordnen:

1. Die sich in der Minderheit befindende Person beginnt angesichts des Mehrheitsurteils an ihrer eigenen Wahrnehmung und Beurteilung zu zweifeln und glaubt schließlich dem Urteil der anderen mehr als sich selbst. Es findet also eine tatsächliche und zeitlich tendenziell stabile Anpassung an die Mehrheitsmeinung statt *(informativer Einfluss)*.
2. Die sich in der Minderheit befindende Person hält zwar nach wie vor ihre eigene Einschätzung für die zutreffende, gibt dies aber nicht bekannt. Sie schließt sich vermeintlich dem Mehrheitsurteil an, um die gewünschte Anerkennung in der Gruppe, den angestrebten Status nicht zu gefährden sowie das Risiko sozialer Missbilligung oder gar Ausgrenzung zu vermeiden *(normativer Einfluss)*.

Bei der konkreten Urteilsbildung einer Person können beide Mechanismen in unterschiedlicher Gewichtung wirksam werden. Möglicherweise begünstigt die Entscheidung der Person, sich aus Gründen der Opportunität dem Mehrheitsurteil anzupassen *(normativer Einfluss)*, längerfristig auch eine tatsächliche Meinungsänderung *(informativer Einfluss)*, um das eigene Selbstbild nicht durch *Dissonanzen* zu belasten. Letzteres ist nach Festingers *Theorie der kognitiven Dissonanz* insbesondere dann der Fall, wenn die Person ihr „opportunistisches", einstellungsdiskrepantes Verhalten nicht durch gewichtige Belohnungen oder Strafandrohungen rechtfertigen kann (vgl. Kapitel 3.5).

Auch wenn nicht in allen Replikationen des Asch-Experiments jüngeren Datums ein so hohes Ausmaß an Konformität gefunden wurde, bleiben die Befunde doch besorgniserregend. Denn im Vergleich zu realen Gruppensituationen, in denen sich der einzelne möglicherweise explizitem Druck der anderen Gruppenmitglieder ausgesetzt fühlt und langfristige, negative Konsequenzen einer abweichenden Position befürchtet, zeichnet sich die Situation in den Experimentalgruppen durch ein punktuelles Zusammentreffen einander nicht bekannter Personen aus, zwischen denen keinerlei alltagsrelevante Abhängigkeiten bestehen. Wenn also bereits in solchen „ungefährlichen" Situationen, bei einfach zu beurteilenden Fragestellungen ein deutlicher Konformitätseffekt zu verzeichnen ist, wie viel eher mag er in vergleichsweise brisanten und komplexen alltagsrelevanten Situationen eintreten?

Gerade wenn es um bedeutsame Entscheidungen geht und die Urteilsbildung durch eine differenzierte Informationsgrundlage, Antizipation von langfristigen Folgen sowie von möglichen beabsichtigten und unbeabsichtigten Effekten fundiert werden soll, lohnt es sich, das Potential der Gruppenmitglieder bezüglich ihres Wissens, ihrer Kreativität und Reflexionsfähigkeit auszuschöpfen und vorschnellen Konformitätseffekten entgegenzusteuern. Dazu kann eine Sensibilisierung gegenüber konformitätssteigernden Faktoren hilfreich sein.

5.3.1.2 Wodurch werden Konformitätseffekte begünstigt?

Folgende Merkmale (1) der zu lösenden Aufgabe, (2) der Gruppe, (3) der sich in der Minderheit befindenden Person und (4) des Entscheidungsmodus scheinen Konformitätseffekte zu begünstigen (Zusammenstellung empirischer Quellen bei van Avermaet, 2002; Aronson, Wilson & Akert, 2004):

(1) Konformitätsfördernde Merkmale der Aufgabe

- Ein erhöhter Schwierigkeitsgrad der Aufgabe bzw. eine stärkere Komplexität und Mehrdeutigkeit des zu lösenden Problems, eine erhöhte Bedeutsamkeit der Entscheidung (beispielsweise aufgrund zu erwartender schwer wiegender Konsequenzen) lassen das Individuum eher an der eigenen Wahrnehmung, seinem Wissen und der Angemessenheit der eigenen Urteilsbildung zweifeln und stärken seine Tendenz, sich an der Meinung der Mehrheit zu orientieren.

(2) Konformitätsfördernde Merkmale der Gruppe

- Besteht in der Gruppe ein hoher Zusammenhalt (*Gruppenkohäsion*), wie er sich beispielsweise in einem hohen Anteil wechselseitiger Sympathiewahlen zeigt, tendiert das Individuum eher dazu, sich der Gruppenmeinung anzuschließen. Dies mag zunächst verwundern, da in einer Gruppe mit einem hohen Zusammenhalt eher Toleranz, Wohlwollen und weniger repressiver Druck bei einer abweichenden Meinungsäußerung zu erwarten wären. Möglicherweise spielt für die erhöhte Tendenz der Anpassung des einzelnen an die Gruppenmeinung in einer solchen Konstellation weniger expliziter Gruppendruck eine Rolle als das Vertrauen in die Urteilskraft der Gruppe.
- Steigt die Abhängigkeit der Gruppenmitglieder voneinander dadurch, dass eine „Belohnung" für die Leistung der Gruppe in Aussicht gestellt wird, nimmt der Konformitätsdruck deutlich zu.
- Erlebt das Indiviuum die Mehrheit nicht nur als „Stimmvieh", das sich unkritisch einer dominanten Position anschließt, sondern als eine Gruppe, die sich in ihrer Argumentation auf unterschiedliche Urteilsquellen beruft, wird die eigene abweichende Urteilsbildung eher in Zweifel gezogen.
- Konformität wird wesentlich begünstigt, wenn sich die Person als einzelne einer übereinstimmenden Gruppenmeinung gegenübersieht. Bereits eine geschlossene Majorität von 3 Personen übt einen deutlichen Konformitätsdruck aus. Mit zunehmender Größe der Mehrheit steigt der Druck auf den Einzelnen – wenn auch nicht linear – an.

(3) Konformitätsfördernde Merkmale des Individuums

- Bewertet das Individuum die Gruppe als *attraktiv*, weil es ihren Mitgliedern positive Eigenschaften zuschreibt, sie in wichtigen Merkmalen als sich selbst *ähnlich* erlebt und die Gruppe als Quelle potentieller „Belohnung" einschätzt, steigt die Bereitschaft, sich dem Gruppenurteil anzuschließen.

- Gleiches gilt, wenn die in der Minderheit befindliche Person ein Bedürfnis nach Zugehörigkeit zur Gruppe hat.
- Bei einer Verunsicherung der eigenen Person und gleichzeitig hoher Kompetenzzuschreibung an die anderen Gruppenmitglieder wird ebenfalls eine Veränderung in Richtung der Mehrheitsmeinung begünstigt.
- Personen mit einem mittleren Status in der Gruppe erweisen sich als besonders anfällig für Konformitätsdruck. Dies mag daran liegen, dass sie eher als Personen mit einem hohen Status bei abweichender Meinungsäußerung negative Sanktionen und Statusverlust fürchten müssen. Demgegenüber haben Gruppenmitglieder, die ohnehin einen niedrigen Status in der Gruppe haben, „nichts zu verlieren" und schätzen möglicherweise die Gruppe aufgrund ihrer bisherigen Erfahrung ohnehin als wenig attraktiv (im o.g. Sinne) ein.

(4) Konformitätsfördernde Merkmale des Diskussions- und Entscheidungsmodus

- Eine Anpassung des eigenen Urteils an die Mehrheitsmeinung – auch wider besseres Wissen – zeigt sich wesentlich häufiger, wenn für das Individuum eine Verpflichtung besteht, sein Urteil in der Gruppe öffentlich bekannt zu geben, als wenn es aufgefordert ist, seine Meinung anonym abzugeben.
- Als Entscheidungsmodus wird in Teams häufig der *Konsens* als „niederlagenloses" Verfahren gegenüber Mehrheitsentscheidungen oder anderen Entscheidungsverfahren präferiert. Dabei besteht der Anspruch, solange zu diskutieren, bis alle Gruppenmitglieder sich auf eine Position einigen. Der Anspruch der Gruppe, sich bei der Urteilsbildung auf einen *Konsens* zu einigen, forciert allerdings Konformitätseffekte, zumal abweichende Meinungen den Einigungsprozess aufzuhalten drohen. Dies sollte bei der Abwägung über den Entscheidungsmodus beachtet werden.

5.3.1.3 Beeinträchtigung der Urteilsbildung durch Gruppendenken

Während die meisten der o.g. empirisch gefundenen konformitätsförderlichen Faktoren auch alltagspsychologisch plausibel erscheinen, mag es verwundern, dass ein starker Gruppenzusammenhalt *(Gruppenkohäsion)* Konformitätseffekte begünstigt. Denn – wie bereits angesprochen – dürfte in einem solchen Klima die seitens der Gruppe gezeigte Akzeptanz gegenüber dem einzelnen nicht durch dessen abweichende Meinung unmittelbar gefährdet sein. Tatsächlich lässt sich bei abweichenden Meinungen in Gruppen zunächst ein besonderes Bemühen der Gruppenmehrheit beobachten, die abweichende Person zu überzeugen; erst wenn diese Bemühungen erfolglos verlaufen, lassen sich Hinweise auf ein Ignorieren oder Ablehnen der Person beobachten.

Als Erklärung für den dennoch erhöhten Konformitätseffekt in hoch kohäsiven Gruppen scheint sich weniger der Aspekt des *Gruppendrucks* als der des *Gruppendenkens* anzubieten. Dabei tendieren die Gruppenmitglieder dazu, sich wechselseitig in der vorherrschenden Meinung zu bestärken und geradezu zu „überbieten", so dass sich die Gruppenmeinung im Verlaufe der Diskussion immer stärker in Richtung der anfänglich vorherrschenden Meinung – des präferierten Pols der Beurteilungsdimension – bewegt. Das Ergebnis eines solchen als *Gruppenpolarisierung* bezeichneten Meinungsbildungsprozesses tendiert dazu, extremer zu sein als das Mittel der anfänglichen Positionen und dies mit einem hohen Grad an subjektiver Gewissheit bezüglich der vermeintlichen Richtigkeit und Angemessenheit der Position.

Janis' (1982) Untersuchungen politischer Fehlentscheidungen in den USA demonstrieren einen solchen Prozess, von Janis als *Gruppendenken* (*group think*) bezeichnet (anschauliche Darstellung in Thomas, 1992; Aronson, Wilson & Arkert, 2004). Das Zurückhalten, Ignorieren und Abwerten dissonanter Informationen und Argumente, die daraus entstehende Illusion der Einmütigkeit, die Illusion der eigenen Unfehlbarkeit und die daraus folgende Beeinträchtigung der Realitätseinschätzung werden nach Janis begünstigt, wenn die Gruppe unter Entscheidungs- und Zeitdruck eine komplexe Problematik zu bearbeiten hat, die Gruppe hoch kohäsiv ist, sie von alternativen Informations- und Meinungsquellen isoliert ist und führende Gruppenmitglieder eindeutig eine bestimmte Meinung favorisieren.

5.3.2   Innovation durch Minderheiteneinfluss

Angesichts der vielfältigen Einflussfaktoren, die Konformität erhöhen, ist es von besonderem Interesse, unter welchen Bedingungen die Widerstandsfähigkeit des Einzelnen ansteigt, auch angesichts einer anders lautenden Mehrheitsmeinung seine eigene Meinung zu vertreten. Ein drastischer Anstieg ist dann zu beobachten, wenn die Einstimmigkeit der Gruppe dadurch aufgebrochen wird, dass ein anderes Gruppenmitglied ebenfalls eine von der Mehrheit abweichende Meinung vertritt und das Individuum dadurch *soziale Unterstützung* erfährt. Interessanterweise zeigt sich ein derartiger Effekt in abgeschwächtem Ausmaß auch dann, wenn die andere Person in *irgendeiner* Weise von der Mehrheitsmeinung abweicht, also nicht unbedingt in Richtung des urteilenden Individuums.

Trotz des erstaunlichen Einflusses, den eine geschlossene Mehrheit (*Majorität*) auf die Urteilsbildung des Einzelnen ausübt, bleibt festzuhalten, dass es in allen Untersuchungen Personen gibt, die ihr ursprüngliches Urteil beibehalten und öffentlich äußern, sich also der argumentativ nicht fundierten Beeinflussung durch eine Mehrheit widersetzen.

Dass darüber hinausgehend auch Minderheiten (*Minoritäten*) aktiv Einfluss auf die Meinungsbildung in Gruppen ausüben können und damit potentiell als Impulsgeber für Innovation und sozialen Wandel wirksam werden können, thematisieren die Untersuchungen des französischen Psychologen Serge Moscovici (1979). Ende der 1960er Jahre leitete er damit einen programmatischen Perspektivenwechsel in der Forschung zum sozialen Einfluss in Gruppen ein.

Eine Fülle von Experimenten verschiedener Forscherteams – zunächst zur Beurteilung von Farben, in späteren Untersuchungen auch zu gesellschaftspolitisch relevanten Themen – dokumentiert den möglichen Einfluss von (numerischen) Minderheiten auf Personen, die sich in ihrem spontanen Urteil zunächst in Übereinstimmung mit der Mehrheitsmeinung erleben.

Ob es einer Minderheit gelingt, Mitglieder der Mehrheit zu einem Überdenken des eigenen Urteils oder gar zu einem Positionswechsel zu bewegen, hängt von verschiedenen Faktoren ab (vgl. van Avermaet, 2002). Dabei kommt dem *Verhaltensstil* und dem *Verhandlungsstil* der Minderheit eine besondere Bedeutung zu. Eine Minderheit erhöht ihre Chance der Einflussnahme, wenn

*   sie ihre Position klar und prägnant formuliert,
*   sie ihre Position über einen längeren Zeitraum stabil vertritt (*zeitliche Konsistenz*),
*   sie geschlossen auftritt (*interindividuelle Konsistenz*) und von ihrer Position selbst überzeugt wirkt,
*   sie trotz einer Beibehaltung ihrer grundlegenden Position (*zeitliche Konsistenz*) bei der Diskussion und Verhandlung mit der Mehrheit *Flexibilität* und *Fairness* zeigt,
*   sie nicht durch zu starke *Rigidität im Verhandlungsstil* und durch eine zu extreme Diskrepanz zur Mehrheitsmeinung der Mehrheit Anlass gibt, die Minderheitsmeinung mit Dogmatismus oder psychischen Auffälligkeiten zu erklären,
*   sie durch eigene Anstrengung, freiwilliges Engagement und Unbestechlichkeit der Mehrheit Respekt abgewinnt,
*   es ihr gelingt, aus der Mehrheit einzelne Personen zu einer Meinungsänderung zu veranlassen („Überläufer-Effekt").
*   Die Chancen der Minderheit werden darüber hinaus begünstigt, wenn ihre Position sich in der Entwicklungsrichtung des „Zeitgeistes" bewegt.
*   Ihr Einfluss ist geringer, wenn der Eindruck entsteht, ihre Position sei mit dem Streben nach persönlichen Vorteilen zu erklären (vgl. Kapitel 3.4.1).

Überdenken wir noch einmal die dargestellten Befunde zum Einfluss von Majoritäten und Minoritäten auf Meinungsbildungsprozesse in Gruppen, so wird deutlich, dass wir als Mitglied einer Mehrheit bereits durch unsere Anwesenheit, durch subtiles, zustimmendes Nicken, besser noch durch ein eigenes Argument Einfluss nehmen können. Demgegenüber müssen wir uns als Minderheit weit mehr engagieren und uns durch aktives, kompetentes Auftreten öffentlicher Beachtung und möglichem Gruppendruck aussetzen und dabei einen „langen Atem" bewahren.

Vergleicht man die in den Experimentalgruppen gefundenen Effekte von Majoritäten mit denen von Minoritäten bezüglich ihrer Quantität, also des Anteils der Personen, die sich durch die Konfrontation mit der anders lautenden Meinung beeinflussen lässt, so bleibt der Effekt der Minderheit deutlich hinter dem von Mehrheiten zurück. Folgt man Moscovicis (1980) Annahmen seiner *Konversions-*

theorie (zusammenfassende Darstellung in Thomas, 1992), so gibt es allerdings einen tendenziellen Qualitätsunterschied zugunsten der Beeinflussung durch Minderheiten: Minderheiten üben eher einen *informativen Einfluss* aus, d.h. sie regen an zu einer kognitiven Auseinandersetzung, die – bei Erfolg – zu einer echten (*privaten*) Einstellungsänderung führt (*Konversion*). Mehrheiten üben demgegenüber eher *normativen Einfluss* aus, d.h. sie lösen weniger eine inhaltliche Auseinandersetzung mit den Argumenten aus als eine wenig reflektierte Übernahme bzw. eine Anpassung nach außen hin (*öffentliche Einstellungsänderung, compliance*).

Auch wenn eine solche enge Verknüpfung von Einflussquelle und Art des Effektes relativiert werden muss (Erb & Bohner 2002; van Avermaet, 2002), so sprechen doch Befunde dafür (Nemeth & Kwan, 1987; Nemeth, 1994), dass sich Personen bei Problemlöseaufgaben angesichts der Konfrontation mit einer Minderheitenmeinung eher zu differenzierter Auseinandersetzung und zur Entwicklung von vielfältigen und mehr richtigen Lösungsalternativen inspirieren lassen, und zwar auch zu solchen, die nicht von der Minderheit eingebracht wurden. Auch wenn also kein direkter Positionswechsel in Richtung der Meinung der Minderheit zu beobachten ist, wird möglicherweise kreatives, *divergentes* Denken angeregt, bei dem verschiedene Alternativen reflektiert und neuartige, vorher nicht genannte Varianten kreiert werden (vgl. Diehl & Munkes, 2002).

Da Minoritäten nicht notwendig „richtigere", „humanere", „kreativere" oder anderweitig qualifiziertere Einschätzungen abgeben als Majoritäten, dürfte ihr (möglicherweise indirekter) Beitrag zu einer Optimierung von Einschätzungen und Entscheidungen vor allem darin liegen, dass sie zu einer intensiveren Reflexion und Erweiterung der Perspektiven beitragen.

5.4 Gruppenleistung

Gerade bei der Bearbeitung und Lösung komplexer Probleme, wie sie auch die Praxis Sozialer Arbeit kennzeichnen, trauen wir in der Regel Gruppen, bei denen die Mitglieder interagieren (z.B. Teams), eine größere Kompetenz und Effizienz zu als Einzelpersonen. Darüber hinaus vermuten wir in der Gruppe *Synergie-Effekte*, so dass die Leistung der Gruppe durch Austausch relevanten Wissens, durch wechselseitige Anregung und Unterstützung mehr als die Summe der Einzelleistungen umfassen sollte.

5.4.1 Sind Gruppen bessere Problemlöser als Individuen?

Befunde aus der sozialpsychologischen Forschung bezüglich des Leistungsvorteils von Gruppen wirken diesen Vermutungen gegenüber eher ernüchternd. Die tatsächliche Gruppenleistung entspricht vielfach nicht dem Leistungspotential der Gruppenmitglieder, wie es angesichts der Aufgabenschwierigkeit und der bei den Individuen vorhandenen Ressourcen (Wissen, Fähigkeiten u.Ä.) zu erwarten wäre. Vielmehr scheint die tatsächliche Leistung unter bestimmten Bedingungen durch gruppenbedingte *Motivationseinbußen* und *Koordinationsschwierigkeiten* beeinträchtigt zu werden.

Betrachten wir zunächst Untersuchungen im Kontext einer Minimalvariante von Gruppe, in der die Gruppenmitglieder nicht direkt in Kontakt zueinander treten, sondern das handelnde Individuum die anderen Personen als „Anwesende" oder „kritische Beobachter" wahrnimmt. Es zeigt sich bei einfachen oder Routineaufgaben eine Leistungsverbesserung, bei schwierigeren, weniger vertrauten Aufgaben eine Leistungsverschlechterung. Für diese als *soziale Aktivierung (social facilitation)* bzw. *soziale Hemmung (social inhibition)* beschriebenen Phänomene werden verschiedene Erklärungen diskutiert (vergleichende Darstellung bei Wilke & Witt, 2002; Schulz-Hardt et al., 2002). Bei einfachen Aufgaben und bei positiver Kompetenzerwartung (d.h. der subjektiven Überzeugung, eine Handlung erfolgreich ausführen zu können), scheint ein angesichts des Publikums gesteigertes Erregungsniveau den Handelnden zu „beflügeln"; die Situation wird als Herausforderung erlebt. Bei schwierigen Aufgaben, niedriger Kompetenzerwartung und Bewertungsangst wird die Situation eher als bedrohlich empfunden; komplexere Denk- und Handlungsvollzüge werden durch die publikumsbedingte gesteigerte Erregung und Ablenkung gestört.

In *interagierenden* Gruppen, die also gemeinsam an einer Aufgabe arbeiten, lassen sich potentielle Leistungseinbußen in Abhängigkeit vom Aufgabentyp und von der Art des Kommunikationsprozesses innerhalb der Gruppe beschreiben:

Bei *additiven Aufgaben* besteht die Gruppenleistung aus der Summe der Einzelleistungen. Sind sie so angelegt, dass der Einzelbeitrag nicht identifizierbar ist, findet man vielfach Leistungseinbußen. Erklärungen dafür werden darin gesehen, dass sich das Individuum unter dieser Bedingung weniger anstrengt, (1) weil es seinen Beitrag für den Gruppenerfolg als wenig bedeutsam einschätzt, (2) weil es auf Kosten der Gruppe „faulenzt" (*social loafing*) oder (3) weil es sich in seiner Leistung von anderen Gruppenmitgliedern ausgenutzt fühlt. Mit der Größe der Gruppe steigen die beobachteten Leistungsverluste (zusammenfassende Darstellung moderierender Variablen bei Fischer & Wiswede, 2002). Die beobachteten Einbußen sind deutlich geringer, wenn die zu bearbeitende Aufgabe seitens der Gruppenmitglieder auch als persönlich bedeutsam bewertet wird und diese sich für das Gruppenergebnis verantwortlich fühlen.

Stroebe und Diehl (1994) weisen Leistungseinbußen bei additiven Aufgaben interessanterweise auch bei einem Gruppenarbeitsverfahren nach, das speziell entwickelt wurde, um das kreative Potential von Gruppen und *Synergie-Effekte* der vorhandenen individuellen Ressourcen zu aktivieren, dem *Brainstorming*. Bei diesem Verfahren werden die Gruppenmitglieder ermutigt, spontane, auch scheinbar abwegige Ideen zu einer Fragestellung oder einem zu lösenden Problem per Zuruf zu sammeln. Bewertungen dürfen in dieser Phase nicht vorgenommen werden. Kombinationen und Weiterentwicklung der Ideen sind erwünscht. Nach Abschluss der Brainstorming-Phase können die Ideen sortiert, zusammengefasst, diskutiert und ggf. als Anregung für die weitere Arbeit ausgewählt werden. Vergleicht man die Produktivität von interagierenden Brainstorming-Gruppen (*Realgruppe*) mit der summierten Produktivität einer gleich großen Anzahl von Personen, die das Brainstorming in Einzelarbeit durchgeführt haben (*Nominalgruppe*), erweist sich die interagierende Brainstorming-Gruppe als unterlegen, d.h. die Individuen unter realen Gruppenbedingungen produzieren weniger Einfälle. Dies führen die Autoren im Wesentlichen darauf zurück, dass die Notwendigkeit, den Vorschlägen der anderen zuzuhören, die eigene Ideenproduktion blockiert. „Sozialem Faulenzen" (s.o.) und latenter Bewertungsangst wird demgegenüber eine geringere Bedeutung zugemessen.

Die ungebrochene Beliebtheit der Methode erklären die Autoren damit, dass die beteiligten Personen die lebendige Erfahrung machen, dass die Gruppe mehr Ideen produziert als sie allein (also nicht den Vergleich mit einer Ideensammlung einer gleichgroßen Anzahl von Individuen herstellen). Zudem zeigen sich Mitglieder von Brainstorming-Gruppen auch mit ihrer persönlichen Leistung zufriedener als die von Nominalgruppen, was mit dem Befund erklärt wird, dass sie den Anteil ihrer eigenen Beiträge an der Gruppensammlung überschätzen.

Vor dem Hintergrund der Befunde empfiehlt sich eine Variante des Brainstorming-Verfahrens, in der die Personen zunächst in Einzelarbeit Ideen sammeln und danach die Gruppenphase eröffnet wird, um so die individuellen Ressourcen und die Synergie-Effekte der Gruppe optimal zu nutzen.

Aufgaben, bei denen die Gruppe eine Lösungsalternative als die „richtige" auswählen muss (*disjunktive Aufgaben*), und Aufgaben, die nur bewältigt werden, wenn jedes Gruppenmitglied aktiv beiträgt (*konjunktive Aufgaben*), haben im Spektrum der Anforderungen des beruflichen Alltags einen besonderen Stellenwert. Als Beispiel aus der Praxis Sozialer Arbeit für eine *disjunktive Aufgabe* mag eine Personalauswahl stehen, für eine *konjunktive Aufgabe* die Konzipierung und Durchführung einer Projektwoche. Bei beiden Aufgabentypen bestehen gute Chancen, dass die potentiellen Leistungsvorteile der Gruppe wirksam werden (vgl. Gehm, 1996). Thomas (1992) führt entsprechende Leistungsvorteile gegenüber der Einzelarbeit darauf zurück, dass Personen in Gruppen eher Denkfehler und eine voreilige Festlegung der Denkrichtung entdecken und korrigieren (*Fehlerausgleich*) und aufgrund der Vielfalt der Erfahrungen und Meinungen mehr Ideen entwickeln (*Ideenhäufung*).

Dass dieses Potenzial häufig nicht hinreichend genutzt wird, zeigen Beobachtungen, wonach das in einer Gruppe vorhandene Wissen nicht optimal ausgetauscht wird (Kerschreiter, Mojzisch, Schulz-Hardt et al., 2003). Es besteht die Tendenz, mehr *geteilte Informationen,* d.h. Informationen, die auch den anderen Gruppenmitgliedern bereits bekannt sind, in den Diskussionsprozess einzubringen, zu wiederholen und zu erörtern, als *ungeteilte Informationen*, also spezielles Wissen eines einzelnen Gruppenmitglieds, insbesondere wenn das gemeinsame Wissen bereits eine bestimmte Beurteilungspräferenz nahe legt. Die Gruppenmitglieder bestärken sich dabei – möglicherweise unbeabsichtigt – wechselseitig darin, dass die gemeinsame Information glaubwürdig und wichtig sein muss. Die Chancen eines Wissenszuwachses bei den Gruppenmitgliedern sowie eines Qualitätsgewinns der Gruppenentscheidung durch spezifisches Wissen Einzelner oder von Minderheiten werden dadurch nicht ausgeschöpft.

Fehlerausgleich, Ideenhäufung, Wissenszuwachs und damit eine Verbesserung der Entscheidungsqualität werden begünstigt, wenn durch eine angemessene Gesprächsleitung *(Koordination)* die Chance erhöht wird, dass alle Beiträge – auch die statusniedriger oder zurückhaltender Gruppenmitglieder – im Meinungsbildungsprozess beachtet werden. Darüber hinaus muss es der Gruppe gelingen, *Konformitätseffekte*n und *Gruppendenken* (s.o.) entgegenzusteuern.

Bei der Bewältigung *konjunktiver Aufgaben* ist die Gruppe dann im Vorteil, wenn ihre Mitglieder entsprechend ihrer individuellen Interessen und Fähigkeiten teilweise arbeitsteilig kooperieren, wechselseitig Schwächen kompensieren und Stärken unterstützen. Dies fördert sowohl die Aufgabenbewältigung als auch die soziale Verbundenheit der Gruppenmitglieder. Demgegenüber fällt die Leistung einer Gruppe miteinander konkurrierender, wettbewerbsorientierter Mitglieder ab, und die Beziehungen der Gruppenmitglieder werden eher durch Konflikte belastet.

5.4.2 Wie wirken sich Leitung, Kommunikation und Kooperation auf die Gruppenleistung aus?

Koordinationsverluste und *Motivationsverluste* in interagierenden Gruppen können durch die Übernahme von *Leitungsfunktionen* reduziert werden. Dabei wird in Anlehnung an Bales (1950) zwischen *aufgabenorientierten* und *sozial-emotionalen* Funktionen unterschieden. Aufgabenorientierte Impulse sind auf eine Effektivierung der Zielerreichung gerichtet, beispielsweise durch das Einbringen von Informationen und Vorschlägen, Zusammenfassen und Koordinieren von Aktivitäten. Sozial-emotionale Impulse zielen auf die Förderung eines positiven emotionalen Gruppenklimas ab, beispielsweise durch Anregung von Informations- und Meinungsaustausch, zustimmenden und anerkennenden Äußerungen, unterstützenden Hilfen und Solidarität, Vermittlung und Entspannung bei Konflikten, Humor und Optimismus.

Diese Funktionen müssen nicht notwendig an eine (oder zwei) Personen gebunden sein, sondern können auch flexibel von mehreren Mitgliedern der Gruppe wahrgenommen werden. Insbesondere in kleineren Gruppen mit hochmotivierten und kompetenten Gruppenmitgliedern, die sich in der Verfolgung des Gruppenziels als erfolgreich erleben und die die Verteilung von Kosten und Nutzen zwischen den Gruppenmitgliedern als gerecht und fair empfinden, wird eine explizite Zuweisung der Führungsrolle an eine Person eher abgelehnt (Rutte & Wilke, 1984).

Unabhängig davon, ob explizite Führungsrollen in einer Gruppe existieren, kann der Kommunikationsfluss eher *zentralisiert* (über eine zentrale Person) oder *dezentralisiert* (freier Kommunikationsfluss zwischen allen Gruppenmitgliedern) verlaufen. Die spezifischen Vorteile der jeweiligen Kommunikationsstruktur zeigen sich bei unterschiedlichen Aufgabentypen bzw. in spezifischen Phasen des Problemlöseprozesses (vgl. Wilke & Witt, 2002). Dezentralisierte Netze erweisen sich als besonders effizient bei neuartigen und komplexen Aufgaben in der Anfangsphase des Problemlöseprozesses in der Gruppe. Bei einfachen oder vertrauten Aufgaben und im fortlaufenden Arbeitsprozess scheint eine zentralisierte Koordination Vorteile zu haben. Allerdings ist für die langfristig angelegte Gruppenarbeit zu bedenken, dass die Zufriedenheit der Gruppenmitglieder in dezentralisierten Netzen größer ist, insbesondere im Vergleich zu Mitgliedern, die sich in zentralisierten Netzen eher am Rande befinden. Koordinationsvorteile zentralisierter Netze sind also angesichts der damit verbundenen Motivationseinbußen zu relativieren.

Die Gruppenleistung wird darüber hinaus durch die *Belohnungsstruktur einer Aufgabe* (i.S. Bierbrauers, 2005) beeinflusst. Sind die Aufgaben so konzipiert, dass Erfolg und Nutzen für das einzelne Gruppenmitglied auch anderen Gruppenmitgliedern zugute kommen und umgekehrt, so ist eher ein *kooperatives* Handeln nahegelegt. In einer auf Wettbewerb angelegten Belohnungsstruktur geht der Nutzen des Einzelnen zulasten anderer Gruppenmitglieder, was ein konkurrierendes *(kompetetives)* Handeln provoziert. Während in Experimentalgruppen sozialpsychologischer Forschung durch die Art der Aufgabenformulierung die Belohnungsstruktur festgelegt werden kann, ist in Realsituationen meist ein gewisser Gestaltungsspielraum der Beteiligten vorhanden, nämlich die Situation und Aufgabe mehr kooperativ oder mehr wettbewerbsorientiert anzugehen.

Empirische Befunde zu derartig „gemischtmotivierten" Aufgabenstellungen (vgl. Herkner, 2001) weisen darauf hin, dass die Bereitschaft der Beteiligten zur Kooperation durch den zu erwartenden Nutzen bzw. das subjektiv eingeschätzte Risiko beeinflusst wird. Die Bereitschaft zu kooperieren steigt generell mit der Möglichkeit, mit dem Interaktionspartner zu kommunizieren, was in Gruppen mit dezentralisierten Kommunikationsnetzen (s.o.) leichter fallen dürfte.

Ob eine kooperative oder eine konkurrierende Strategie gewählt wird, wird auch von personenbezogenen Einstellungen und Normen beeinflusst. Von ihrer *sozialen Orientierung* her eher kooperativ eingestellte Personen neigen dazu, den anderen Gruppenmitgliedern einen Vertrauensvorschuss zu gewähren und erst einmal kooperativ zu beginnen, auch wenn das Risiko besteht, dass sich andere Gruppenmitglieder konkurrenzorientiert verhalten oder – eine Tendenz, die mit wachsender Gruppengröße steigt, – eher kurzfristige Eigeninteressen als langfristige Gruppeninteressen verfolgen. Ihr weiteres Verhalten orientieren kooperativ orientierte Personen flexibel am konkreten Interaktionsverlauf. Demgegenüber tendieren wettbewerbsorientierte Personen dazu, ihren Interaktionspartnern von vornherein eine gleichgerichtete Haltung zu unterstellen und wählen daher vorsorglich eine kompetetive, nicht-kooperative Strategie (Hammerstein & Bierhoff, 1988).

116

Kooperativ arbeitende Gruppen erweisen sich in der Regel als effizienter in der Aufgabenbewältigung als in-sich-konkurrierende Gruppen. Durch Koordination der Einzelaktivitäten und Kompensation individueller Schwächen und Stärken werden potentielle Koordinations- und Motivationsverluste reduziert und die Entfaltung von Synergieeffekten gefördert. In kooperativen Gruppen entwickeln sich zudem positivere persönliche Beziehungen zueinander und die Chancen, Konflikte konstruktiv zu handhaben, steigen. Aufgabenebene und Beziehungsebene beeinflussen sich wechselseitig, so dass im günstigen Fall eine „Aufwärtsspirale" von Effizienz und Zufriedenheit besteht, im negativen Fall eine „Abwärtsspirale" zu befürchten ist, bei der ein negatives Gruppenklima die Effizienz und die mangelnde Effizienz wiederum das Klima beeinträchtigt.

5.5 Anregungen für die Moderation und Gestaltung von Teamgesprächen

Kommen wir auf unser Eingangsbeispiel zurück! Wo liegen die Aspekte der geschilderten Teamsituation, die es der Berufsanfängerin in der Minderheitenposition schwer machen, ihre Meinung offensiv zu vertreten? Wie sollte sie argumentieren, um ihre Chance zu erhöhen, auf den Meinungsbildungs- und Entscheidungsprozess Einfluss zu nehmen? Welche Art der Gesprächsmoderation könnte dazu beitragen, das Potential an Wissen und Erfahrung aller Teammitglieder auszuschöpfen und durch wechselseitige Anregung und Unterstützung Synergie-Effekte auszulösen?

In dem geschilderten Beispiel fehlen uns einige Hinweise, um das Ausmaß des Konformitätsdrucks genauer abzuschätzen. So wissen wir beispielsweise nichts über die Ausprägung der Gruppenkohäsion in diesem Team und den angestrebten Entscheidungsmodus, beides Faktoren, die gemäß der empirischen Befunde der Kleingruppenforschung Einfluss auf Konformitätsprozesse nehmen. Den Konformitätsdruck auf die Berufsanfängerin erhöhen dürften allerdings ihre Zweifel an der eigenen fachlichen Kompetenz, die (möglicherweise berechtigte) Zuschreibung von Kompetenzen an die erfahrenen Berufskolleginnen sowie die Tatsache, dass sie sich einer geschlossenen Mehrheit gegenübersieht, die sich zudem auf unterschiedliche Informationsquellen beruft. Trotzdem dürfte sie Chancen haben, den Meinungsbildungsprozess im Team zu beeinflussen, wenn sie in ihrem Verhaltens- und Verhandlungsstil einige Komponenten erfolgreicher Minoritäten verwirklicht. Auch wenn es ihr nicht gelingen sollte, die Mehrheit zu einem Positionswechsel zu bewegen, so könnte sie doch zu einer intensiveren Auseinandersetzung mit relevanten Argumenten und zu einer Differenzierung des Meinungsbildungs- und Problemlösungsprozesses beitragen.

Bevor wir uns damit beschäftigen, welche Gesprächsmoderation einen solchen Prozess unterstützen könnte, sollten wir uns vor Augen führen, welche Art von Aufgaben und Problemen Teams in der Sozialen Arbeit zu bewältigen haben.

5.5.1 Handeln in komplexen Situationen

Professionelles Handeln in der Sozialen Arbeit findet meist in komplexen Handlungssituationen statt, was besondere Anforderungen an die Qualität der Teamarbeit stellt. Was macht die *Komplexität* von Handlungssituationen (nach Dörner, 2003) aus?

1. Es sind viele Merkmale (Faktoren, Variablen) zu berücksichtigen, die untereinander vernetzt sind und sich wechselseitig beeinflussen, so dass die Veränderung eines Merkmals Neben- und Fernwirkungen auf andere Bereiche des Systems hat (*Vernetztheit*).
2. Es besteht ein Zeitdruck zu handeln, da das System eine Eigendynamik entfaltet, sich also weiterentwickelt, auch ohne das Zutun des potentiellen Akteurs. Unterlassen wird dadurch auch zu einer „Handlung" (*Dynamik*).
3. Es ist immer nur ein Teil der relevanten Informationen zugänglich, der Handelnde muss Entscheidungen auf einer prinzipiell unvollständigen Informationsbasis treffen (*Intransparenz*).

Unter diesen Handlungsbedingungen gilt, dass jede Maßnahme nicht nur den direkt beabsichtigten Effekt hat, sondern immer auch indirekte, möglicherweise nicht antizipierte Effekte (Nebeneffekte und Fernwirkungen mit zeitlicher Verzögerung), und dass Problemlösungen neue Probleme erzeugen können, dass es Zielkonflikte geben wird, die nicht zu „lösen", sondern allenfalls auszubalancieren sind.

Angesichts dieser Komplexität kommt den spezifischen Ressourcen einer kooperierenden Gruppe, eines Teams, eine hohe Bedeutung zu. Dazu gehören beispielsweise die Vielfalt an Ideen, Perspektiven, Kompetenzen, Wissen, die wechselseitige Anregung, Unterstützung, kritische Rückmeldung und die Koordination der Aktivitäten. Gelingt es der Gruppe, diese Ressourcen zu aktivieren, steigen die Chancen, ein für das zu lösende Problem angemessenes *Realitätsmodell* zu entwickeln, Ziele zu formulieren, Strategien zu entwickeln, Handlungsschritte zu planen, durchzuführen, ihre Effekte zu kontrollieren und Zielformulierung und Vorgehen ggf. zu revidieren.

Auch wenn in den Experimentalgruppen sozialpsychologischer Forschung meist weniger komplexe Denksport- oder Kreativitätsaufgaben gestellt wurden, bei denen insbesondere der Aspekt der *Dynamik* fehlt, können aus den Befunden doch einige Anregungen für die Teamarbeit abgeleitet werden. Bereits die Sensibilisierung für situative Einflussfaktoren und die eigenen Einflussmöglichkeiten kann uns als Akteure im Gruppenprozess stärken und damit das Potential zur reflektierten Selbststeuerung der Gruppe erhöhen.

5.5.2 Moderation von Teamgesprächen

Moderation ist gleichermaßen als *Haltung* und als *Technikrepertoire* zu verstehen. Die Moderatorin versteht sich als Expertin für die Gestaltung des Prozesses der kooperativen Problemlösung. Sie hält sich bei der inhaltlichen Einflussnahme eher zurück und versucht, durch Prozessimpulse Bedingungen mitzugestalten, unter denen die Gruppe ihre Ressourcen zur Problemlösung optimal zur Entfaltung bringen kann.

Im Folgenden werden einige dieser Gestaltungsmöglichkeiten zu den bereits dargestellten Befunden zur Meinungsbildung und Leistungsfähigkeit von Gruppen in Beziehung gesetzt.

Förderung differenzierter Meinungsbildung

Der Gefahr, dass der Prozess der Meinungs- und Entscheidungsbildung durch *Konformitätseffekte* vorschnell abgebrochen wird, ist durch eine Aktivierung *aller* Gruppenmitglieder gegenzusteuern. Dazu können folgende Moderationstechniken beitragen:

- Die konformitätsfördernde Diskrepanz zwischen der Kompetenz, die der Einzelne der Gruppe zuschreibt, und dem Vertrauen in die eigene Urteilsfähigkeit kann dadurch reduziert werden, dass allen Teammitgliedern vorab themenrelevante Informationen zu Verfügung gestellt werden.
- Um die Ideenvielfalt zu fördern, empfiehlt es sich, Phasen der Einzelarbeit und der arbeitsteiligen oder parallelen Kleingruppenarbeit einer Plenumsdiskussion vorzuschalten.
- Von der Mehrheitsmeinung abweichende Positionen und alternative Hypothesen sind als Anregungspotential aufzugreifen oder möglicherweise durch expliziten Perspektivenwechsel erst anzuregen.
- Neben dem Medium des gesprochenen Diskussionsbeitrages sind andere Formen der Meinungsäußerung, bei denen sich der Einzelne nicht so stark öffentlicher Beachtung und Bewertung aussetzen muss, wie Kartenabfrage oder die Vergabe von Punkten (z.B. Chancen- und Risikopunkte) anzuregen.
- Möglichkeiten der anonymen Meinungsäußerung sind im Gesamtprozess einzuplanen.
- Als Entscheidungsmodus ist nicht in jedem Fall der *Konsens* zu präferieren. Der Entscheidungsmodus (möglicherweise die Vergabe von mehreren Punkten pro Gruppenmitglied oder gar die Delegation einer Entscheidung an eine Untergruppe) sollte allerdings für die Gruppenmitglieder transparent sein.
- Gegenstand der Reflexion des Problemlöseprozesses in der Gruppe sollte neben dem inhaltlichen Ergebnis (Problemangemessenheit, Praktikabilität, Prüfkriterien ...) auch der Prozess der Meinungsbildung und Entscheidungsfindung sein.

Förderung von Kooperation und Beziehungsqualität

Motivations- und Koordinationsverluste in der Gruppe werden verringert, Kooperationsbereitschaft und emotionale Verbundenheit werden gestärkt, wenn die gruppeninterne Verteilung von Aufwand und Nutzen für alle Beteiligten transparent ist und als fair erlebt wird.

- Moderationstechniken können zur Transparenz beitragen. Die Strukturierung des Teamgespräches, die Visualisierung von Beiträgen der einzelnen Gruppenmitglieder, von Übereinstimmungen, Kontroversen, Teilergebnissen, Handlungsoptionen, Entscheidungsalternativen, Verantwortlichkeiten usw. erhöht die Transparenz des Prozesses sowohl auf der inhaltlichen, aufgabenbezogenen Ebene als auch auf der sozial-emotionalen Ebene der Gruppeninteraktion. Die Transparenz erleichtert es der Gruppe, den Problemlösungsprozess zu reflektieren und zu steuern.
- Die Anregung und Förderung von wechselseitiger Rückmeldung im Team erhöht die Chance, dass der Fairness-Aspekt offen kommuniziert wird und entsprechende Verständigungs- und Aushandlungsprozesse möglich sind.
- Die Möglichkeit direkter Kommunikation untereinander fördert tendenziell die Kooperationsbereitschaft. Sie ist darüber hinaus insbesondere in Phasen der Bearbeitung neuartiger und komplexer Probleme effizienter als ein zentralisierter Kommunikationsfluss. Moderationsprozesse sollten deshalb so angelegt sein, dass eine unmittelbare Kommunikation zwischen den Gruppenmitgliedern ermöglicht und angeregt wird.
- Moderationsaufgaben umfassen sowohl aufgabenbezogene als auch sozial-emotionale Leitungsfunktionen. Einer Qualifizierung des Teams dürfte es dienlich sein, wenn Moderationsaufgaben rotierend oder kollektiv ausgeübt werden und nicht ausschließlich an eine Person gebunden sind.

Teams stellen sich in der Regel *Aufgaben mit Ermessensspielraum*, d.h. die Gruppe selbst kann sowohl den Arbeitsmodus (Einzel- versus Gruppenarbeit, zentralisierter versus dezentralisierter Informationsfluss, personengebundene versus kollektive Leitung) als auch den Entscheidungsmodus (z.B. Konsens, Mehrheitsentscheidung, Delegation von Entscheidungsbefugnis) festlegen bzw. für bestimmte Teilaufgaben oder bestimmte Phasen des Arbeitsprozesses variieren. Die Effektivität der Teamarbeit bezüglich der Aufgabenbewältigung und bezüglich des sozial-emotionalen Gruppenklimas hängt davon ab, inwiefern es einem Team gelingt, nicht etwa ein „bewährtes" teamübliches Standardverfahren immer wieder einzusetzen, sondern flexibel, aufgaben- und prozessorientiert eine angemessene Auswahl vorzunehmen.

6   Konflikt und Kooperation zwischen Gruppen

Ethnisch begründete Konflikte, Gewalttaten und Vertreibungen, fremdenfeind-
lich motivierte und rechtsextremistische Straftaten haben eine bedrückende Ak-
tualität. Angesichts von Ratlosigkeit und hilflos oder dysfunktional anmutenden
Versuchen, durch Konfliktvermittlung, Strafandrohung und massive Sanktionen
ein friedliches, gleichberechtigtes Zusammenleben gesellschaftlicher Gruppen
zu sichern, stellt sich auch für die Soziale Arbeit die Herausforderung, im Rahmen ihres begrenzten Einflussbereiches wirksam zu werden, um Beziehungen
zwischen Gruppen zu verbessern. Die Sozialpsychologie bietet Theorien und
empirische Befunde, die Hinweise liefern auf Einflussfaktoren und Wirkmechanismen, die in Beziehungen zwischen Gruppen *(Intergruppenbeziehungen)*
bedeutsam sind.

6.1   Was ist Intergruppenverhalten?

Die Einstellung und das Verhalten eines Individuums gegenüber einer anderen
Person *(interpersonales Verhalten)* ist von einer Vielzahl von Bedingungen abhängig, die mit der aktuellen Situation, der Beziehungsgeschichte, der erlebten
Attraktivität des anderen, den tatsächlichen und vermuteten Motiven und Zielen, seinen Fähigkeiten u.v.a. variieren. Dementsprechend weist das interpersonale
Verhalten eine hohe Variabilität auf. Interessanterweise reduziert sich die Variabilität beträchtlich, wenn das Individuum der anderen Person nicht als Individuum begegnet, sondern sich als Mitglied einer Gruppe (der Klasse 4b, der Schalke-
Fans, der Deutschen, der Frauen, der Siemens-Mitarbeiter, der Katholiken, der
alleinerziehenden Väter, der Studierenden Sozialer Arbeit ...) fühlt und den anderen ebenfalls nicht als Individuum, sondern unter dem Gesichtspunkt seiner
Gruppenzugehörigkeit betrachtet *(Intergruppenverhalten)*. In einer konkreten
Interaktionssituation kann sich das Verhalten der Beteiligten auf einem Kontinu-
um zwischen den Extrempunkten „interpersonal" und „intergruppal" bewegen.
Als Gruppenmitglied verhält sich die Person in der Regel uniformer und auch
qualitativ anders als in interpersonalen Beziehungen, was im Folgenden erläutert werden soll.

Wie die obige Aufzählung der Beispiele von Gruppen zeigt, wird der Begriff der
Gruppe im Kontext von Intergruppenbeziehungen sehr breit gefasst. Er reicht
von *face-to-face Gruppen*, in denen die Gruppenmitglieder direkt miteinander

in Kontakt treten (vgl. Kapitel 5), bis zu Gruppen im Sinne von *sozialen Kategorien* als Ergebnis der Kategorisierung von Personen auf der Grundlage eines gemeinsamen Merkmals (z.B. Geschlecht, Beruf, ethnische Zugehörigkeit).

Eine Person gehört gleichzeitig einer Vielzahl von Gruppen an, wobei nur ein kleiner Teil dieser Gruppenzugehörigkeiten als subjektiv bedeutsam erlebt wird. Welche Bedeutsamkeit *(Salienz)* einer Gruppenzugehörigkeit zugemessen wird, hängt von unterschiedlichen personalen, sozialen und situativen Bedingungen ab. So aktiviert ein Angriff das ansonsten nur latent vorhandene Bewusstsein der Zugehörigkeit zu einer Gruppe. So mag eine Person ihre ethnische oder religiöse Zugehörigkeit als wenig relevant für ihr Selbstverständnis erleben, möglicherweise aber dann, wenn diese Gruppe aktuell benachteiligt oder angegriffen wird, sich ihrer Gruppenzugehörigkeit bewusst werden und Bewertungen der Eigen- und Fremdgruppe vornehmen. Dies zeigt sich beispielsweise bei ethnischen Konflikten, angesichts derer Nachbarn oder Verwandte, mit denen man gut befreundet war, plötzlich als Gegner empfunden werden.

In experimentellen Studien und auch in Realsituationen findet man das Phänomen, dass die Eigengruppe im Vergleich zur Fremdgruppe aufgewertet und – wenn entsprechende Handlungsmöglichkeiten bestehen – begünstigt wird *(Eigengruppenfavorisierung)*. Demgegenüber besteht die Tendenz, die Fremdgruppe abzuwerten. Positive Merkmale der Fremdgruppe (z.B. Erfolg) werden eher auf äußere Einflussfaktoren (z.B. begünstigende Umstände) zurückgeführt *(externale Attribution)*, während man die positiven Merkmale der Eigengruppe eher *internal attribuiert*, beispielsweise auf positive Persönlichkeitseigenschaften, Fähigkeiten und Anstrengung (vgl. Kapitel 2.2.2). Latente Feindseligkeit gegenüber der Fremdgruppe bei erhöhter Solidarität mit der Eigengruppe kann zu subtiler oder offener *Fremdgruppendiskriminierung* und zu manifestem feindseligem, aggressivem Verhalten zwischen den Gruppen eskalieren. Welche Einflussfaktoren eine Eskalation von Intergruppenkonflikten begünstigen und welche zu einer Deeskalation bzw. einem kooperativen Intergruppenverhalten beitragen können, thematisieren die im Folgenden vorgestellten Theorien.

6.2   Erklärungen von Intergruppenverhalten

Als langjähriger Mitarbeiter in einer Jugendfreizeiteinrichtung erleben Sie mit Bedauern, dass Sie Ihrem Ziel, einen Ort interkulturellen Lernens zu schaffen, kaum näherkommen. Während Sie in den ersten Jahren Ihrer Tätigkeit sich massiv dafür eingesetzt haben, dass Jugendliche ausländischer Herkunft von den einheimischen Jugendlichen in der Einrichtung toleriert und nicht diskriminiert und bedroht wurden, erlebten Sie in den letzten Jahren, dass der Anteil deutscher Jugendlicher drastisch zurück ging, so dass die Einrichtung derzeit fast ausschließlich von Jugendli-

chen unterschiedlicher ausländischer Herkunft besucht wird. In jüngster Zeit wurde Ihre Einrichtung wiederholt Ziel von vandalistischen Übergriffen einer rechtsextremistischen Gruppierung einheimischer Jugendlicher.

6.2.1 Theorie des realistischen Gruppenkonflikts

In Anlehnung an Thomas (1992, S.118) lässt sich ein Konflikt beschreiben als ein Zustand, bei dem „zwei oder mehr miteinander scheinbar oder tatsächlich unvereinbare Ziele, Interessen, Denk- und Verhaltensweisen bei Gruppen oder Personen aufeinander treffen, die in irgendeiner Weise miteinander verbunden sind und füreinander Bedeutung besitzen". Konflikte werden von den Beteiligten i.d.R. aktuell als negativ und belastend erlebt, auch wenn darin langfristig ein klärendes oder kreatives Potential vermutet werden kann.

Der Konflikt kann z.B. um die Verteilung begrenzter Ressourcen entbrennen *(Verteilungskonflikt)*. Für die Konfliktparteien stellt sich ein solcher Verteilungskonflikt möglicherweise als *Nullsummenkonflikt* dar, d.h. der Gewinn der einen Gruppe geht notwendig zulasten der anderen Gruppe, was konkurrenzorientierte Gruppenbeziehungen nahe legt (vgl. Kapitel 5.4 Leistung in Gruppen). Verteilungskonflikte müssen allerdings nicht notwendig den Status von Nullsummenkonflikten haben. Eine differenzierte Analyse der Anliegen der Konfliktparteien kann ggf. zur Entwicklung integrativer Lösungen beitragen, bei dem der Gewinn für beide Parteien optimiert wird. Konfliktgegenstand können auch diskrepante Beurteilungen von Sachverhalten etwa auf der Basis unterschiedlicher Informationen und deren Gewichtung sein *(Beurteilungskonflikt)* oder diskrepante Bewertungen i.S. von unterschiedlichen handlungsleitenden Normen und Werten *(Bewertungskonflikt*; vgl. Typologien von Konflikten und Konfliktbewältigungsstrategien in Bierbrauer, 2005).

Bezogen auf Intergruppenbeziehungen geht die von Muzafer Sherif (1966) entwickelte *Theorie des realistischen Gruppenkonflikts* davon aus, dass konkurrierende, unvereinbare Ziele und Interessen die Basis von Intergruppenkonflikten darstellen. In seinem als Klassiker sozialpsychologischer Forschung bekannten Feldexperiment in einem mehrwöchigen Ferienlager von weißen US-amerikanischen Jugendlichen gelang es ihm überzeugend, Prozesse der Eskalation und Reduktion von Intergruppenkonflikten herzustellen. Das Feldexperiment verlief in vier Phasen.

1. Zunächst wurde die Gruppe der zwölfjährigen Jungen nach dem Prinzip der Zufallszuweisung (vgl. Kapitel 1) in zwei Gruppen von etwa zwölf Mitgliedern unterteilt. Durch die Unterbringung in zwei verschiedenen Blockhütten, die Zuweisung eines Gruppennamens und die Anregung gruppeninterner Aktivitäten (z.B. gemeinsames Kochen, Bauen einer Seilbrücke) entwickelte sich innerhalb der jeweiligen Gruppe ein Zusammengehörigkeitsgefühl. Bereits

in dieser Phase gab es Äußerungen von Jugendlichen, die darauf hindeuteten, dass man die eigene Gruppe der anderen gegenüber als überlegen einschätzte.

2. In einem nächsten Schritt wurden die beiden Gruppen in Wettbewerbssituationen gebracht (z.B. Tauziehen, Football-Spiele). Um die Konkurrenz anzuheizen, erhielt die Gruppe der Sieger einen Pokal und ihre Mitglieder bekamen jeder ein Taschenmesser, während die Verlierer leer ausgingen (eine Extremvariante eines *Nullsummenkonflikts*). Zudem arrangierte man Situationen, in denen sich eine Gruppe durch die andere benachteiligt fühlte, was zu wechselseitigen Beschuldigungen, Rechtfertigungen und handfesten Auseinandersetzungen zwischen den Gruppen führte. Interessanterweise entwickelte nicht nur die jeweils unterlegene Gruppe Antipathie und Feindseligkeit gegenüber der anderen, sondern offenbar provozierte allein die negative Abhängigkeit *(negative Interdependenz)* der Gruppen voneinander (d.h. der Gewinn der einen Gruppe ist der Verlust der anderen) die Bevorzugung der Eigengruppe und die Diskriminierung der Fremdgruppe. Vorher bestehende Freundschaften fielen der nachträglichen Gruppenzuweisung zum Opfer; die Zugehörigkeit des ehemaligen Freundes zu der rivalisierenden Gruppe erhielt ein größeres Gewicht als seine zuvor geschätzten persönlichen Eigenarten. Innerhalb kurzer Zeit entwickelten sich aus den beiden Gruppen feindliche Parteien, die sich wechselseitig versuchten zu schaden, sich beschimpften und handgreiflich auseinander setzten.

3. In der anschließenden Phase wurden keine Wettbewerbe mehr veranstaltet, sondern statusgleiche Kontaktmöglichkeiten zwischen den Gruppen angeboten (zum Beispiel bei gemeinsamen Filmabenden oder einem Feuerwerk). Dies reichte allerdings offenbar nicht aus, die mittlerweile etablierten Intergruppenkonflikte abzumildern. Vielmehr blieben die Feindseligkeiten zwischen den Gruppen erhalten und nahmen sogar noch zu.

4. Im Folgenden inszenierten die Betreuer mithilfe einiger Tricks Notfallsituationen, in denen die verfeindeten Gruppen gezwungen waren zu kooperieren. So wurde beispielsweise die Wasserversorgung des Lagers unterbrochen oder das Transportfahrzeug blieb stecken und konnte nur mit vereinten Kräften der Mitglieder beider Gruppen wieder in Gang gesetzt werden. Vor dem Hintergrund der Erfahrung, dass man einander braucht, um ein gemeinsames Ziel zu verwirklichen *(positive Interdependenz),* gingen die Feindseligkeiten und die Konkurrenzorientierung zwischen den Gruppen allmählich zurück. Sie begannen zu kooperieren, und es entwickelten sich gruppenübergreifende Freundschaften.

Die Beobachtungen stützen die in der *Theorie des realistischen Gruppenkonflikts* formulierte Annahme, dass inkompatible Ziele und Interessen der beteiligten Gruppen, seien sie real oder auch nur im subjektiven Erleben der Beteiligten präsent, konflikthafte Auseinandersetzungen zwischen den Gruppen begünstigen. Sind demgegenüber die Gruppen auf Kooperation und wechselseitige Unterstützung angewiesen, um ihre spezifischen Gruppeninteressen zu erreichen, oder verfolgen sie gar ein gemeinsames Ziel, fördert dies eine positive Beziehung zwischen den Gruppen.

6.2.2   Theorie der sozialen Identität

Dass nicht erst konkurrierende Interessen und Ziele die Bevorzugung der Eigengruppe gegenüber der Fremdgruppe auslösen, sondern allein bereits die Gruppenzugehörigkeit als solche, demonstrierte Tajfel (1982) in seinen Experimenten zur *Minimalen Gruppe*. Dabei werden die Versuchspersonen nach einem belanglosen oder Zufallskriterium einer Gruppe zugewiesen. Obwohl sie weder mit Mitgliedern der Eigengruppe noch der Fremdgruppe in Kontakt kommen, zeigt sich die Tendenz, die Mitglieder der Eigengruppe beispielsweise bei der Zuteilung von Geldbeträgen, die als Entlohnung für die Teilnahme an einem Experiment zugewiesen werden sollen, zu begünstigen, auch wenn die Person selbst von dieser Zuweisung keinen materiellen Vorteil hat und sich offenkundig bemüht, fair zu sein. Besteht die Wahl zwischen verschiedenen Verteilungsvarianten, wählen die Personen häufig so, dass der Unterschied zwischen Eigen- und Fremdgruppe zugunsten der Eigengruppe maximiert wird, auch wenn dabei der absolute Betrag der Zuwendung für die Eigengruppe geringer ist. Es werden also eigene Nachteile in Kauf genommen, um den Belohnungsunterschied zwischen den Gruppen zu maximieren, ein Phänomen, das man auch in natürlichen Kontexten beobachten kann (komprimierte Darstellung des Forschungsansatzes in Wagner & Zick, 1990).

Wie lässt sich das in einer Vielzahl von Untersuchungen replizierte Phänomen, dass allein die Zugehörigkeit zu einer Gruppe Eigengruppenbevorzugung und Fremdgruppendiskriminierung auslöst, erklären?

Wie bereits Experimente zur Wahrnehmung der physikalischen Umwelt zeigen, besteht eine Tendenz zur *kategorialen Reizklassifikation*, womit ein grundlegender kognitiver Prozess bezeichnet wird, bei dem Reize (z.B. die Länge verschiedener Linien), die einer Kategorie zugeordnet werden, in ihrer Unterschiedlichkeit unterschätzt, also ähnlicher wahrgenommen werden und die Unterschiede zwischen den Kategorien überschätzt werden. Diese Wahrnehmungsverzerrung dient der Reduktion komplexer Reizeinflüsse auf einfach handhabbare Strukturen. Eine Parallele dazu findet man in der *sozialen Wahrnehmung*, der Wahrnehmung von Personen und sozialen Ereignissen (vgl. Kapitel 2). Unterschiede zwischen Gruppen werden i.d.R. überbetont und Differenzierungen innerhalb der Gruppen eher unterschätzt. Die Zuordnung von Personen in Gruppen, in „wir" und „die anderen", in „die, die dazugehören" und „die, die nicht dazugehören", erleichtert eine schnelle und einfach handhabbare Orientierung in einer komplexen sozialen Welt.

Dieser Mechanismus erklärt allerdings noch nicht die oben geschilderte *Asymmetrie* bei der Bewertung der Fremd- und Eigengruppe:

- Die Fremdgruppe wird als in sich homogen wahrgenommen, während die eigene Gruppe eher differenzierter betrachtet wird, und
- die Fremdgruppe wird nicht nur als „andersartig" beurteilt, sondern im Vergleich zur Eigengruppe negativer bewertet und ggf. benachteiligt.

Tajfel geht in seiner *Theorie der sozialen Identität* in Anlehnung an Festinger davon aus, dass Personen ein Bedürfnis nach einem positiven Selbstkonzept, einer positiven Einschätzung ihres Selbstwertes haben. Einen Teil ihres Selbstwertes beziehen sie aus ihren individuellen Eigenarten, Interessen, normativen Standards, Fähigkeiten, Leistungen und Zuschreibungen *(persönliche Identität)*. Einen anderen Teil davon beziehen sie aus ihrer Zugehörigkeit zu verschiedenen sozialen Gruppen *(soziale Identität)*. Eine relative Aufwertung der Gruppe, der man sich zugehörig fühlt, im Vergleich zu einer anderen Gruppe *(Herstellen positiver Distinktheit)*, dient dem Selbstwertschutz und der Selbstwerterhöhung. Die Abwertung der Fremdgruppe wird dadurch erleichtert, dass man dazu neigt, ihre Mitglieder einem Stereotyp (vgl. Kapitel 2.1) zuzuweisen und individuelle Unterschiede und Differenzierungen auszublenden.

Hat der *soziale Vergleich* zwischen Eigen- und Fremdgruppe tatsächlich die Funktion, zu einem positiven Selbstkonzept beizutragen, kann die Auswahl der Gruppe und der Beurteilungsdimensionen, die die Person zum Vergleich heranzieht, nicht beliebig sein. Einen optimalen Gewinn an Selbstwerterhöhung kann die Person im Falle einer positiven Bilanz erzielen, wenn (1) die zum Vergleich herangezogene Gruppe der eigenen Gruppe *statusähnlich* ist und (2) die ausgewählte Vergleichsdimension für die Person eine *subjektive Bedeutung* hat.

Gruppen mit einem höheren Status, der als stabil und legitim akzeptiert wird, werden i.d.R. nicht zum Vergleich herangezogen. Wird allerdings der Statusunterschied als illegitim empfunden und besteht die Annahme, die Benachteiligung auf der Vergleichsdimension sei potentiell zu verändern, werden soziale Vergleichsprozesse angeregt.

- Gehört man einer als unterlegen oder benachteiligt empfundenen Gruppe an *(relative Deprivation)*, besteht insbesondere bei fähigen Mitgliedern der Gruppe die Tendenz, sich von der Eigengruppe zu distanzieren und ggf. eine Stärkung des Selbstwertgefühls über einen Aufstieg in die überlegene Gruppe anzustreben *(individualistische Strategie)*.
- Besteht keine Durchlässigkeit zwischen den Gruppen oder erscheint der Versuch des individuellen Aufstiegs aussichtslos, bieten sich verschiedene Möglichkeiten an, der Selbstwertbeeinträchtigung auszuweichen: Zum einen kann die Bewertungsdimensionen verändert werden („Die anderen sind zwar beruflich erfolgreicher, aber phantasieloser." „Die sind zwar reich, aber nicht glücklich!"). Zum anderen kann man die Vergleichsgruppe ändern und sich mit anderen/statusniedrigeren Gruppen vergleichen („Die haben nicht einmal das erreicht, was ich geschafft habe." „Im Vergleich zu denen kann ich noch echt zufrieden sein!").

- Es kann auch eine *kollektive Strategie* der direkten Forderung nach Aufhebung der Benachteiligung eingeschlagen werden. Je undurchlässiger die Gruppengrenzen für einen individuellen Aufstieg erscheinen, desto eher werden kollektive Strategien in Betracht gezogen (zusammenfassende Darstellung in Brown, 2002).

6.3 Konflikthafte Intergruppenbeziehungen in natürlichen Kontexten

Die *Theorie des realistischen Gruppenkonflikts* und die *Theorie der sozialen Identität* können zur Beschreibung und Erklärung von Intergruppenbeziehungen in natürlichen Kontexten einen Beitrag aus sozialpsychologischer Sicht leisten und damit soziokulturelle, politische und ökonomische Erklärungsansätze ergänzen (vgl. Thomas, 1994). Im Folgenden wird dies beispielhaft anhand des Problems interkultureller Gruppenbeziehungen versucht.

Fremdenfeindlichkeit und Rechtsextremismus können vor dem Hintergrund der *Theorie sozialer Identität* als Versuch interpretiert werden, den eigenen Selbstwert durch eine extreme Abwertung einer Vergleichsgruppe zu erhöhen. Die *Theorie des realistischen Gruppenkonflikts* legt nahe, Fremdenfeindlichkeit und Rechtsextremismus als eine Reaktion auf tatsächliche oder vermeintliche Interessenskollisionen um begrenzte Ressourcen zu interpretieren.

6.3.1 Fremdenfeindlichkeit

Das Phänomen der Fremdenfeindlichkeit wird in der Sozialpsychologie unter der Bezeichnung des *ethnischen Vorurteils* reflektiert. Darunter versteht man abwertende, stereotype Einstellungen gegenüber einer ethnischen Gruppe. Pettigrew und Meertens (1995) entwickelten Fragebögen zur Selbsteinschätzung, mit dem Ziel, offene und verdeckte Vorurteilsneigung *(Blatant/Subtle Prejudice Scale)* gegenüber ethnischen Minderheiten zu erfassen. Personen mit einer offenen Vorurteilsneigung weisen ethnische Minderheiten, insbesondere den näheren Kontakt zu ihnen, offen zurück und fühlen sich von ihnen bedroht. Demgegenüber zeigen Personen mit einer subtilen Vorurteilsneigung keine offene Zurückweisung, sondern ziehen sich ihrerseits zurück. Sie unterstellen den ethnischen Minderheiten, sie seien deshalb benachteiligt, weil sie gegen zentrale kulturelle Normen und Werte des Einwanderungslandes verstießen. In Experimentalsituationen zeigen Personen mit einer subtilen Vorurteilsneigung keine Benachteiligung der Fremdgruppe, möglicherweise sogar eine Begünstigung; dies schlägt allerdings ins Gegenteil um, wenn sich das Mitglied der Fremdgruppe unfreundlich oder anderweitig normverletzend verhält (zusammenfassende Darstellung interessanter Befunde aus der US-amerikanischen Rassismusforschung in Aronson, 1994).

Zur Erfassung subtil diskriminierenden Verhaltens gegenüber Ausländern führte die Forschungsgruppe um Ulrich Wagner in einigen westdeutschen Städten Feldexperimente zum alltäglichen Verhalten von Einheimischen gegenüber Ausländern durch. Es wurde in Alltagssituationen beobachtet, inwieweit deutsche Passanten, die nicht wussten, dass sie an einem Experiment teilnahmen, einem Ausländer einen Gefallen taten (z.B. eine Wegauskunft erteilten, einen offensichtlich verlorenen, frankierten und adressierten Brief in den Briefkasten warfen). So zeigte sich, dass die deutschen Passanten seltener bereit waren, einer orientalisch aussehenden Person eine Wegauskunft zu erteilen als einer europäisch aussehenden. Ein Brief, der mit einer ausländischen Anschrift oder einem ausländischen Absender versehen war, wurde seltener in den Briefkasten geworfen als einer mit deutscher Anschrift/deutschem Absender (Wagner & Zick, 1998).

Fremdenfeindliche Einstellungen *(ethnisches Vorurteil)* und fremdenfeindliches manifestes Verhalten *(ethnische Diskriminierung)* werden durch eine als *Ethnozentrismus* bezeichnete Denkweise begünstigt. Sie ist gekennzeichnet durch die Tendenz, die Konfiguration der Merkmale der eigenen Bezugsgruppe (kulturelle Werte, Normen, Sprache, Religion, Rechtsauffassung, soziale Umgangsformen, Gebräuche, Kleidung, Hautfarbe, ...) als „selbstverständlich", „natürlich", „richtig" anzusehen und als absoluten Standard mit universeller Gültigkeit zu verstehen. Die Bewertung von Fremdgruppen erfolgt unter Rückgriff auf diesen nicht hinterfragten Standard, Abweichungen davon werden negativ bewertet.

Art und Ausmaß von Fremdenfeindlichkeit werden von gesellschaftlichen Einflussfaktoren *(makrosozialen Rahmenbedingungen)* beeinflusst (vgl. Aronson, 1994; Wagner & Zick, 1998; Wagner, van Dick & Zick, 2001):

• So lässt sich zu Zeiten wirtschaftlicher Rezession zu unterschiedlichen historischen Zeitpunkten in verschiedenen Kulturen eine Zunahme an fremdenfeindlichen Einstellungen und Handlungen beobachten. Als vermittelnder psychologischer Mechanismus wäre hier unter Rückgriff auf die *Theorie des realistischen Gruppenkonflikts* die Reaktion auf konkurrierende Interessen angesichts knapper Ressourcen heranzuziehen.

• Auch die Beobachtung, wonach Angehörige einheimischer Bevölkerungsgruppen mit einem niedrigen oder sich verschlechternden Sozialstatus tendenziell stärkere offene Ablehnung gegenüber Fremden zeigen, mag mit ihrer potentiellen Konkurrenz beispielsweise um Arbeitsplätze in Zusammenhang stehen.

• Empirische Befunde sprechen dafür, dass insbesondere die Personen zu fremdenfeindlichen Einstellungen neigen, die meinen, die eigene Gruppe der Einheimischen sei im Vergleich zu der Gruppe der Fremden benachteiligt *(relative Deprivation)*.

• Studien weisen darauf hin, dass die Ablehnung ethnischer Minderheiten um so größer ist, je weniger persönliche Erfahrungen im Kontakt mit Mitgliedern dieser Gruppe bestehen. Ablehnung beruht also in der Regel wenig auf persönlicher Erfahrung. Neben einer möglicherweise bestehenden „Furcht vor dem Fremden" spielen offenbar Prozesse der Konformität mit Einstellungen relevanter Bezugsgruppen, Medieneinfluss, politische Meinungsbildung u.a. eine bedeutsame Rolle bei der Vorurteilsbildung.

6.3.2 Rechtsextremismus

In Anlehnung an Heitmeyer et al. (1992) und Frindte (1998) wird als Kern rechtsextremistischer Ideologien die Annahme einer *naturgegebenen* (biologisch oder kulturell begründeten) *Ungleichwertigkeit* von Menschen angesehen. Die Zugehörigkeit der eigenen Person zu der Gruppe der „Höherwertigen" legitimiert die *gewalttätige Ausgrenzung* der „minderwertigen" Gruppe. In diesem Zusammenhang erscheint Gewalt als „eine Form der Machtausübung, und zwar jener Form von Macht, die die Entwicklungsvielfalt der Sprache, der Kultur und des Lebens derjenigen nicht nur missachtet, auf die sie gerichtet ist, sondern die sprachliche, kulturelle und lebendige Einfalt als die einzige Wirklichkeit zu erzwingen sucht" (Frindte, 1998, S. 174). Die Interaktion in der eigenen Gruppe ist geprägt von (1) *Führerideologien,* wonach der Führer Ziele und Vorgehen vorgibt und die Masse der Gruppenmitglieder diesen folgt und von (2) *Gefolgschaftsideologien,* die eine Höherwertigkeit der Gemeinschaft gegenüber dem einzelnen Menschen postulieren (Frindte, 1998).

Ergebnisse aus anonymen Befragungen von Jugendlichen und ihren Eltern, aus narrativen Interviews mit Angehörigen der gewaltbereiten Jugendszene und aus der Analyse von Strafakten gewalttätiger Jugendlicher (Frindte, 1998; Willems, 1993; Noak & Wild, 1999) weisen auf ein differenziertes Spektrum rechtsextremistischer Jugendlicher in Deutschland hin. Es reicht von ideologisch motivierten, in rechtsradikale Organisationen eingebundenen Personen mit einer erfolgreich verlaufenen schulischen und beruflichen Karriere bis zu gewaltbereiten Jugendlichen, deren Biografie durch schulische Misserfolge, Arbeitslosigkeit und Kriminalität gekennzeichnet ist. Die Gewaltakte der letztgenannten Gruppe wirken spontan, diffus aggressiv, auf Beachtung und Anerkennung abzielend und scheinen eher sekundär durch ausländerfeindliche oder Rechts-Links-Stereotype gerechtfertigt zu werden. Dies hindert allerdings rechtsextremistische Organisationen nicht daran, sie für ihre Zwecke zu instrumentalisieren.

Empirische Befunde aus Befragungen ost- und westdeutscher Jugendlicher und ihrer Eltern (Noak & Wild, 1999) weisen darauf hin, dass rechtsextremistische Einstellungen von Jugendlichen durch ausländerfeindliche und nationalautoritäre Einstellungen ihrer Eltern und durch einen autoritären, Autonomie einschränkenden Erziehungsstil begünstigt werden. Das subjektive Erleben, gesellschaftlichen Veränderungen ausgesetzt zu sein, die mit zunehmender Unsicherheit, Unkontrollierbarkeit und relativen finanziellen Einbußen verbunden sind, erhöht insbesondere bei westdeutschen Eltern und Jugendlichen die Bereitschaft zu

ausländerfeindlichen, nationalautoritären Einstellungen und zur Gewaltbereitschaft. Ähnliche Befunde berichten Wetzels und Greve (2001) auf der Basis schriftlicher Befragungen ost- und westdeutscher Jugendlicher: Gewaltbereite
fremdenfeindliche Jugendliche verfügen im Vergleich zu anderen Jugendlichen
über ein geringeres Bildungsniveau, fühlen sich in einem höheren Maß (durch
Arbeitslosigkeit ihrer Eltern, durch Schwierigkeiten bei der Suche nach einem
Ausbildungsplatz) in ihrer sozioökonomischen Lage bedroht und verfügen über
geringere Konfliktkompetenzen (z.B. Empathie, Fähigkeit zur Konflikt-
deeskalation). Das Erziehungsverhalten ihrer Eltern erleben sie eher als inkonsis-
tent und berichten, weniger positive elterliche Zuwendung in ihrer Kindheit
erfahren zu haben und häufiger Opfer elterlicher Misshandlung gewesen zu sein.

Die *Mannheimer Kurpfalzerhebung*, eine prospektive Längsschnittstudie, die
Kinder und ihre Familien im Alter von acht Jahren bis ins frühe Erwachsenenalter begleitete, fand, dass rechtsextreme Einstellungen der mittlerweile 25-Jäh-
rigen mit einem normativ-autoritären Familienklima im Grundschulalter sowie
niedriger Intelligenz und schulischem Misserfolg im Alter von acht und 13 Jahren hoch korrelierten. Bei der Hochrisikogruppe der *gewaltbereiten* rechtsextremen jungen Erwachsenen erwiesen sich zudem widrige familiäre Verhältnisse in
der Herkunftsfamilie (z.B. beengte Wohnverhältnisse, ständiger Ehestreit, psychische Störung bzw. Kriminalität eines Elternteils) und das Vorhandensein ex-
pansiver Verhaltensstörungen im Kindes- und Jugendalter als bedeutsame
Prädiktorvariablen (Ihle, Esser & Schmidt, 2005).

Die Befunde verdeutlichen die Bedeutung einer frühzeitig einsetzenden Prävention.

6.4 Verminderung von Intergruppenkonflikten

*Vor dem Hintergrund der referierten Theorien und Befunde wird deut-
lich, dass die in dem obigen Fallbeispiel geschilderten ausbleibenden
Erfolge bei dem Bemühen, die Jugendfreizeiteinrichtung zu einem Ort
interkultureller Begegnung und interkulturellen Lernens zu machen, als
Ergebnis komplexer gesellschaftlicher und intergruppaler Prozesse zu
betrachten sind. In welchem Ausmaß für die offene Ablehnung der ethnischen Fremdgruppe, den anschließenden Rückzug aus dem Kontakt und
die gewaltsamen Übergriffe rechtsextremistischer Jugendlicher das Erleben konkurrierender Ziele, der Konflikt um begrenzte Ressourcen, der
Versuch der Selbstwerterhöhung über eine Abwertung der Fremdgruppe,
familiär tradierte fremdenfeindliche Einstellungen, gesellschaftlich trans-
portierte Stereotype und Feindbilder, das Erleben sozialen Abstiegs und
Verunsicherung eine Rolle spielen, kann nicht näher spezifiziert werden,
zumal es sich um ein Geflecht wechselseitiger Einflüsse handeln dürfte.*

Fast könnte der Eindruck entstehen, konflikthafte Intergruppenbeziehungen seien unvermeidlich. Allerdings gibt es offenbar Bedingungen, die zu einer Konfliktreduzierung und zu einem konstruktiven Miteinander von Gruppen beitragen können.

6.4.1 Förderung von Kontakt zwischen Gruppen

Eine zentrale Annahme sozialpsychologischer Vorurteilsforschung ist die, dass Vorurteile und Diskriminierung der Fremdgruppe verringert und Spannungen zwischen Gruppen dadurch reduziert werden können, dass die Gruppenmitglieder miteinander in Kontakt treten. Um dabei positive Effekte zu erzielen, sollten folgende Bedingungen angestrebt werden (vgl. Brown, 2002; Hewstone, 1996; Thomas, 1996b; Brown & Hewstone, 2005):

- Die Kontaktsituation ist nicht durch unvereinbare Ziele und konkurrierende Interessen belastet, sondern so angelegt, dass kooperatives Verhalten das Erreichen gruppenspezifischer oder – besser noch – gemeinsamer, übergeordneter Ziele begünstigt.
- In der Kontaktsituation begegnen sich die beteiligten Gruppen als gleichberechtigt, weitgehend statusgleich, d.h. es besteht kein hierarchisches Gefälle zwischen den Gruppen.
- Die Ausgangsbeurteilung der jeweiligen Fremdgruppe ist nicht extrem negativ.
- Die Beteiligten agieren so, dass negative Stereotype bezüglich der Fremdgruppe als unzutreffend erlebt werden.
- Die Interaktionssituation ist so angelegt, dass sich die Beteiligten als Individuen kennen lernen und miteinander vertraut werden können. Dabei differenziert sich das Fremdbild der anderen Gruppe, und kategoriale Unterschiede zur eigenen Gruppe werden abgeschwächt.
- Die Situation findet in einem sozialen Klima statt, in dem soziale Normen sowie modellhaft oder als Autorität erlebte Personen die Gleichwertigkeit und Kooperation der Gruppen als erstrebenswert erscheinen lassen.
- Die Kontaktsituation wird insgesamt als eher angenehm empfunden, und kooperatives Handeln wird als erfolgreich erlebt.

Die oben genannte Bedingung, wonach die Beteiligten weniger als typische Vertreter ihrer Gruppe *(intergruppaler Kontakt)*, sondern als einzigartige Individuen interagieren *(interpersonaler Kontakt)*, trägt dazu bei, dass die Bedeutung der Gruppenzugehörigkeit an Bedeutung *(Salienz)* verliert und ein Prozess der *De-kategorisierung* eingeleitet wird. Allerdings ist dabei zu bedenken, dass bei stark personalisierten Kontakten das Indiviuum, mit dem man einen positiven Kontakt erlebt, möglicherweise nicht als typisches Mitglied der Fremdgruppe, sondern als Ausnahme empfunden wird. Damit kann sich zwar eine positive dyadische Beziehung entwickeln, aber die Vorbehalte gegenüber der Fremdgruppe bleiben erhalten. Trotz dieser Einschränkung weisen Studien darauf hin, dass gruppenübergreifende Freundschaftsbeziehungen die Ausprägung von allgemeinen Vorurteilen gegenüber der Fremdgruppe potenziell mindern (Pettigrew, 1997; Pettigrew & Tropp, 2000).

Das Risiko, dass trotz gegenläufiger Einzelerfahrung die Diskriminierung der Fremdgruppe aufrechterhalten wird, scheint geringer bei kooperativen Intergruppenkontakten, bei denen die Gruppenzugehörigkeiten noch hinreichend deutlich werden. Ziel ist dabei nicht die Aufhebung von Gruppenkategorisierungen. Vielmehr wird dem Bedürfnis nach *sozialer Identität* und *Distinktheit* Rechnung getragen, wenn Unterschiede zwischen den Gruppen erhalten bleiben, man der eigenen Gruppe positive Vorzüge zuerkennen kann, aber auch der Fremdgruppe in relevanten Bereichen positive Merkmale zuschreibt. Begünstigt wird eine solche Entwicklung, wenn sich die Gruppen im Prozess der Kooperation hinreichend durch verschiedene Rollen und Teilaufgaben unterscheiden können und damit keine Gefahr besteht, dass sich die eigene Gruppe als Quelle sozialer Identität auflöst.

Auch eine Verknüpfung der Gruppen durch die Zuordnung zu einer übergeordneten gemeinsamen Gruppe kann dazu beitragen, Vorbehalte gegenüber der Fremdgruppe abzuschwächen. Es entsteht ein gemeinsames „Wir-Gefühl", eine gemeinsame *soziale Identität*, ohne dass die Differenzierungen zwischen den Gruppen aufgelöst werden müssen.

Die Kategorisierung in Fremd- und Eigengruppe (beispielsweise anhand ethnischer Zugehörigkeit) kann auch dadurch an Bedeutung verlieren, dass zusätzliche Kategorisierungsdimensionen an Bedeutung gewinnen (etwa sportliche Interessen, das Geschlecht, die politische Orientierung), die sich quer zu den Zuordnungslinien der ethnischen Kategorien verhalten *(Kreuzklassifikation)*. So erlebe ich als „Frau" (Kategorie 1), die „Spaß an Ballsportarten" (Kategorie 2) hat und sich „politisch links" (Kategorie 3), „ökologisch" (Kategorie 4) engagiert, Gemeinsamkeiten und Differenzen zu Personen, unabhängig davon, ob sie die gleiche oder eine andere „ethnische Zugehörigkeit" (Kategorie 5) empfinden. Kontaktsituationen, die so gestaltet sind, dass sich die einander begegnenden Gruppen unter zusätzlichen, sich überschneidenden Beurteilungsdimensionen kennen lernen, begünstigen die Aufweichung harter Trennungslinien.

Nachdem eine Vielzahl von notwendigen und förderlichen Bedingungen genannt wurde, die dem Kontakt zwischen Gruppen im Hinblick auf die angestrebten Ziele dienlich sind, darf nicht außer Acht gelassen werden, dass unter ungünstigen Bedingungen der Kontakt zwischen Gruppen auch zur Verfestigung von Stereotypen und zu verschärfter Feindseligkeit führen kann. Werden die Mitglieder der Fremdgruppe in der Kontaktsituation als bedrohlich, fremdartig, „minderwertig" erlebt, so sieht die Person ihr globales, diffuses Vorurteil anhand der „Realität" bestätigt und ist noch weniger bereit, es zu reflektieren und ggf. zu revidieren (Thomas, 1996[2] b).

132

6.4.2 Pädagogische Ansätze zur Förderung interkultureller Gruppenbeziehungen

Erst 1954 erklärte das Oberste US-amerikanische Gericht die Rassentrennung in amerikanischen Schulen für unrechtmäßig. Elliot Aronson beschreibt in seinem sozialpsychologischen Lehrbuch (deutschsprachige Fassung von 1994, S. 331-347) eindrucksvoll seine persönlichen Erfahrungen mit den politischen und sozialen Folgen dieser historischen Entscheidung. Auch von Befürwortern der Rassenintegration sei vielfach die Position vertreten worden, man könne Toleranz und Achtung nicht per Gesetz erzwingen, es werde zur Eskalation von Gewalt kommen und man solle die Rassentrennung an Schulen solange beibehalten, bis es gelungen sei, die Einstellungen der ethnischen Gruppen zueinander zu verbessern.

Nun erweisen sich Vorurteile gegenüber Fremdgruppen aufgrund ihrer gesellschaftlichen und psychologischen Funktionen als relativ stabil (vgl. Kapitel 2.1.3), so dass reine Informations- und Aufklärungskampagnen nur einen begrenzten Effekt erwarten lassen. Dass allein der per Gesetz erzwungene Kontakt auf der Ebene von Statusgleichen (Schülerinnen und Schüler einer Klasse) eine Verbesserung der Beziehungen bewirkt zwischen Gruppen, deren Geschichte des Zusammenlebens von Abwertung und sozialer Benachteiligung der Minderheit und dem drohenden Verlust von Privilegien für die Mehrheit gekennzeichnet ist, dürfte ebenfalls wenig wahrscheinlich sein. Tatsächlich gab es nach der Aufhebung der Rassentrennung in Schulen Unruhen und gewaltsame Auseinandersetzungen zwischen den ethnischen Gruppen. In einer Reihe von Studien zeigte sich eine Verringerung des Selbstwertgefühls schwarzer Schulkinder, eine Stabilität der wechselseitigen Vorurteile oder gar eine Zunahme an feindseligen Einstellungen. Dies schien den Befürwortern der Rassentrennung Recht zu geben.

Auf diesem gesellschaftlichen Hintergrund entwickelten Aronson und Mitarbeiter Schulprogramme mit dem Ziel, sozialpsychologische Erkenntnisse zum Abbau von Intergruppenkonflikten und Fremdgruppendiskriminierung sowie zum Aufbau kooperativer Beziehungen zu nutzen. Zentraler Gedanke dieser Programme ist, dass – ähnlich wie in den oben beschriebenen Ferienlagerexperimenten von Sherif – Situationen hergestellt werden, in denen die verfeindeten Gruppen positiv voneinander abhängig sind *(positive Interdependenz)*, d.h. sie müssen miteinander kooperieren, um ein gemeinsames Ziel zu erreichen. Die Anforderungen der Situation „erzwingen" ein neuartiges, nämlich ein kooperatives Verhalten und eröffnen damit die Chance zu neuartigen Erfahrungen und damit zu einer Korrektur von Vorurteilen.

Demgegenüber sind klassische Interaktionssituationen im Unterricht eher von Konkurrenz geprägt, wie Aronson (1994, S. 341) anschaulich beschreibt: „Im Klassenzimmer einer Grundschule wetteifern die Kleinen um die Achtung und Anerkennung eines der zwei oder drei wichtigsten Erwachsenen in ihrer Welt (...) Wenn Sie als Schüler die richtige Antwort kennen und der Lehrer ruft einen anderen Schüler auf, werden Sie wahrscheinlich dasitzen, hoffen und beten, dass der Aufgerufene etwas Falsches sagt, so dass Sie Gelegenheit haben, dem Lehrer zu beweisen, wie schlau Sie sind." Dieser Prozess begünstigt bereits auf der Ebene interpersonaler Beziehungen tendenziell feindselige Gefühle. Wenn zudem Gefühle von Fremdheit und Spannungen zwischen ethnischen Gruppen innerhalb der Klasse bestehen, dürfte sich die Konkurrenzsituation verschärfend auf die Intergruppenbeziehungen auswirken.

Im Rahmen der o.g. Schulprogramme wurden Formen kooperativen Lernens eingeführt. Beispielhaft soll hier die auch als *Gruppen-Puzzle* bezeichnete *Jigsaw-Methode* näher vorgestellt werden: Gruppen à 4–6 Kinder unterschiedlicher ethnischer Zugehörigkeit und unterschiedlicher Leistungsstärke erhalten einen Arbeitsauftrag, der aus 4–6 Teilaufgaben zusammengesetzt ist. Die zur Erledigung der jeweiligen Teilaufgabe notwendigen Informationsmaterialien werden an eines der Kinder übergeben, das sich nun als Expertin/Experte selbständig in die Materialien einarbeitet. In einer zweiten Phase treffen sich Expertengruppen, die sich aus den Experten jeder Gruppe zusammensetzen, die an der gleichen Teilaufgabe arbeiten, und vertiefen ihre Erkenntnisse in der Diskussion. Sie kehren dann in ihre Gruppe zurück und stellen ihre Ergebnisse vor, die Gruppe integriert die Beiträge der einzelnen in ein Gesamtergebnis. Es wird also eine Kooperation innerhalb und zwischen den Arbeitsgruppen angeregt. In die abschließende Leistungsbeurteilung fließen individuelle und gruppenbezogene Aspekte ein, es besteht also eine *kooperative Belohnungsstruktur* (vgl. Kapitel 5.4.1).

In einer Vielzahl von Studien zeigten kooperative Formen der Unterrichtsgestaltung, bereits ohne explizite Thematisierung von interkulturellen Fragen, schon nach wenigen Wochen positive Effekte (Aronson, 1994) in Bezug auf:

- das Selbstwertgefühl der Kinder,
- die Fähigkeit, sich in die kognitive Perspektive und den Gefühlszustand einer anderen Person hineinzuversetzen *(Empathie* und *Perspektivenübernahme)*,
- das Wohlbefinden in der Schule,
- die Schulnoten der Kinder ethnischer Minderheiten,
- die Sympathie gegenüber Mitschülern über ethnische Gruppenzugehörigkeiten hinweg.

Die positiven Auswirkungen zeigten sich insbesondere bei jüngeren Schülerinnen und Schülern. Die Sympathie gegenüber Mitschülern über ethnische Gruppenzugehörigkeiten hinweg generalisiert allerdings nicht notwendig auf die Fremdgruppe insgesamt, wie Klink, Hamberger, Hewstone und Avci (1998) in einer kritischen Sichtung der Befunde anmerken.

In seiner *Einführung in die interkulturelle Pädagogik* arbeitet Auernheimer (2003) die Akzentverschiebungen heraus, die in Abhängigkeit von aktuellen gesellschaftlichen Entwicklungen und politischen Positionen in der Zielformulierung und den methodischen Ansätzen interkultureller Pädagogik in den letzten Jahrzehnten zu beobachten sind. Dazu werden Konzepte und Programme (aus Deutschland und anderen europäischen Ländern sowie aus den USA), die unter den institutionellen Bedingungen von Schule und außerschulischer Jugendarbeit erprobt wurden, vorgestellt und reflektiert. Als Akzentsetzungen der referierten Ansätze werden unterschieden:

- soziales Lernen zur Förderung von Empathie, Toleranz, Solidarität und Konfliktfähigkeit,
- dialogische Auseinandersetzung mit kulturellen Differenzen und kulturellem Wandel,
- multiperspektivische Bildung zur Überwindung monokultureller Orientierungen (z.B. durch die Reform von Lehrplänen und Schulbüchern) und die Förderung von Mehrsprachigkeit,
- politische Bildung zur Problematisierung struktureller Benachteiligung und zur Aktivierung emanzipatorischer Bewegungen.

Als Konfliktpotentiale, die interkulturelle pädagogische Arbeit an deutschen Schulen beeinträchtigen könnten, benennen Klink et al. (1998) diskrepante Zielvorstellungen zwischen den Beteiligten (Lehrern, Eltern, Schülerinnen und Schülern) sowie institutionelle und gesellschaftliche Rahmenbedingungen. Beispielsweise könnten Bemühungen um interkulturelle Angebote bei Eltern ausländischer Herkunft als Assimilationsdruck, als Angriff auf eigenständige kulturelle Normen und Werte empfunden werden. Jugendliche, die einen wesentlichen Teil ihrer sozialen Identität aus der „Zweiweltlichkeit" beziehen, beispielsweise aus der Zugehörigkeit zu der Gruppe der „in Deutschland lebenden Kurden" oder der „türkischen Kölner", mögen ebenfalls Vorbehalte gegenüber solchen Angeboten erleben. Deutsche Eltern, die durch einen hohen Ausländeranteil in der Schule die Lernmöglichkeiten ihrer Kinder gefährdet sehen und die selbst in sozial benachteiligten Verhältnissen leben, könnten in interkulturellen Angeboten eine unangemessene Bevorzugung der ausländischen Kinder sehen *(relative Deprivation)*. Entsprechende Einstellungen und Konflikterfahrungen könnten ebenfalls bei deutschen Kindern und Jugendlichen Vorbehalte begünstigen. Die von den Autoren beschriebenen Konfliktpotentiale dürften allerdings in erster Linie bei solchen Lernangeboten aktiviert werden, die explizit mit einer interkulturellen Programmatik versehen werden, nicht eingebunden sind in eine alltägliche, kooperativ angelegte Lernumwelt und möglicherweise als an die einheimische Mehrheit gerichtete „Mitleidspädagogik" missverstanden werden können.

Neben der Schule sind sozialpädagogisch betreute Einrichtungen und Projekte (Kindergärten, Freizeiteinrichtungen, Wohngruppen, Sportvereine, internationale Begegnungsprogramme ...) als Orte, bei denen sich Kinder und Jugendliche auf der Ebene Statusgleicher begegnen, geeignete Handlungsfelder interkulturellen Lernens. Wird Kultur nicht statisch, sondern als Prozess verstanden, stehen dabei möglicherweise weniger die Herkunftskulturen der Kinder und Jugendlichen im Zentrum des Interesses, sondern mehr der kulturelle Wandel im Verlauf der *Akkulturation*, d.h. der wechselseitigen Beeinflussung der traditionell einheimischen Kulturen und der Kulturen der Migranten.

Im Prozess der interkulturellen Begegnung sollten nicht nur Informationen über verschiedene Kulturen und deren Wandel vermittelt werden, sondern es müssen affektive Komponenten berücksichtigt werden. Das vielfältige Methodenrepertoire an kooperativen Übungen und Spielen (z.B. Badegruber, 1994a, 1994b), Anregungen aus der Erlebnispädagogik (z.B. Heckmair & Michl, 2004; Reiners, 2003[6]) sowie Trainingsprogramme zur sozialen Kompetenz (z.B. Petermann, Jugert, Tänzer & Verbeek, 1999; Jugert, Rehder, Notz & Petermann, 2002) sind geeignet, die in Kapitel 6.4.1 genannten Bedingungen sozialen Lernens herzustellen, die Kontaktsituationen zum Abbau von Intergruppendiskriminierung und zur Förderung von Kooperation, Empathie und Sympathie über Gruppengrenzen hinweg qualifizieren. Spezifische Angebote und Spiele zum interkulturellen Lernen (z.B. Rademacher, 1991; Rademacher & Wilhelm, 2005) können darüber hinausgehend Interesse wecken an anderskulturellen Lebensgewohnheiten, für Differenzen und Gemeinsamkeiten sensibilisieren, eigene unhinterfragte kulturelle Standards relativieren, Fremdheitsgefühle überwinden, Vorurteile abbauen und dies alles in einer affektiv angenehmen Atmosphäre.

Wichtig ist, dass nicht nur arrangierte Spiel- und Lernsituationen, sondern vor allem der alltägliche Lebensvollzug in der Einrichtung oder dem Projekt so angelegt ist, dass positive Interdependenzen zwischen den Kindern und Jugendlichen unterschiedlicher Gruppen entstehen, d.h. dass sie durch kooperative Aktivitäten gemeinsame Ziele erreichen können. Dabei sollte vermieden werden, dass die Leistungen der Gruppen miteinander verglichen werden. Vielmehr sollten die Gruppen die Chance erhalten, eigenständige oder sogar komplementäre Beiträge zu erbringen, deren Bedeutung für die Erreichung des gemeinsamen Ziels gewürdigt wird (Thomas, 1996[2]b).

Es sollten Kontaktsituationen angeregt werden, die auf der Ebene individualisierter Kontakte bei gleichzeitiger Respektierung der Gruppenidentität Gemeinsamkeiten und Unterschiede erleben und akzeptieren lassen. Denn interkulturelles Lernen, Verstehen und Handeln, wechselseitige Sympathie werden erleichtert, wenn die beteiligten Personen viele subjektiv bedeutsame gemeinsame Merkmale und Ähnlichkeiten entdecken können, beispielsweise gemeinsame Hobbies, gemeinsame Belastungen und „Schicksale" (Thomas 1996[2]b).

Die Pädagoginnen und Pädagogen können in der Funktion als „attraktive Modelle" und als „akzeptierte Autoritäten" zu einem sozialen Klima beitragen, in dem Gleichberechtigung und wechselseitige Toleranz als soziale Norm postuliert werden und Verletzungen dieser Norm entschieden entgegengetreten wird (vgl. Frey, Schäfer & Neumann, 1999). Sie können zum interkulturellen Dialog anregen, indem sie kulturelle Differenzen und aktuelle Interessenskollisionen aufgreifen und zur kooperativen Konfliktlösung beitragen, anstatt sie zu ignorieren bzw. unter einem Normalisierungspostulat für nicht existent zu erklären (vgl. Auernheimer, 2003).

6.4.3 Interkulturelle Handlungskompetenz als Schlüsselqualifikation

Nach den bisherigen Ausführungen mag der Eindruck entstehen, die Zielsetzung interkulturellen Lernens sei in erster Linie negativ definiert, im Sinne einer Vermeidung oder eines Abbaus fremdenfeindlicher Einstellungen und diskriminierenden Verhaltens. Angesichts einer multikulturellen Gesellschaft, d.h. des faktischen Zusammenlebens von Menschen unterschiedlicher kultureller Herkunft, angesichts einer zunehmenden internationalen Vernetzung in allen Lebensbereichen kommt interkultureller Handlungskompetenz tatsächlich die Bedeutung einer *Schlüsselqualifikation* zu (vgl. Thomas, Kinast & Schroll-Machl, 2003a, 2003b; Fischer, Springer & Zacharaki 2005).

Eine Beschränkung auf die im Prozess der Enkulturation im engen Bereich der eigenen kulturellen Bezugsgruppe erworbenen und durch die soziale Gemeinschaft geteilten Deutungsmuster, die Verabsolutierung der so erworbenen Konstruktion von Wirklichkeit, produziert demgegenüber „Einfalt" im doppelten Sinne seiner Wortbedeutung: Die „einfältige" Person muss Abweichungen von dem einzig gültigen Standard als bedrohlich wahrnehmen, da ihr zentrales Orientierungssystem ins Wanken gerät. Die Fähigkeit demgegenüber, eine kulturelle „Vielfalt", d.h. vielfältige Wirklichkeitskonstruktionen als existent zu betrachten und sich damit auseinander zu setzen, eröffnet die Chance, das eigene Verstehens- und Handlungsrepertoire zu erweitern, zu flexibilisieren und erfolgreich einzusetzen.

In diesem Sinne findet interkulturelles Lernen dann statt, „wenn eine Person bestrebt ist, im Umgang mit Menschen einer anderen Kultur deren spezifisches Orientierungssystem der Wahrnehmung, des Denkens, Wertens und Handelns zu verstehen, in das eigenkulturelle Orientierungssystem zu integrieren und auf ihr Denken und Handeln in der fremdkulturellen Welt (oder in kulturellen Überschneidungssituationen, Anm. d. Verf.) anzuwenden. Interkulturelles Lernen beinhaltet neben dem Verstehen fremdkultureller Orientierungssysteme eine Reflexion des eigenkulturellen Orientierungssystems" (Thomas 1992, S. 331). Auch wenn die von Thomas formulierte Definition eher intentionales Lernen anspricht, so lässt sie sich auf entsprechende Prozesse beim funktionalen Lernen übertragen, zu dem Soziale Arbeit durch die Gestaltung entsprechender Lernumwelten beitragen kann.

7 Aggressives Verhalten

Prävention und Abbau von aggressivem Problemverhalten stellt in vielfältigen Handlungsfeldern Sozialer Arbeit ein zentrales Ziel professionellen Handelns dar. Aggressives Verhalten der jeweiligen Zielgruppe soll problematisiert und langfristig ersetzt werden durch ein sozial angemessenes, sozial kompetentes Handlungsrepertoire, das eine Balance zwischen einer angemessenen Selbstbehauptung und der Achtung der persönlichen Rechte anderer Personen herstellt.

Auch wenn die aktuelle Zunahme von Aggression und Gewalt, wie sie in Kriminalitätsstatistiken, der Medienberichterstattung und dem subjektiven Erleben vieler Menschen präsent ist, relativiert werden kann (vgl. Lösel, Bliesener & Averbeck, 1999; Pfeiffer, Windzio & Kleimann, 2004), so besteht dennoch ein akuter Handlungsbedarf. Denn die Befunde zur Stabilität aggressiven Problemverhaltens (Loeber, 1990; Loeber et al., 2000; Olweus, 1979; Zumkley, 1994, 1996; Ihle, Esser & Schmidt, 2005), zur Eskalation von aggressiven Interaktionen und zur Verbreitung aggressiven Verhaltens durch aggressive Modelle und aggressionstolerierende Normen weisen auf die *Eigendynamik* des Problems hin. Angesichts dessen hätte ein „Tun durch Unterlassen" schwerwiegende Folgen für potentielle Opfer und Akteure aggressiver Handlungen (vgl. Wetzels & Pfeiffer, 1997).

7.1 Was ist aggressives Verhalten?

Aggression kann definiert werden als ein Verhalten, das absichtlich auf die Schädigung einer anderen Person zielt und deren grundlegende Rechte verletzt. Es kann *offen* oder *verdeckt* ausgeführt werden. Es kann sich in der Form *verbaler* Aggression (z.B. Drohung, Kränkung, Abwertung, Ausgrenzung, Verbreitung von abträglichen Gerüchten) oder *physischer Aggression* (körperliche Angriffe) gegen die Person selbst oder für sie bedeutsame Personen oder ihr Eigentum richten. Formen und Ausprägung aggressiven Verhaltens variieren alters- und geschlechtsspezifisch (vgl. Scheithauer, 2003).
    Unabsichtliche, versehentliche Schädigungen sind aus der o.g. Definition von Aggression ausgeschlossen ebenso wie ein expressiver Ausdruck von aversiver Erregung und Anspannung, der sich nicht schädigend gegen andere richtet.
    Der Begriff der „Gewalt" (i.S. des gewalttätigen Verhaltens einer Person), der zunehmend in der öffentlichen Diskussion und auch in der pädagogischen Fach-

literatur Verwendung findet, umfasst – wenn er nicht „inflationär" gebraucht wird – schwere Formen von körperlicher Aggression, die vor dem Hintergrund einer relativen Macht gegenüber dem Geschädigten ausgeübt werden (Selg, Mees & Berg, 1997).

Welche Funktionen erfüllt aggressives Verhalten?

Um aggressives Verhalten zu erklären und ggf. zu verändern, ist es wichtig herauszufinden, zu welchem Zweck es eingesetzt wird. Für den Akteur kann das aggressive Verhalten sehr unterschiedliche Funktionen erfüllen:

- Es kann als Mittel der Zielerreichung eingesetzt werden *(instrumentelle Aggression)*, z.B. um in den Besitz eines erstrebten Gegenstandes zu kommen oder um eigene Vorteile zu sichern. Ziel instrumenteller Aggression kann es auch sein, soziale Anerkennung zu erringen oder das Selbstwertgefühl zu steigern. Dabei wird die Schädigung einer anderen Person zum Zwecke der Zielerreichung in Kauf genommen wird. Die aggressive Handlung muss nicht von negativen Emotionen (wie Ärger) begleitet sein.

- Die Schädigung der anderen Person kann auch primäres Handlungsziel sein *(feindselige Aggression)*, wobei möglicherweise drohende Sanktionen oder andere Nachteile in Kauf genommen werden, um dieses Ziel zu erreichen.

- Ziel der aggressiven Handlung kann auch die Abwehr von empfundener Bedrohung *(angstmotivierte Aggression)*, die Vergeltung erlittenen Unrechts, die Wiederherstellung von verletzter Ehre oder die Abwehr einer Selbstwertbedrohung sein. Der subjektive Gewinn der aggressiven Handlung besteht dabei in der Beendigung eines unangenehmen Zustandes, was lernpsychologisch als ein Prozess *negativer Verstärkung* interpretiert werden kann.

- Ein solcher Mechanismus der *negativen Verstärkung* kann auch bei eher unkontrollierten, impulsiven aggressiven Verhaltensweisen angenommen werden, die in einem Zustand negativer affektiver Erregung stattfinden *(expressive Aggression)* und unmittelbar als spannungslösend empfunden werden.

Die unterschiedlichen Funktionen aggressiven Verhaltens können in einer konkreten aggressiven Handlung auch kombiniert oder zeitlich versetzt auftreten.

Die folgenden Zitate stammen aus Interviews mit Besuchern einer Jugendfreizeiteinrichtung (Buschmann, 1995). Zur Vorbereitung eines Projektes zur Konfliktbewältigung hielten wir es für sinnvoll, die Erfahrungen der Jugendlichen mit Aggression und Gewalt sowie ihre Einstellungen hierzu durch *Leitfadeninterviews* zu erheben, um das Angebot zielgruppengerecht, in Kooperation mit den Jugendlichen, gestalten zu können. Die Aussagen der Jugendlichen weisen darauf hin, welche Funktionen das aggressive Verhalten in den geschilderten Situationen erfüllt (s. auch Zitat in Kapitel 3.3):

> Auf die Frage, was er fühle, wenn ihn jemand beleidigt, antwortet der 17-jährige D.: *„Da bin ich echt wütend. Da weiß ich nicht, was passiert, wenn ich den in die Finger kriege. Dann denke ich, den box' ich so, dass der umfällt. Es gibt Situationen, da ist mir das scheißegal, aber auch welche, wo ich das nicht mehr ertrage, dann gehen meine Fäuste richtig los. (Interviewerin: Welche Beleidigung kann das sein, die Dich so richtig kränkt?) Na, zum Beispiel Hurensohn. Weil, der beleidigt dann ja meine Mutter. Der soll doch mich beleidigen, aber nicht meine Mutter. Die Mutter ist doch was Besonderes, und die tut schließlich alles für ihr Kind. Und was hat die damit zu tun, wenn der mich nicht abkann?"*

> Auf die Frage nach einer erlebten Enttäuschung antwortet der 19-jährige A.: *„Ja, über meine Freundin. Ich meine, die hätte mit mir reden sollen. Stattdessen hat die nicht mit mir geredet, und da bin ich dann voll sauer. Ich hab' dann Hass, ich schrei' die an und hab' die geschlagen und alles. Ich meine, was Anderes nützt da ja nichts. Man kann da nichts machen, weil es nicht hilft. Ich hab' mit Schluss gedroht, ich hab mit der geredet und gesagt, dass ich enttäuscht bin. Aber sie sagt das immer erst, wenn ich es schon rausbekommen habe."*

> Auf die Frage, ob er selbst schon einmal jemand anderen beleidigt oder angegriffen hat, antwortet der 15-jährige S.: *„Ja, ich habe schon andere beleidigt, die Angeber zum Beispiel. Ich such' dann auch einen Grund, um auch mal zuzuschlagen, wenn mir einer dumm kommt, weil ich dem das dann zeigen will. Letztens hab ich mich mit einem geprügelt, weil der so angegeben hat vor den Mädchen. Irgendwann hat der dann gesagt, ich soll aufhören, aber ich wollte nicht. Da kam so irgendwie Adrenalin hoch, man fühlt sich dann wie der Größte. Ich musste dann aufhören, weil der Lehrer kam, aber eigentlich wollte ich gar nicht. Es tat gut, den zu schlagen, weil der immer so tut. Und ich hab' mich dann wie der ‚Rächer der Enterbten' gefühlt."*

Welche Aspekte fließen in normative Bewertungen aggressiven Verhaltens ein?

Sowohl im wissenschaftlichen Diskurs als auch im sozialen Alltag gelingt eine Feststellung, inwiefern ein Akt aggressiven Verhaltens vorliegt, nur im Rückgriff auf soziale Normen und auf Annahmen über die Intention des Akteurs *(Attribution)*, was notwendigerweise einen Interpretationsspielraum eröffnet.

Ob und in welchem Ausmaß ein Verhalten als aggressiv bewertet wird, hängt von der angenommenen *Schädigungsabsicht*, der *Schadenshöhe* und dem empfundenen *Grad der Normabweichung* ab (vgl. Mummendey & Otten, 2002). Wer beispielsweise annimmt, körperliche Strafen seien ein verbreitetes Erziehungsmittel, „ein Klaps habe noch niemandem geschadet" und außerdem könne „einem ja mal die Hand ausrutschen", wird gewalttätiges Erziehungsverhalten nicht per se als aggressiv problematisieren.

Empirische Studien weisen darauf hin, dass bereits Kinder im Vorschulalter erlittene Schädigungen durch ein anderes Kind eher verzeihen, weniger Ärger empfinden und weniger Vergeltung ausüben, wenn sie Informationen erhalten, die nahe legen, das Verhalten des Schädigers sei eher seiner Unbeholfenheit als einer bösen Absicht zuzuschreiben *(nicht-intentionale Attribution)* (vgl. Kapitel 2.2 zu Attributionsmustern).

Systematische Beurteilungsdiskrepanzen zeigen sich zwischen den in einem konflikthaften Interaktionsprozess Beteiligten. Aus der jeweiligen *Beurteilungsperspektive* erscheint das eigene Verhalten eher als legitime Reaktion auf ein durch das Verhalten des Kontrahenten erlittenes Unrecht (vgl. Kapitel 4.5.3). Jeder der Beteiligten neigt dazu, die Verantwortlichkeit für die aversiven Handlungen stärker dem anderen zuzuschreiben, als dieser es selbst tut, und ihm einen höheren Grad der Abweichung von sozialen Gerechtigkeitsnormen (vgl. Müller & Hassebrauck, 1993) zuzuschreiben. Erscheint das schädigende Verhalten als Reaktion auf eine Normverletzung seitens des anderen, wird es auch von außenstehenden Beobachtern entsprechend einer sozial weitgehend verbreiteten *Reziprozitätsnorm* (vgl. Kapitel 8) eher als gerechtfertigte Vergeltung und weniger als aggressive Handlung bewertet.

Soziale Bewertungsprozesse fließen auch in die wissenschaftliche Diskussion um die Erfassung aggressiven Verhaltens im Kontext sozialpsychologischer Forschung ein. Tedeschi und Quigley (1998) kritisieren, dass in den klassischen Versuchsanordnungen Versuchspersonen durch den Versuchsleiter angewiesen werden, schädigende Handlungen auszuführen, die durch eine Cover-Story als sozial legitimiert erscheinen. So wird die Versuchsperson beispielsweise angewiesen, Fehler einer anderen Versuchsperson (tatsächlich ein Vertrauter des Versuchsleiters) in einem Lernexperiment mit Elektroschocks oder mit schmerzhaft lauten Tönen zu bestrafen. In diesen Experimenten kann die Versuchsperson (anders als in dem im ersten Kapitel vorgestellten Gehorsams-Experiment von Milgram) die Anzahl, Dauer und Intensität der aversiven Reize selbst wählen. Diese Kennwerte werden dann zur Quantifizierung des Ausmaßes des aggressiven Verhaltens herangezogen.

Auch wenn in solchen Experimenten aggressives Verhalten mit Effekten des Gehorsams gegenüber Autoritätspersonen (hier dem Versuchsleiter) *konfundiert* sein mag (vgl. Kapitel 1), bleibt es interessant, unter welchen situativen Bedingungen die Versuchsperson die Dosis der schmerzhaften Maßnahmen steigert. Eine dieser überprüften Bedingungen ist die, dass die Versuchsperson zunächst durch die Person beleidigt oder angegriffen wird, die sie später per legitimierter Maßnahme schädigen kann, was erwartungsgemäß zu einer Steigerung des aggressiven Verhaltens im Sinne der o.g. Operationalisierung führt (Näheres s.u.).

Wie wird aggressives Verhalten erfasst?

In den bereits dargestellten klassischen sozialpsychologischen Experimentalsituationen wird das aktuell aggressive Verhalten der Versuchsperson anhand der Menge und der Stärke der schädigenden Reize quantifiziert, die sie einer anderen Person zufügt (Elektroschocks, Lärmeinspielungen, negative Berichte gegenüber dem Vorgesetzten der Person, Zahl der herabsetzenden Formulierungen in einer Rückmeldung u.Ä.). So kann beispielsweise untersucht werden, ob sich das Ausmaß des aggressiven Verhaltens verändert, wenn eine Person bereits eine erste Gelegenheit hatte, ihrem Ärger durch eine aggressive Handlung Ausdruck zu verleihen oder ob es geschlechtsspezifische Unterschiede in der Ausprägung aggressiven Verhaltens in einer spezifischen Experimentalsituation gibt.

Sowohl in Experimentalsituationen als auch in natürlichen Alltagssituationen, wie sie bei Felduntersuchungen näher betrachtet werden, eignen sich *systematische Beobachtungen* aggressiven Verhaltens anhand von Beobachtungskategorien und Einschätz-Skalen *(Rating-Skalen).* So kann beispielsweise beobachtet werden, ob sich die Häufigkeit physischer oder verbaler aggressiver Akte von Kindern und Jugendlichen in freien Spielsituationen nach dem Konsum gewalttätiger Filme verändert.

Fragebögen und *Leitfadeninterviews* können das subjektive Erleben der Befragten zu beobachteter, selbst ausgeübter oder erlittener Aggressivität beispielsweise im Zusammenhang mit Bullying in der Schule oder Mobbing am Arbeitsplatz erfassen. Sie können Aussagen zur Aggressionsbereitschaft und zu normativen Einstellungen bezüglich Aggressivität erheben beispielsweise zur Rechtfertigung und Billigung von fremdenfeindlicher Gewalt.

Kennwerte aus *Kriminalitäts- und Versicherungsstatistiken* können als Indikatoren für bestimmte Formen von Aggression herangezogen werden. So kann beispielsweise der Frage nachgegangen werden, ob es systematische Zusammenhänge zwischen gesellschaftlichen Veränderungen (wie der Wiedervereinigung Deutschlands oder steigender Arbeitslosigkeit) und Delinquenz gibt oder ob es einen Zusammenhang zwischen Schulgröße und durch Mitschüler herbeigeführte Körperverletzungen gibt (vgl. Schwind, Baumann et al., 1990).

Eine interessante Auswahl aktueller Untersuchungen im deutschsprachigen Raum zu unterschiedlichen aggressionsrelevanten Fragestellungen mittels vielfältiger Messverfahren und Kennwerte ist in Schäfer und Frey (1999), Seiffge-Krenke (2005) sowie Lehmkuhl (2005) zu finden.

Systematische Verhaltensbeobachtungen, Fragebögen und Leitfadeninterviews eignen sich nicht nur zu Forschungszwecken, sondern sie sind in psychosozialen Handlungsfeldern geeignete Instrumente zur Erhebung des Ist-Zustandes einer Person *(individuumsbezogene Diagnostik)* oder einer Gruppe (Schulklasse, Heimgruppe, Besucher einer Jugendfreizeiteinrichtung, Trainingsgruppe, Anwohner, ...)

(systembezogene Diagnostik). Bei wiederholtem Einsatz eignen sie sich zur Überprüfung der Wirksamkeit *(Evaluation)* von aggressionsreduzierenden Maßnahmen.

7.2   Erklärungen aggressiven Verhaltens

Stellen Sie sich vor, als Fachberaterin werden Sie gebeten, in einem Konflikt zwischen zwei Erzieherinnen einer Kindergartengruppe zu vermitteln. Beide Kolleginnen empfinden die hohe Rate aggressiven Verhaltens in der Kindergruppe als besorgniserregend. Ihre Zusammenarbeit wird belastet durch kontroverse Meinungen bezüglich der Ursachen und geeigneter pädagogischer Maßnahmen:
Kollegin A führt die hohe Aggressivität in der Gruppe auf den hohen häuslichen Fernsehkonsum der Kinder zurück, was sie daran festmacht, dass es montags in der Gruppe besonders laut und aggressiv zugeht und dass generell in den Spielinhalten vielfach aggressive Filmfiguren und -episoden auftauchen. Ohne ein verändertes Elternverhalten, das sie durch Elterngespräche und Informationsabende anregen möchte, seien pädagogische Maßnahmen in der Gruppe kaum wirkungsvoll. Aktuell müsse man den Kindern die Möglichkeit geben, die aufgestauten Aggressionen „rauszulassen".
Demgegenüber sieht Kollegin B gerade in der Duldung aggressiven Verhaltens seitens Erwachsener – in der Kindergartengruppe insbesondere seitens ihrer Kollegin – den zentralen Grund für die zunehmende Aggressivität. Dies fördere eine „Wild-West-Kultur" in der Kindergruppe, in der die Kinder lernten, dass das Recht des Stärkeren gelte und man allenfalls darauf warten könne, dass man bald selbst zu den Stärkeren gehöre. Sie erwartet von ihrer Kollegin die Bereitschaft, mit ihr gemeinsam in der Gruppe kindgerechte Regeln der kooperativen Konfliktlösung zu vertreten und durchzusetzen.

In der folgenden Darstellung von Theorien und Befunden dürften einige Anregungen zur Klärung der Problematik enthalten sein.

7.2.1   Theorien aggressiven Verhaltens

Wie bereits in Kapitel 1 und 2 erläutert, neigen alltagspsychologische Erklärungen zu *einfaktoriellen* Modellen, d.h. man führt menschliches Erleben und Verhalten im wesentlichen auf *eine* Ursache zurück, anstatt in Betracht zu ziehen, dass eine Vielzahl sich teilweise wechselseitig beeinflussender Faktoren die Entstehung eines Verhaltens begünstigt *(multifaktorielle Erklärung)*. So gilt auch aggressives Verhalten in der wissenschaftlichen Psychologie als multifaktoriell bedingt. Spezifische Merkmale der Person und Merkmale der physikalischen und sozialen Umwelt erhöhen die Wahrscheinlichkeit, dass sich eine Person aggressiv verhält (Überblick in Krahé & Greve, 2002).

Verschiedene populäre psychologische Theorien aggressiven Verhaltens akzentuieren eine spezifische Auswahl dieser möglichen Einflussfaktoren.

- Aggression als trieb- bzw. instinktgesteuertes Verhalten

So betonen die Freudsche Triebtheorie und der von Lorenz vertretene ethologische Ansatz der vergleichenden Verhaltensforschung biologische Komponenten der Aggression in der Form eines angeborenen Triebes bzw. eines Instinktes.

Während Freud zunächst davon ausging, dass Aggression eine grundlegende Reaktion auf Frustration, die Behinderung der sexuellen und lebenserhaltenden Bedürfnisse sei, entwickelte er unter dem Eindruck des Ersten Weltkrieges seine duale Triebtheorie. Neben dem auf Lebenserhaltung hin strebenden Trieb (*Eros*) existiere ein Todestrieb *(Thanatos)*. Um die Selbstvernichtung der Person zu verhindern, müsse die zerstörerische Energie des Todestriebes nach außen gerichtet werden und träte dort als Aggressions- oder Destruktionstrieb auf, als „angeborene Neigung des Menschen zum ‚Bösen', zur Aggression, Destruktion und damit zur Grausamkeit" (Freud, 1930, S.479). Da sich die destruktive Triebenergie kontinuierlich aufbaue, müsse sie durch aggressive Handlungen entladen werden, eine Zurückhaltung der Aggression wirke krankmachend.

Einige Vertreter der vergleichenden Verhaltensforschung, insbesondere Konrad Lorenz (1963), der sich um die Erforschung des Verhaltens von Graugänsen und Buntbarschen verdient gemacht hat, schreibt der menschlichen Spezies ebenfalls einen Aggressionstrieb als angeborene Disposition zu. Sie habe sich im Laufe der Evolution als sinnvoll für die Arterhaltung bewährt. Die biologisch determinierte destruktive Energie baue sich kontinuierlich auf. Da sie aufgrund gesellschaftlicher Konventionen nicht kontinuierlich abgelassen werden könne, staue sie sich auf. Wenn ein bestimmter Druck erreicht werde, bedürfe es einer Entladung durch aggressives Handeln *(Dampfkesselmodell)*, in dessen Folge dann die Aggressionsneigung zurückgehe, bis sich wieder destruktive Energie angestaut habe. Eine Bändigung der aggressiven Triebenergie erweise sich als äußerst schwierig, sie könne bestenfalls in sozial verträgliche Formen (z.B. aggressive Phantasien, sportliche Wettkämpfe) kanalisiert werden, um unkontrollierte Aggressionsausbrüche zu vermeiden.

Die Annahme eines Aggressionstriebes als angeborenes, sich spontan aufbauendes und periodisch wiederkehrendes Bedürfnis des Menschen, andere Menschen zu schädigen, hat in der wissenschaftlichen Psychologie allenfalls noch eine historische Bedeutung. Die formulierten triebtheoretischen Annahmen genügen nicht den Anforderungen einer potentiell überprüfbaren wissenschaftlichen Theorie (vgl. Kapitel 1); empirische Befunde zu aggressivem Verhalten stützen eher andere Erklärungsmodelle. Allerdings sind triebtheoretische Annahmen in vereinfachter Form häufig im alltagspsychologischen Denken präsent und stützen sowohl eine fatalistische Sichtweise („So ist der Mensch nun mal!"), als auch problematische Empfehlungen zum „ausleben lassen" von Aggressionen (Darstellung und Kritik der triebtheoretischen Ansätze in Nolting, 2005; Selg, Mees & Berg, 1997).

- Aggression als Reaktion auf Frustration

Die bereits in den 1940er Jahren durch Dollard und Miller angeregte experimentelle Aggressionsforschung basierte auf der theoretischen Annahme, dass Aggression durch Frustration erzeugt wird. *Frustriertheit*, ein innerpsychischer Zustand, der durch die Blockierung einer Zielerreichung entsteht, produziere aggressive Energie, die sich gegen den Verursacher richte, ersatzweise aber auch gegen andere Personen und Objekte (Dollard, Doob, Miller et al., 1939). In der ursprünglichen Formulierung der Theorie wurde angenommen, jede Aggression sei die Folge von Frustration und Frustration führe immer zu irgendeiner Form von Aggression, was die Autoren selbst bald relativierten.

Ob in einem Zustand der Frustriertheit tatsächlich aggressiv gehandelt wird, hängt von verschiedenen Bedingungen ab, die Berkowitz (1993) in einer Weiterentwicklung der Theorie näher spezifizierte. Danach begünstigt die durch Frustration ausgelöste aversive emotionale Erregung, der *Ärger*, besonders dann aggressives Verhalten, wenn Hinweisreize vorhanden sind, die die Person in ihrer Lerngeschichte mit Aggression und Ärger assoziiert. Als *aggressiver Hinweisreiz* erhöht beispielsweise der Anblick von Waffen oder Gewaltsymbolen das Ausmaß der ausgeübten Aggression von Versuchspersonen, die vorher frustriert worden waren *(Waffeneffekt)*. Aber auch andere Merkmale, wie Namen, Aussehen und Gruppenzugehörigkeit einer Person, die bei dem frustrierten Individuum mit aggressiven Erfahrungen – auch vermittelt über Medienkonsum – assoziiert sind, können als Hinweisreize aggressionsstimulierend wirken. Interessanterweise wirken solche assoziativen Verknüpfungen auch ohne eine vorausgehende Frustration aggressionsanregend im Sinne eines *Priming-Effekts*: Aggressive Gedächtnisinhalte werden aktiviert und beeinflussen die Interpretation der aktuellen sozialen Situation, die normative Bewertung und die Auswahl von Handlungsalternativen (vgl. Mummendey & Otten, 2002; Bierhoff, 2006).

Nolting (2005) gibt zu bedenken, dass nicht nur die Bedingungen zu spezifizieren sind, unter denen Ärger aggressives Verhalten begünstigt, sondern bereits die Bedingungen, unter denen Frustration Ärger auslöst. Eine Frustration, im Sinne einer Behinderung eines angestrebten Handlungsziels und der daraus resultierende psychische Zustand der Frustriertheit, müssen nicht notwendig Ärger provozieren. Es können auch Gefühle wie Enttäuschung, Hilflosigkeit oder ein unspezifisches schlechtes Befinden erlebt werden. Ein Ärgergefühl wird vor allem dann begünstigt, wenn die Frustration als eine fahrlässig, mutwillig oder ungerechtfertigt herbeigeführte Beeinträchtigung oder Provokation interpretiert wird.

Die Arbeiten von Dollard und Miller haben der sozialpsychologischen Aggressionsforschung wichtige Impulse gegeben. Neuere Forschungsergebnisse zu den spezifischen aggressivitätsförderlichen und -hindernden Bedingungen werden in Kapitel 7.2.3. vorgestellt.

- Aggression als gelerntes Verhalten

Lerntheoretische Erklärungsmodelle postulieren, dass aggressives Verhalten – wie auch kooperatives und prosoziales Verhalten – im Verlaufe der Lebensgeschichte durch Lernprozesse erworben, aufrechterhalten bzw. modifiziert wird. Sie betonen die Bedeutung aggressiver Modelle für den Erwerb aggressiver Verhaltensstrategien und die erfahrenen bzw. erwarteten Konsequenzen aggressiven Verhaltens für dessen Ausführung und Stabilisierung.

In Banduras (1979) klassischer Versuchsreihe zum Modell-Lernen beobachteten 3–6-jährige Kinder einen Erwachsenen, der einen großen aufgeblasenen Plastikclown („Bobo") beschimpfte und mit Schlägen und Tritten traktierte. Für sein Verhalten wurde er – je nach Versuchsbedingung – belohnt, bestraft oder erfuhr keine Konsequenzen. Anschließend erhielten die Kinder die Gelegenheit, selbst mit dem Clown zu spielen. Dabei zeigten die Kinder, die die aggressiven Handlungen beobachtet hatten, die zu keinen oder zu positiven Konsequenzen führten, dem Clown gegenüber vermehrt aggressives Verhalten, wobei sie interessanterweise nicht nur die beobachteten Verhaltensweisen imitierten, sondern eigene aggressive Verhaltensweisen hinzufügten. Obwohl die Kinder, die die Bestrafung des Erwachsenen für sein aggressives Verhalten beobachteten, in der anschließenden Spielsituation kein erhöhtes Aggressionsverhalten gegenüber der Puppe zeigten, erwies sich, dass sie das beobachtete Verhalten durchaus in ihr Handlungsrepertoire aufgenommen hatten. Wurde nämlich eine Belohnung in Aussicht gestellt, konnten die Kinder das beobachtete Verhalten reproduzieren. Bandura unterscheidet dementsprechend beim Modell-Lernen (1) eine durch Aufmerksamkeitsprozesse und Behaltensleistung gekennzeichnete *Aneignungsphase (acquisition)*, in der das beobachtete Verhalten, daraus abgeleitete Einstellungen und Normen aufgenommen, gespeichert und potentiell in das Handlungsrepertoire aufgenommen werden, und (2) eine durch erwartete und erlebte Verstärkungsprozesse beeinflusste *Ausführungsphase (performance)*, in der das Verhalten erprobt, ggf. modifiziert und ausgeführt wird.

Ob also eine Person das in ihrem Handlungsrepertoire vorhandene aggressive Verhalten tatsächlich ausführt, hängt von den beobachteten, selbst erfahrenen und erwarteten Konsequenzen ab. Entsprechend dem Lernmechanismus des *operanten Konditionierens* beeinflussen *Verstärkungsprozesse* die Auftretenshäufigkeit von spezifischen Verhaltensweisen. Erweist sich das aggressive Verhalten im Hinblick auf die angestrebten Ziele (s. Kapitel 7.1) als erfolgreich, erhöht sich die Wahrscheinlichkeit, dass die Person dieses Verhalten weiterhin einsetzt und perfektioniert. Bleibt der Erfolg aus oder sind sogar unangenehme Konsequenzen zu erwarten, wird die Person eher auf alternative Handlungsstrategien zurückgreifen, vorausgesetzt, sie sind in ihrem Verhaltensrepertoire vorhanden und erweisen sich als potentiell erfolgreicher. Was als angenehme bzw. unangenehme Konsequenz erlebt wird und somit *Verstärkerqualität* erwirbt, ist von der subjektiven Bewertung seitens der handelnden Person abhängig. So kann ein Tadel als unangenehm erlebt werden oder als erfreuliche Aufmerksamkeitszuwendung; das Leiden des Opfers kann zu unangenehmen Schuldgefühlen führen oder zur angenehmen Bestätigung der eigenen Macht (differenzierte Darstellung der Lerntheorien in Rothgang, 2003 und Schermer, 2005, in dieser Reihe).

7.2.2 Personale und soziale Einflussfaktoren. Welche Personen haben ein erhöhtes Risiko, aggressives Problemverhalten zu entwickeln?

Langzeitstudien aus dem Bereich der Klinischen Psychologie, der Teildisziplin der Psychologie, die sich mit den Erscheinungsformen, der Entstehung, dem Verlauf, der Prävention und Therapie psychischer Störungen befasst (vgl. Jungnitsch, 1999, in dieser Reihe), weisen nach, dass solche Personen ein erhöhtes Risiko haben, eine aggressive Verhaltenstörung mit Krankheitswert zu entwickeln, die eine erhöhte Rate aggressiven Verhaltens bereits in einem frühen Lebensalter zeigen und dies in unterschiedlichen Situationen und in vielfältigen Formen (Loeber, 1990; Loeber et al., 2000). *Komorbidität*, d.h. ein gleichzeitiges Auftreten anderer psychischer Störungen (insbesondere Aufmerksamkeitsstörungen, Depression, Drogenabhängigkeit) und ein niedriges Intelligenzniveau begünstigen darüber hinausgehend eine Verfestigung der Symptomatik und eine Chronifizierung der Störung (zusammenfassend Scheithauer & Petermann, 2002, 2004; Montada, 2002).

Nicht-aggressives Alternativverhalten zum Erreichen persönlicher Ziele ist entweder im Handlungsrepertoire aggressiver Personen unzureichend entwickelt *(Kompetenzdefizit)*, oder es wird seltener verstärkt und dadurch als wenig erfolgversprechend eingeschätzt und dementsprechend seltener eingesetzt *(Performanzdefizit)*.

Der Erwerb eines angemessenen Sozialverhaltens (i.S. einer Balance zwischen Selbstbehauptung und Achtung der persönlichen Rechte Anderer) wird bei Personen mit aggressivem Problemverhalten erschwert (zusammenfassend Zumkley, 1996; Scheithauer & Petermann, 2002, 2004) durch folgende *personale Merkmale*:
• erhöhte Erregbarkeit, Impulsivität, mangelnde Selbstkontrolle,
• Schwierigkeiten bei der Antizipation von langfristigen Handlungsfolgen,

- Defizite im Bereich des Einfühlungsvermögens und prosozialer normativer Überzeugungen (vgl. Kapitel 8),
- die Tendenz, uneindeutige Situationen als Bedrohung zu interpretieren und anderen Personen feindselige Absichten zu unterstellen *(feindselige Attribution)* (vgl. Kapitel 2.2),
- ein niedriges Niveau verbaler Intelligenz,
- eingeschränkte soziale Kompetenzen, insbesondere ein reduziertes Repertoire an Strategien zur Problemlösung und Konfliktbewältigung,
- ein negatives oder instabiles Selbstwertgefühl und eine niedrige Selbstwirksamkeitserwartung.

Als *soziale Risikofaktoren*, also Merkmale der sozialen Umwelt, die die Entwicklung einer aggressiven Verhaltenstörung im Kindes- und Jugendalter begünstigen, haben sich erwiesen:
- sozioökonomische Belastungen der Familie z.B. durch Arbeitslosigkeit oder Verschuldung,
- psychosoziale Belastungen der Familie durch Ärger und Beziehungskonflikte, durch psychische Störungen eines Elternteils (z.B. Alkoholismus, antisoziale Persönlichkeitsstörung),
- aggressive Modelle im sozialen Nahraum und in den Medien,
- fehlende soziale Bindungen, soziale Isolation und Ablehnung,
- Misserfolge in Schule, Ausbildung und Beruf,
- dysfunktionales Erziehungsverhalten, das gekennzeichnet ist durch einen Mangel an emotionaler Wärme, mangelnde Orientierungshilfen aufgrund fehlender Grenzen und Regeln, übermäßige Strenge, körperliche Strafen und Wutausbrüche, wenig konsequentes und nicht vorhersehbares Verhalten, mangelnde Informiertheit über die Aktivitäten und Interessen des Kindes, fehlende Anregung, Verstärkung aggressiven Verhaltens durch Duldung sowie unzureichende Beachtung und Verstärkung nicht-aggressiven, prosozialen Verhaltens (zusammenfassend Scheithauer & Petermann, 2002, 2004; Schmidt-Denter, 1994, 2005).

Durch *Aufschaukelungsprozesse* können sich die ungünstigen Bedingungen wechselseitig verstärken und somit zu einer Eskalation der Problematik beitragen. So kann gewalttätiges Erziehungsverhalten der Eltern ein Ausdruck von Ärger und Hilflosigkeit angesichts des Problemverhaltens des Kindes sein. Das Kind sieht sich durch das gewalttätige Verhalten der Eltern wiederum in seiner feindseligen Attribution bestätigt und durch das aggressive Modellverhalten seiner Eltern in seinem ohnehin reduzierten Handlungsrepertoire zur Konfliktlösung bestärkt und verhält sich zunehmend aggressiv. Die anhaltenden Erziehungsprobleme begünstigen wechselseitige Schuldzuschreibungen und Konflikte zwischen den Eltern usw.(vgl. Patterson, 1976; Patterson et al., 2003).

Personen mit aggressivem Problemverhalten neigen dazu, auf aktuelle situative Bedingungen, die auch bei anderen Menschen die Tendenz zu aggressivem Verhalten begünstigen, besonders intensiv zu reagieren.

7.2.3 Aktuelle, situative und kognitive Einflussfaktoren. Was regt aggressives Verhalten an?

Unter einer sozialpsychologischen Perspektive sind besonders die *aktuellen, situativen Bedingungen* von Interesse, die auch bei Personen, die sich in ihrem alltäglichen Verhalten nicht auffallend aggressiv verhalten, aggressive Verhaltenstendenzen aktivieren können. Im Folgenden werden einige dieser Bedingungen dargestellt.

• Aversive Erregung und Attribution

Wie bereits im Zusammenhang mit der Frustrations-Aggressions-Hypothese angeführt (vgl. Kapitel 7.2.1), fördert aversive, d.h. als unangenehm erlebte Erregung (wie Ärger, Angst, Schmerz und Langeweile) die Wahrscheinlichkeit und die Intensität aggressiven Verhaltens, insbesondere dann, wenn bereits eine Bereitschaft zu einer aggressiven Reaktion besteht *(dominante Reaktionstendenz)*. Die aversive Erregung kann ausgelöst werden durch Frustration, Kränkung, Bedrohung, aber auch durch Hitze, Lärm, Enge, Bewegungsmangel und schmerzhafte Reize.

Aversive Erregung muss allerdings nicht zu aggressivem Verhalten führen, sondern kann auch vorliegende Fluchttendenzen bestärken, sich also der Situation zu entziehen, wenn die Möglichkeit dazu besteht. Sie kann auch zu anderen Verhaltensstrategien veranlassen, die auf eine Emotionsregulierung (z.B. durch relativierende Gedanken, Entspannung, Ablenkung) oder eine Problemlösung (z.B. durch Inanspruchnahme sozialer Unterstützung, kooperative Konfliktbearbeitung) abzielen (vgl. Weber, 1999).

Physiologische Erregung, die aus neutralen oder als positiv empfundenen Anlässen resultiert (wie z.B. aus sportlicher Aktivität, spannenden Filmen), hat selbst keinen aggressionsfördernden Effekt. Wenn allerdings die Person in einer aggressionsbereiten Stimmung ist, scheint diese „neutrale Erregung" der aversiven Erregung „hinzugefügt" zu werden *(Erregungstransfer)* und damit die aggressive Verhaltenstendenz zu stärken. So zeigte sich beispielsweise in einer klassischen Experimentalserie von Zillmann (1979), dass verärgerte Personen ihren vermeintlichen Widersacher mehr mit Elektroschocks traktierten, wenn sie zuvor eine körperlich anstrengende Übung (Radfahren) absolviert hatten. Dieser Effekt trat allerdings nur dann ein, wenn zwischen der Übung und der Möglichkeit, den Widersacher mit Vergeltungsmaßnahmen zu strafen, eine kurze Pause eingelegt wurde, so dass die Versuchspersonen ihre physiologische Erregung nicht mehr auf das Radeln zurückführten, sondern offenbar eher als Ärger interpretierten und somit intuitiv eine *Fehlattribution* vornahmen.

Kognitive Prozesse, wie am Beispiel der Interpretation von Erregung bereits angesprochen, spielen eine bedeutsame Rolle dabei, ob eine Person aggressive Handlungen ausführt. In welchem Ausmaß eine Person auf ein aversives Ereignis mit Ärger, also einer aggressionsnahen *(aggressivitätsaffinen)* Emotion (Selg, Mees & Berg, 1997) reagiert, hängt davon ab, ob sie das aversive Ereignis als unfaire, beabsichtigte Schädigung *(intentionale Attribution)* oder eher als Missgeschick interpretiert (Zillmann, 1979; Bierhoff, 1998).

• Soziale Vergleichsprozesse

Wie bereits in Kapitel 5 im Zusammenhang mit Meinungsbildungsprozessen in Gruppen und in Kapitel 6 zu Intergruppenbeziehungen dargestellt wurde, neigen Personen dazu, ihre eigenen Meinungen, Fähigkeiten und Merkmale ihrer Lebensqualität durch einen Vergleich mit bedeutsamen anderen Personen zu bewerten *(Theorie sozialer Vergleichsprozesse)*. Kommt die Person durch den Vergleich mit einer ihr in wichtigen Merkmalen ähnlichen Person zu dem Schluss, dass sie selbst benachteiligt ist *(individuelle Deprivation)* oder dass die soziale Gruppe, der sie angehört, im Vergleich mit einer Referenzgruppe benachteiligt ist *(soziale Deprivation)*, löst dies u.U. negative Emotionen wie Unzufriedenheit, Neid, Ärger und eine Bedrohung des Selbstwertes aus. Dies kann aggressive Verhaltenstendenzen begünstigen, insbesondere dann, wenn keine anderen geeigneten Verhaltensstrategien bestehen, die Diskrepanzen zu reduzieren. Die aggressiven Handlungen richten sich dabei nicht notwendig gegen die Personen oder Institutionen, die man für die Ungerechtigkeit verantwortlich hält, sondern möglicherweise auch ersatzweise gegen andere, schwächere Personen, denen die Funktion von „Sündenböcken" zugewiesen wird oder äußern sich in Formen von Vandalismus.

Begrenzte Ressourcen und Wettbewerbsbedingungen lassen Personen zu potentiellen Konfliktparteien werden, zumal wenn die Bedingungen so erscheinen, als sei der Gewinn des einen nur auf Kosten des anderen zu erreichen *(Verteilungskonflikt)*. Solche Bedingungen erhöhen die Wahrscheinlichkeit aggressiven Verhaltens. In dem klassischen Feldexperiment von Muzafer Sherif (1966) konnte entsprechend der *Theorie des realistischen Gruppenkonflikts* beobachtet werden, wie sich unter derartigen Bedingungen Freundschaften zwischen den Mitgliedern konkurrierender Gruppen auflösten und aus den Gruppen feindliche Parteien wurden (nähere Darstellung in Kapitel 6.2.1).

Befunde zum Zusammenhang von sozialer Benachteiligung und Fremdenfeindlichkeit (vgl. Kapitel 6.3.1) weisen darauf hin, dass auch gesellschaftliche und politische Rahmenbedingungen, die soziale Ungleichheit und das Erleben von Perspektivlosigkeit begünstigen, bedeutsame Einflussfaktoren auf die Ausführung aggressiven Verhaltens darstellen.

• Sozial-kognitive Informationsverarbeitung und Entscheidungsprozesse

In die Überlegungen einer Person, ob sie versuchen sollte, ihre Ziele mittels nicht-aggressiver Verhaltensweisen zu verfolgen oder mit Hilfe von *Macht durch*

Zwang in der Form von Bedrohung oder Bestrafung, fließen nach Tedeschi und Quigley (1998) als zentrale Gesichtspunkte ein,
– welche Erfolgsaussichten sie dem Verhalten einräumt *(Erwartung)*,
– welche Bedeutsamkeit sie dem Ziel beimisst *(Wert)* und
– eine Abwägung des zu erwartenden *Kosten-Nutzen-Verhältnisses.*
Als „Kosten" der Ausübung von Zwangsmaßnahmen wären beispielsweise zu erwartende Vergeltung, soziale Sanktionen oder Missbilligung durch bedeutsame andere Personen sowie eigene Schuldgefühle anzusehen. Kosten würden also systematisch gesenkt durch aggressionslegitimierende Normen, durch Duldung oder soziale Anerkennung aggressiven Verhaltens durch relevante andere Personen und durch Prozesse der Selbstrechtfertigung und der Abwertung der Zielperson der Zwangsaktes (komprimierte Darstellung der Theorie in Otten & Mummendey, 2002).

Bisherige Erfahrungen mit dem Einsatz aggressiver und mit dem Einsatz alternativer, nicht-aggressiver Strategien, die die Person selbst gesammelt oder mittels Modell-Lernens erworben hat, beeinflussen maßgeblich die Abschätzung der genannten Entscheidungskomponenten. Dieser rational anmutende Abwägungs- und Entscheidungsprozess wird allerdings in einem Zustand starker Erregung eher intuitiv, impulsiv ablaufen.

Dies gilt auch für den Ablauf der Stufenfolge, die das *Modell sozial-kognitiver Informationsverarbeitung* von Dodge beschreibt (Dodge & Schwartz, 1997): In einer sozialen Situation richtet die Person (1) ihre Aufmerksamkeit selektiv auf bestimmte Schlüsselreize, nimmt sie wahr und speichert die Information *(Enkodierung)*. (2) Sie interpretiert die wahrgenommene Information. (3) Sie klärt ihre eigenen Ziele und (4) generiert verschiedene Reaktionsmöglichkeiten. (5) Die potentiellen Reaktionsmöglichkeiten bewertet sie u.a. unter moralischen Aspekten, hinsichtlich ihrer kurz- und langfristigen Konsequenzen und der Einschätzung der eigenen Kompetenzen zu ihrer Umsetzung. Auf dieser Basis trifft sie eine Auswahl und (6) setzt diese in Handeln um.
   In jeder dieser Stufen können Defizite und Verzerrungen in dem Prozess der Informationsverarbeitung auftreten, die aggressionsfördernd wirken:
(1) Richtet beispielsweise die Person in einer sozialen Situation ihre Aufmerksamkeit unverhältnismäßig stark auf bedrohliche Reize und versäumt es, andere, relativierende Reize wahrzunehmen,
(2) neigt sie dazu, in uneindeutigen Situationen dem Interaktionspartner feindselige Absichten zu unterstellen,
(3) sieht sie ihr vorrangiges Handlungsziel in einer Vergeltung oder Demonstration von Macht anstatt beispielsweise in einer Verbesserung der sozialen Beziehung zum Interaktionspartner,
(4) generiert sie in erster Linie Handlungsalternativen, die Zwang, Bedrohung und Gewalt beinhalten, und weniger kooperative Konfliktlösungsstrategien,
(5) schätzt sie die aggressiven Handlungsalternativen als effizienter, ihren eigenen Fähigkeiten angemessener und legitim ein, und unterschätzt möglicher-

weise die langfristigen negativen Konsequenzen für sie selbst und den Interaktionspartner,

(6) wird sie eher zu aggressivem Verhalten tendieren.

• Abwertung des Opfers

Die absichtliche Schädigung einer anderen Person steht bei den meisten Menschen im Konflikt mit internalisierten sozialen Normen und ihrem Selbstbild. Um diesen inneren Konflikt *(kognitive Dissonanz)* (vgl. Kapitel 1) zu reduzieren, werden kognitive Prozesse der *Selbstrechtfertigung* (Aronson, 1994; Bierhoff, 1998; Aronson, Wilson & Akert, 2004) aktiviert, mit denen der Aggressor die eigene Verantwortlichkeit und Schuld abzuschwächen oder zu leugnen versucht. Die Folgen für das Opfer werden verharmlost oder dem Opfer wird ein eigenes Verschulden zugeschrieben, es wird abgewertet und dehumanisiert, was sich in entsprechenden Bezeichnungen der Person niederschlägt (Bandura, 1999).

Experimente weisen darauf hin, dass der Prozess der Abwertung des Opfers besonders stark ausfällt, wenn die – im experimentellen Setting durch Kränkungen oder Elektroschocks – geschädigte Person als wehrlos erlebt wird, also der Rechtfertigungsdruck offenbar besonders hoch ist. Ist die Abwertung des Opfers einmal erfolgt, rechtfertigt sich auch eine Fortsetzung oder Eskalation der Aggression. Untersuchungen über Gewalt in Schulen (Olweus, 2002; Scheithauer, Hayer & Petermann, 2003) zeigen, dass Kinder, die Opfer von *Bullying* werden (d.h. dem systematischen und wiederholten Schikanieren Schwächerer durch Hänseln, Erpressen, Ausgrenzen, körperliche Angriffe u.a.), körperlich schwächer, ängstlicher und hilflos wirken sowie keine Gegenwehr erwarten lassen.

• Gruppeneinfluss

Kognitive Prozesse können auch zur Erklärung des Phänomens herangezogen werden, dass sich Individuen in Anwesenheit einer aggressionsbereiten Gruppe weit aggressiver verhalten, als sie es als Einzelperson tun würden. In einer solchen Gruppe oder Menschenansammlung erlebt das Individuum aggressives Verhalten eher als legitimiert und sozial angemessen. Eigene aggressionshemmende Normen treten zugunsten einer *Konformität* mit der Gruppennorm in den Hintergrund. Die *Anonymität* in der Gruppe, die eingeschränkte Zuschreibbarkeit von Verantwortung an den einzelnen *(Verantwortungsdiffusion)* lassen rationale Überlegungen etwa zu langfristigen Handlungsfolgen in den Hintergrund treten. Unmittelbare Verstärkungseffekte wie die Lust an der Schädigung, an der eigenen Machtausübung, soziale Anerkennung durch die anwesende Gruppe usw. gewinnen demgegenüber unverhältnismäßig an Bedeutung. Zudem werden Personen, die nicht der eigenen Gruppe zugehören, eher feindselige Absichten unterstellt, was wiederum aggressive Handlungen zur Abwehr vermeintlicher Bedrohung oder Vergeltung rechtfertigt (zusammenfassende Darstellung in Mummendey & Otten, 2002).

- Gewaltdarstellung in den Medien

In einer Vielzahl von Untersuchungen wurden aggressionsfördernde Effekte gewaltdarstellender Filme nachgewiesen (Huesmann & Miller, 1994; Huesmann et al., 2003; Geen, 1983, 1998; von Salisch, Kristen & Oppl, 2005). Zur Erklärung dieses Sachverhalts können Prozesse des Modell-Lernens herangezogen werden. Besonders wirksam sind die beobachteten aggressiv handelnden Modelle, wenn sie für den Beobachter attraktiv sind, wenn ihr Verhalten realistisch erscheint und sich in dem dargestellten Kontext als wirksames Mittel zur Zielerreichung erweist. Der moralisch legitimierte Held, der mit gewalttätigen Mitteln den Bösewicht eliminiert und damit Reichtum, tolle Frauen und soziale Bewunderung erzielt, ist ein klassisches Klischee, das dem jeweiligen Zeitgeist und der avisierten Zielgruppe entsprechend mehr oder weniger subtil ausgestaltet wird. Die Dramaturgie der Handlung ist vielfach so aufgebaut, dass bei den Zuschauern die Spannung, das Gefühl von Bedrohung und Angst ansteigt und am Punkt höchster Erregung der aggressive Befreiungsschlag *schlag*artig Erleichterung verschafft. Demgegenüber wirken nicht-aggressive Konfliktstrategien, falls sie überhaupt dargestellt werden, nicht nur langweiliger, sondern i.d.R. auch ineffizienter.

Betrachter gewalttätiger Filme nehmen *aggressive Handlungsskripts* (Josephson, 1987) in ihr Gedächtnis auf, die in alltäglichen Konfliktsituationen re-aktiviert werden können. Bei einem hohen Konsum von Gewaltdarstellungen erscheinen dem Betrachter aggressive Arten der Konfliktregelung als übliche, sozial angemessene Form der Auseinandersetzung, was einerseits die Hemmschwelle für eigenes aggressives Verhalten senkt und zum anderen Misstrauen und Bedrohtheitsgefühle gegenüber anderen Menschen erhöht. Dies wiederum begünstigt die Bereitschaft zu aggressivem Verhalten und lässt kooperative Konfliktlösungsstrategien als unangebracht erscheinen. Zudem begünstigt eine De-Sensibilisierung gegen Gewalt durch Gewöhnungseffekte und Abstumpfung, dass Gewalt gegenüber Dritten eher toleriert wird und Hilfsmaßnahmen unterlassen werden (vgl. Kapitel 8.3.5 zur Förderung von Zivilcourage).

Feldexperimente mit straffälligen Jugendlichen zeigten, dass die Jugendlichen, die an fünf aufeinanderfolgenden Tagen gewalttätige Filme gezeigt bekamen, sich im Alltag ihrer Wohngruppe aggressiver verhielten als die Jugendlichen, die ebenfalls spannende, aber nicht gewalttätige Filme gesehen hatten. Einen vergleichbaren Effekt fand man bei Kindern, die sich im Anschluss an einen Kriminalfilm gegenüber anderen Kinder aggressiver verhielten als Kinder, die einen spannenden Sportfilm gesehen hatten. Sowohl Jugendliche als auch Kinder im Grundschulalter zeigten unter experimentellen Bedingungen, dass sie nach dem Betrachten von gewaltdarstellenden Filmen ihren Gegenspielern stärkere Strafen verabreichten. Vorschulkinder reagierten auf eine verbale und körperliche Auseinandersetzung zwischen zwei anderen Kindern gleichgültiger, wenn sie vorher einen Krimi gesehen hatten, als wenn sie zuvor einen spannenden Sportfilm gesehen hatten (komprimierte Darstellung der geschilderten Untersuchungen bei Aronson, 1994; Mummendey & Otten, 2002).

Dass die Auswirkungen von Gewaltkonsum im Film nicht nur kurzfristiger, sondern auch langfristiger Art sind, belegt u.a. eine eindrucksvolle Langzeitstudie von Huesmann und Eron aus den USA. Jungen, die im Alter von acht Jahren eine Vorliebe für gewalttätige Fernsehfilme äußerten und diese häufig konsumierten, zeigten mit 18 Jahren und mit 30 Jahren eine erhöhte Aggressivität, wie sie sich in Selbsteinschätzungen, in Einschätzungen durch ihre Ehepartner und Kinder und in der Anzahl und Schwere krimineller Delikte widerspiegelte (Huesmann, Eron, Lefkowitz & Walder, 1984).

Interessanterweise ließen sich in einer aktuell veröffentlichten Studie der Forschergruppe (Huesmann et al., 2003) aggressionssteigernde Effekte nicht mehr nur bei Jungen, sondern auch bei Mädchen nachweisen. Die Jungen und Mädchen, die im Grundschulalter häufig gewalthaltige Fernsehsendungen sahen, zeigten etwa 15 Jahre später, im Alter von 20 bis 25 Jahren, ein vermehrt aggressives Verhalten, wie es aus Selbstberichten (Fragebögen, Interviews), aus Beurteilungen durch nahestehende Personen und registrierten Delikten ermittelt wurde. Auch wenn andere relevante Faktoren, die sowohl einen Einfluss auf aggressives Verhalten als auch auf den Medienkonsum erwarten lassen (niedriger sozioökonomischer Status der Familie, Aggressivität der Eltern, vernachlässigende und hart strafende Erziehungspraktiken, Fernsehgewohnheiten der Eltern, niedriges Intelligenzniveau des Kindes) und auch das Aggressionsniveau im Grundschulalter als Prädiktorvariablen in die Analyse mit einbezogen wurden, leistete der *häufige Konsum gewalthaltiger Fernsehsendungen im Grundschulalter* einen eigenständigen Beitrag zur Vorhersage des Zuwachses an Aggressivität bis zum Erwachsenenalter. Als mögliche Erklärung für die aggressionssteigernde Wirkung des gewalthaltigen Medienkonsums auch bei Mädchen diskutieren die Autoren eine gesellschaftliche Veränderung geschlechtsspezifischer Normvorstellungen und die Zunahme aggressiver weiblicher Modelle in Filmen und Fernsehsendungen.

Vergleichbare Effekte sind von gewalthaltigen Bildschirmspielen zu erwarten, zumal sich der Konsument hier als Akteur – wenn auch auf einer fiktiven Ebene – erlebt. In einer Metaanalyse von 35 aktuellen experimentellen und nicht-experimentellen Studien bestätigten Anderson und Bushman (2001) ihre Annahme, dass sowohl die Vorliebe für gewalthaltige Bildschirmspiele als auch die darauf verwendete Zeit mit erhöhter physiologischer Erregung, aggressiven Gedanken, Einstellungen und Stimmungen, aggressivem Verhalten sowie einer geringeren Bereitschaft zu hilfreichem, prosozialem Verhalten einhergeht. Diese Zusammenhänge zeigten sich unabhängig vom Geschlecht bei Kindern, Jugendlichen und jungen Erwachsenen.

7.2.4 Senkt aggressives Verhalten die Aggressionsbereitschaft? Der Mythos des Katharsis-Effektes

In der oben geschilderten Kontroverse zwischen den beiden Erzieherinnen wird von Kollegin A die These vertreten, man könne die Aggressivität in der Kindergruppe senken, indem man den Kindern die Gelegenheit gäbe, die Aggressionen „rauszulassen". In dieser in Alltagsvorstellungen weit verbreiteten Annahme finden sich popularisierte Elemente der psychoanalytischen und ethologischen Trieb- und Instinkttheorie wieder. Geht man davon aus, dass sich aggressive Energie naturwüchsig ansammle, aufstaue und regelmäßig abgelassen werden müsse, scheinen aggressive Handlungen ohne schwerwiegende Folgen für das Opfer, aggressive Spiele, Wettkämpfe, das Betrachten aggressiver Handlungen und aggressive Phantasien als geeignete Ventile, die im Folgenden die Aggressionsbereitschaft senken *(Katharsis-Hypothese)*, bis sich wieder neue aggressive Energie angesammelt hat, die dann wiederum einer möglichst unschädigenden Entladung bedarf.

Empirische Befunde sprechen allerdings eher für gegenteilige Effekte. Wie bereits im Zusammenhang mit Banduras Befunden zum Modell-Lernen und den Befunden zur Wirkung von Mediengewalt angesprochen, erhöht sich nach der Betrachtung aggressiver Modelle die eigene Gewaltbereitschaft. Körperlich anstrengende Tätigkeit führt ebenfalls nicht zu einem Nachlassen der aggressiven Verhaltenstendenz, sondern kann unter den Umständen des oben geschilderten *Erregungstransfers* sogar aggressionssteigernd wirken.

Stellen Sie sich vor, Sie nehmen an einem Forschungsexperiment teil, von dem man Ihnen gesagt hat, es untersuche, wie exakt die soziale Wahrnehmung anderer Personen in unterschiedlichen Interaktionssituationen sei.
(1) Zunächst lesen Sie einen Zeitungsartikel, in dem dargestellt wird, dass die Forschung nachgewiesen habe, ein nicht schädigendes Ausagieren von Ärger und aggressiven Impulsen an unbelebten Objekten sei wirksam zur Entspannung und zum Abbau von Ärger.
(2) Danach werden Sie gebeten, zu einem in der Öffentlichkeit kontrovers diskutierten Thema ein Statement zu verfassen. Nachdem Sie Ihre schriftliche Arbeit abgegeben haben, erhalten Sie zur Beurteilung das schriftliche Statement einer anderen Versuchsperson. Kurze Zeit darauf überreicht Ihnen die Versuchsleitung die Rückmeldung der anderen Person zu Ihrem Statement: Sowohl Ihr Schreibstil, als auch die Originalität und die Überzeugungskraft Ihrer Argumente sind negativ bewertet und Sie finden sogar einen handschriftlichen Kommentar: „Dies ist einer der schlechtesten Aufsätze, die ich gelesen habe!"
(3) Anschließend erhalten Sie die Gelegenheit, eine Liste von Aktivitäten danach zu ordnen, wie gerne Sie die jeweilige Aktivität im weiteren Verlauf des Experiment ausführen würden. Unter anderem wird dabei das Anschauen eines Comedy-Sketches, das Lesen einer Kurzgeschichte, das Spielen eines Computerspiels oder das Schlagen auf einen Sandsack *(punching-bag)* zur Wahl angeboten.

(4) Im Folgenden erhalten Sie Boxhandschuhe und der Versuchsleiter demonstriert Ihnen, wie man auf den punching-bag einschlägt. Danach haben Sie zwei Minuten Zeit, alleine in dem Raum auf den punching-bag einzuschlagen und bewerten danach, ob Ihnen diese Übung gefallen hat.

(5) In der nächsten Experimentalphase treten Sie in einem Reaktionstest in den Wettbewerb mit einer anderen Versuchsperson: Wer jeweils am schnellsten den Knopf drückt, hat gewonnen und der Verlierer wird einem unangenehm lauten Geräusch ausgesetzt. Der Sieger des jeweiligen Durchgangs kann die Höhe und die Dauer des Geräuschs auswählen oder auch auf die unangenehme Lärmeinspielung ganz verzichten. Bevor die Aufgabe startet, erfahren Sie, dass Ihr Konkurrent in dieser Aufgabe die Person ist, die Sie in der Beurteilung des Aufsatzes so schlecht beurteilt hat. Welche Lärmeinstellung würden Sie wählen? Wenn Ihr Konkurrent nicht die Person wäre, die Sie vorher schlecht bewertet hat, sondern eine völlig unbeteiligte Person, würde das die Intensität Ihrer Lärmeinspielung beeinflussen? Stellen Sie sich vor, Sie hätten vorher nicht die Gelegenheit gehabt, auf den punching-bag zu schlagen, sondern hätten die zwei Minuten nichts tun können als warten, bis es weitergeht. Hätte das Einfluss auf Ihre Wahl? Hätten Sie vorher gelesen, das symbolische Ausagieren von aggressiven Impulsen habe nachweislich keinen wirksamen aggressionsmildernden Effekt oder hätten Sie einen Artikel zu einem völlig anderen Thema gelesen, würde sich das auf Ihr Verhalten auswirken?

In einer nach dem oben beschriebenen Design konzipierten Studie (Bushman, Baumeister & Stack, 1999) zeigte sich Folgendes: Studentische Versuchspersonen, die zuvor die Medieninformation erhalten hatten, ein niemanden schädigendes Ausagieren von Ärger und aggressiven Impulsen wirke im Sinne des Katharsis-Effektes aggressionsmildernd, zeigten erwartungsgemäß – nachdem sie durch die schlechte Bewertung Ihres Aufsatzes verärgert worden waren – eine höhere Präferenz für die Nutzung des punching-bags als die Personen, die einen der beiden anderen Artikel gelesen hatten. Die meisten Personen, die entsprechend der Vorgabe den punching-bag nutzten (auch solche, die vorher keine Informationen über die vermeintlich positive Wirkung der Nutzung des punching-bags gelesen hatten), beurteilten diese Aktivität als angenehm. Dies trug allerdings nicht dazu bei, dass sie sich anschließend weniger aggressiv verhielten. Der gegenteilige Effekt war zu beobachten: Personen, die die Gelegenheit hatten, den punching-bag zu schlagen, verhielten sich danach aggressiver (d.h. setzten ihre Konkurrenten einer massiveren Lärmeinspielung aus) als Personen, die die gleiche Zeit mit Warten verbrachten. Diese erhöhte Aggressivität zeigten sie nicht nur gegenüber der Person, die sie vorher verärgert hatte, sondern auch gegenüber einer völlig unbeteiligten Person.

Dass dieser aggressionssteigernde Effekt nicht nur auf den Mechanismus eines *Erregungstransfers* (vgl. Kapitel 7.2.3) zurückzuführen ist, zeigt die Forschergruppe in einer Variante des Experiments (Bushman, 2002): Versuchspersonen, die angeregt werden, sich bei der Nutzung des punching-bags die Person vorzustellen, die sie vorher verärgert hat, zeigen die höchste Ausprägung von Ärger und Aggression, gefolgt von den Versuchspersonen, die angeregt werden, sich während des Schlagens auf die Steigerung ihrer Fitness zu konzentrieren.

Die Autoren (Bushman, Baumeister & Stack, 1999; Bushman 2002) problematisieren die möglicherweise fatalen Folgen der in den Medien und teilweise auch in populärer Ratgeberliteratur immer noch verbreiteten Empfehlungen zum „Rauslassen von Ärger" im Sinne der Katharsis-Hypothese. Wenn sogar Personen, die einen aggressionsmildernden Effekt durch die Nutzung des punchingbags erwarten, sich nicht im Sinne einer *sich selbst erfüllenden Prophezeiung* (bzw. im Sinne eines *Placebo-Effekts*, Anm. d. Verf.) moderater, sondern aggressiver verhalten, spricht dies eher dafür, dass ein symbolisches Ausagieren von Aggression dazu beiträgt, aggressive Kognitionen, Emotionen und Handlungstendenzen zu aktivieren, und damit aggressives „Realverhalten" anregt.

Der Katharsis-Hypothese entgegengesetzte Effekte zeigen auch Experimente, bei denen man den zuvor geärgerten Personen die Gelegenheit gab, durch Elektroschocks oder Beschwerden gegenüber dem Vorgesetzten Vergeltung zu üben: Gab man den Personen nach einer ersten Vergeltungsmöglichkeit eine zweite, so wäre im Sinne der Katharsis-Hypothese eine Reduzierung der aggressiven Maßnahme zu erwarten. Tatsächlich steigerten die Versuchspersonen im zweiten Durchgang eher das Ausmaß ihrer aggressiven Sanktionen. Möglicherweise erlebten die Personen nach ihrer ersten aggressiven Handlung Genugtuung als eine positiv verstärkende Konsequenz. Zudem aktivierten sie möglicherweise selbstrechtfertigende und das Opfer abwertende Kognitionen, was kognitive Dissonanzen zwischen dem eigenen Verhalten und eigenen Normvorstellungen reduziert und damit die Hemmschwelle für weitere Aggressionen senkt (Aronson, 1994).

Interessanterweise zeigten im Vergleich dazu solche Versuchspersonen ein geringeres Aggressionsniveau, die vor der Vergeltungsmöglichkeit noch keine Möglichkeit zu einer aggressiven Handlung erhalten hatten, sondern mit anderen, kognitive Kapazitäten bindenden Aufgaben (Konzentrationsaufgaben, Geschicklichkeitsaufgaben) beschäftigt und dadurch offenbar von ihrem Groll abgelenkt wurden.

In einigen Untersuchungen fanden sich Hinweise auf einen aggressionsmindernden Effekt einer ausgeübten Vergeltungsmaßnahme. Allerdings war dies ausschließlich unter der Bedingungskombination zu beobachten, dass die Versuchsperson stark erregt war, dass sie die Gelegenheit zu einer nur moderaten Vergeltungsmaßnahme erhielt und zwar unmittelbar an dem Verursacher der Verärgerung (komprimierte Darstellung einzelner Experimente in Aronson, 1994; Bierhoff, 2006).

In Alltagssituationen dürfte der letztgenannte Fall der exakten Wiederherstellung von „Gerechtigkeit" durch eine gleichgewichtige Sanktion kaum zu erreichen sein, zumal, wie oben bereits erwähnt, die an einem Konflikt beteiligten Interaktionspartner zu unterschiedlichen Bewertungen und Schuldzuschreibungen neigen. Dies bedeutet, dass der von der Vergeltungsmaßnahme Betroffene sie in der Regel für unverhältnismäßig halten wird und darauf tendenziell wieder mit Ärger und erhöhter Aggressionsbereitschaft reagiert, so dass eine Eskalation des Konfliktes begünstigt wird.

7.2.5 Anregungen für die Problemanalyse in der Praxis Sozialer Arbeit

Eine Problemanalyse in der Sozialen Arbeit umfasst (1) eine objektivierbare, intersubjektiv nachvollziehbare Beschreibung und Bewertung des Ist-Zustandes sowie (2) eine theoriegeleitete Erfassung der im konkreten Fall bedeutsamen Einflussfaktoren, die sich auf den Ist-Zustand hinderlich oder förderlich auswirken könnten. Auf dieser Basis können Anregungen für sozialpädagogisches Handeln entwickelt werden.

Kommen wir auf unser Eingangsbeispiel – die Kontroverse zwischen den beiden Erzieherinnen bezüglich der Aggressivität in der Kindergartengruppe – zurück! Die verschiedenen theoretischen Erklärungsansätze zur Aggressivität und die empirischen Befunde zu personalen, sozialen und situationsbezogenen Einflussfaktoren auf aggressives Verhalten werden uns wahrscheinlich in unserem ersten Eindruck bestärken, dass die von den beiden Kolleginnen gestellte Frage, wer denn nun Recht habe, der Komplexität des Phänomens nicht gerecht werden kann. Auch ohne die Kindergruppe näher zu kennen oder beobachtet zu haben, dürfte eine einfaktorielle Erklärung, wonach entweder der „hohe Fernsehkonsum" oder die „Duldung des aggressiven Verhaltens" *die* Ursache der Aggressivität in der Kindergruppe ist, nicht angemessen sein.

Allerdings könnten – gemäß der oben referierten Theorien und empirischen Befunde – beide Faktoren eine bedeutsame Komponente in einem *multifaktoriellen Erklärungsmodell* darstellen. Auch wäre eine wechselseitige Beeinflussung im Sinne eines *Aufschaukelungsprozesses* denkbar:

⇒ Die Kinder beobachten im Fernsehen attraktive, erfolgreiche aggressive Modelle, eignen sich die gezeigten Handlungsstrategien und die damit assoziierten Normen und Einstellungen an, gestalten sie entsprechend ihrer konkreten Handlungsmöglichkeiten um und setzen sie zur Erreichung verschiedener Ziele und zur Abwehr von Bedrohung ein.
⇒ Die Duldung des aggressiven Verhaltens seitens der erwachsenen Betreuungspersonen wird seitens der Kinder als Billigung interpretiert, die gemeinsam mit dem erzielten Erfolg das aggressive Vorgehen positiv bekräftigt und damit seine Auftretenswahrscheinlichkeit erhöht.
⇒ Die durch ihren Handlungserfolg verstärkten Kinder wirken wiederum für die anderen Kinder als nachahmenswerte aggressive Modelle.
⇒ Die aggressiven Interaktionen zwischen den Kindern führen – zumindest auf Seiten des jeweils Unterlegenen – zu Frustration, Ärger, Bedrohtheitsgefühlen, Neid und ggf. Schmerz, was wiederum die Bereitschaft erhöhen kann, sich seinerseits aggressiv zu verhalten.
⇒ Wiederholte Erfahrungen von Aggression in der Kindergruppe führen dazu, dass immer mehr ehemals neutrale Merkmale der Situation (Spielzeuge, Bauspielecke, bestimmte Kinder in der Gruppe, Rutsche, Sandkasten) mit aggressiven Auseinandersetzungen assoziiert sind und als aggressive Hinweisreize die Aggressionsbereitschaft erhöhen.

⇒ Die gereizte Stimmung, der mit aggressiven Interaktionen verbundene Lärm, die latente Bedrohtheit, die Unvorhersehbarkeit der Situation steigern die physiologische Erregung und fördern damit aggressive Verhaltenstendenzen.

⇒ Das eigene aggressive Verhalten wird durch eine Abwertung des Opfers und den Erfolg (z.B. eine vermeintliche Bedrohung abzuwehren) gerechtfertigt, was wiederum eine Fortsetzung und Steigerung des aggressiven Verhaltens begünstigt.

⇒ Die erhöhte Häufigkeit aggressiver Interaktionen in der Gruppe lässt aggressives Verhalten als „normal" und üblich erscheinen, was eine Abstumpfung bezüglich des Leidens der jeweiligen Opfer und gegenüber konkurrierenden prosozialen moralischen Standards begünstigt.

⇒ Da Kinder mit einer ausgeprägten Aggressionsbereitschaft wiederum eine Vorliebe für gewaltdarstellende Filme zeigen, schließt sich der sich aufschaukelnde Kreislauf der Eskalation von Aggression.

Nun muss ein solcher eskalierender Kreislauf nicht notwendig an einem bestimmten Punkt, beispielsweise dem Gewaltkonsum im Fernsehen, beginnen, sondern kann an jedem beliebigen Punkt ansetzen und sich dann spiralförmig aufschaukeln.

7.3   Prävention und Verminderung aggressiven Verhaltens

Multifaktorielle Erklärungsmodelle haben nicht nur den Vorteil, dass sie der Komplexität des menschlichen Erlebens und Verhaltens eher gerecht werden, sondern sie eröffnen auch ein breites Spektrum an Ansatzpunkten zur Entwicklungsförderung, Prävention und ggf. Veränderung von Problemverhalten. Da die Faktoren sich vielfach wechselseitig beeinflussen, können bereits Interventionen, die an einigen der Einflussfaktoren ansetzen, nicht nur direkte, sondern weiter reichende indirekte und Langzeiteffekte haben.

Betrachten wir noch einmal die in unserem Eingangsbeispiel seitens der beiden Kolleginnen befürworteten Interventionen. Die Aufklärung der Eltern über den Zusammenhang von Gewaltdarstellungen in den Medien und aggressivem Verhalten sowie die Anregung der Eltern, für und mit ihren Kindern alternative, vielfältige Freizeitaktivitäten zu erschließen, dürfte mehreren der in Kapitel 7.2.2 angegebenen *sozialen Risikofaktoren* entgegenwirken und den Kindern Chancen bieten, soziale Bindungen und Kontakte zu festigen, ein breiteres Handlungsrepertoire zu erproben und Kompetenzerfahrungen zu machen. Als eher wenig hilfreich dürfte sich – angesichts der referierten Befunde – die Vorstellung erweisen, die Kinder müssten die Gelegenheit erhalten, ihre Aggressionen „herauszulassen". Demgegenüber dürfte es sich lohnen, gemeinsam mit den Kindern Regeln und Verhaltensstrategien eines kooperativen Zusammenlebens zu entwickeln und diese aktiv und konsistent zu vertreten sowie den Kindern eine

Lernumwelt zu bieten, in der sie – unter den Bedingungen eines angemessenen Schwierigkeitsgrades – die Chance erhalten, ihre Anliegen in nicht-aggressiver Weise erfolgreich zu verfolgen.

In diesem Zusammenhang wäre zu reflektieren, inwieweit etwa die Strukturierung des Tagesablaufes, der Wechsel von Bewegungs-, Konzentrations- und Entspannungsphasen, die Strukturierung der räumlichen Bedingungen, die Ausstattung mit Spielmaterialien, die Anregung zu kooperativen Aktivitäten, das Respektieren aktueller, individueller Bedürfnisse sowie ein Beziehungsklima emotionaler Wärme und sozialer Unterstützung zu einer Optimierung einer solchen Lernumwelt beitragen können.

Im Folgenden werden bewährte Ansätze zur Prävention und Verminderung aggressiven Verhaltens exemplarisch vorgestellt.

7.3.1 Aufbau eines Repertoires an nicht-aggressivem Alternativverhalten zur Zielerreichung

Verfügt die Person über ein Repertoire an sozial kompetenten, nicht-aggressiven Verhaltensstrategien, die sie den unter Punkt 7.1. angesprochenen Zielen und Funktionen näherbringen, wird Aggression nicht mehr notwendig die *dominante Reaktionstendenz* sein. Dies impliziert, dass auch wenn eine Person Frustriertheit oder anderweitig verursachte aversive Erregung verspürt, sie sich nicht notwendig aggressiv verhalten wird. Vielmehr kann sie auch zu *emotionsregulierenden* oder *problemlösenden Bewältigungsstrategien* greifen (vgl. Lazarus & Launier, 1981), die keine Schädigung einer anderen Person beeinhalten. Nichtaggressive emotionsregulierende Strategien können beispielsweise ärgerreduzierende kognitive Umbewertungen sein, die zu mehr Gelassenheit oder Verständnis für den anderen führen, Ablenkung, Entspannung, Zuwendung zu erfreulichen Aktivitäten u.v.a. Problemlösende Strategien setzen an den verursachenden Komponenten an und versuchen dort eine Veränderung zu erzielen, um die aktuelle und zukünftige Situation befriedigender zu gestalten. Dazu gehören u.a.
- die Artikulierung eigener Interessen und Gefühle,
- das Initiieren von sozialen Kontakten,
- eine kooperative Konfliktlösung durch angemessene Selbstbehauptung, Verhandlungsstrategien, Vereinbaren und Einhalten von Regeln,
- die Inanspruchnahme von Hilfe und sozialer Unterstützung durch Personen des sozialen Umfeldes,
- die Entwicklung von Anstrengungen und geeigneten Strategien zur Bewältigung von sozialen Anforderungen und zur Verwirklichung persönlicher Ziele.

Die *Aneignung* eines solchen Handlungsrepertoires wird begünstigt, durch attraktive Modelle im sozialen Nahraum (Familie, Kindergarten, Schule, Freizeit, Beruf) und in den Medien (Eron & Huesmann, 1986), insbesondere dann, wenn sie in ihrem nicht-aggressiven Verhalten als erfolgreich erlebt werden. Die tatsächliche *Ausführung* und Differenzierung des Verhaltensrepertoires wird erleichtert, wenn die erlebten und internalisierten sozialen Normen dies positiv unterstützen und das Verhalten zu positiv bewerteten Konsequenzen führt *(Fremd- und Selbstbekräftigung)*.

Das nicht-aggressive Alternativverhalten muss sich also als „alltagstauglich" erweisen. Wollen wir einen Aufbau entsprechender Verhaltensstrategien pädagogisch unterstützen, müssen wir deshalb mit der alltäglichen Lebenswelt der Kinder, Jugendlichen und Erwachsenen, den Normen, Verhaltensweisen und Handlungsbedingungen in ihrem sozialen Umfeld vertraut sein.

7.3.2   Erhöhung der Hemmschwelle für aggressives Verhalten

Neben der Förderung sozial kompetenter, nicht aggressiver Verhaltensstrategien zur Verfolgung eigener Anliegen bedarf es einer Erhöhung der Hemmschwelle für aggressives Verhalten. Dies kann sowohl über die Förderung von Einfühlung als auch über soziale Kontrolle angestrebt werden.

• Empathie und Perspektivenübernahme

Empathie als Fähigkeit, das emotionale Erleben einer anderen Person nachzuempfinden, etwa mitzuleiden oder sich mitzufreuen, erhöht die Hemmschwelle für aggressives Verhalten und begünstigt prosoziales Verhalten (vgl. Kapitel 8). Intuitive Formen empathischen Mitempfindens findet man bereits bei Säuglingen, sie reagieren auf das Schreien anderer Säuglinge mit Weinen. Angesichts eines traurigen Gesichtsausdrucks oder anderer Signale von Unwohlsein eines Kindes oder Erwachsenen zeigen sie Zeichen von Unruhe oder beginnen zu weinen. Inwieweit dieses intuitive Mitempfinden erhalten bleibt, sich weiterentwickelt, differenziert und zu tatsächlichem Hilfehandeln führt, wird stark von der *sicheren Bindung* des Kindes zu seinen Bezugspersonen beeinflusst (Fremmer-Bombik & Grossmann, 1991). Der Begriff der Bindung *(attachment)* bezieht sich in Anlehnung an Bowlby auf das sozial-emotionale Beziehungssystem zwischen dem Kind und seinen frühen Bezugspersonen; Kinder mit einer *sicheren Bindung* erleben die Unterstützung und den Schutz, den die Beziehung bietet, als verlässlich und vorhersehbar. Auf dieser Basis entwickeln sie die Fähigkeit zu einer flexiblen Balance zwischen Verbundenheit und Autonomie. Empirische Studien weisen darauf hin, dass sicher gebundene Kinder im weiteren Entwicklungsverlauf über ein breiteres Spektrum kommunikativer Fähigkeiten, über ein positives, den eigenen Fähigkeiten angemessenes Selbstbild verfügen, Konfliktsituationen positiver wahrnehmen und weniger aggressives Verhalten zeigen (zusammenfassend Spangler & Zimmermann, 1999; Becker-Stoll & Grossmann, 2002).

Das Fortbestehen und die Weiterentwicklung des kindlichen Mitempfindens wird gefördert durch ein einfühlsames, emotional zugewandtes Erziehungsverhalten, die Vermittlung prosozialer Normen und die Sensibilisierung des Kindes für die Folgen seines Verhaltens (zusammenfassend Schmidt-Denter, 1994, 2005).

Diese Fähigkeit, das Erleben einer anderen Person nachzuempfinden *(Empathie)*, und die Fähigkeit, sich kognitiv in die Perspektive einer anderen Person hineinzubegeben *(Perspektivenübernahme)*, wirken dem entgegen, dass man einer anderen Person vorschnell feindselige Absichten unterstellt und ihr dementsprechend – vermeintlich präventiv – aggressiv begegnet. Die Chancen einer kooperativen Verständigung wachsen.

• Soziale Kontrolle

Negative Konsequenzen eines Verhaltens reduzieren die Wahrscheinlichkeit, dass es ausgeführt wird. Diese im Prinzip zutreffende Überlegung mag Eltern, Pädagogen, Bürger und Politiker leiten, die die Anwendung härterer Strafen propagieren. Allerdings zeigen die bereits in Kapitel 7.2.2 referierten Befunde, dass ein hart strafendes Erziehungsverhalten als Risikofaktor die Wahrscheinlichkeit aggressiven Problemverhaltens erhöht. Auch wenn es geeignet sein dürfte, in Anwesenheit der strafenden Instanz das aggressive Verhalten zu unterdrücken, steht es einer Internalisierung nicht-aggressiver Normen entgegen. Denn die durch eine harte Strafe bedrohte Person rechtfertigt das aktuelle Unterlassen der aggressiven Handlungsintention mit der zu erwartenden Strafe (vgl. Kapitel 3.5.1). Es entsteht dadurch keine *kognitive Dissonanz* zwischen der Intention (den anderen zu schädigen) und dem Handeln (dies zu unterlassen), was ihr eine Auseinandersetzung mit prosozialen Normen erspart (Aronson, 1994; Aronson, Wilson & Akert, 2004). Falls die strafende Instanz nicht anwesend ist, bzw. die aggressive Handlung unentdeckt bleibt, wird sie durch ihren Erfolg positiv verstärkt; gelegentliche Bestrafungen, falls man doch einmal erwischt wird, stören diesen Prozess nicht, zumal ein *intermittierend* (nicht kontinuierlich) verstärktes Verhalten sich als besonders änderungsresistent erweist.

Als wirksamer erweisen sich Formen sozialer Kontrolle, die
– moralische Standards und Regeln konsequent formulieren,
– aggressiven Abweichungen mit argumentativen Strategien begegnen, die die Perspektive des Opfers nachvollziehbar und langfristige negative Folgen für den Akteur selbst antizipierbar machen,
– sozial angemessene Strategien der Vertretung der eigenen Interessen fördern,
– Wiedergutmachung fordern und
– ggf. konsequent eingreifen, um akute aggressive Handlungen zu unterbinden, um damit deren Erfolg zu verhindern und das Opfer zu schützen.
(vgl. Frey, Schäfer & Neumann, 1999; Schmidt-Denter, 1994, 2005)

7.3.3 Komplexe personenbezogene und lebensweltorientierte Interventionen

Erfolgreiche Trainingsprogramme zur Prävention und Therapie aggressiven Verhaltens bei Kindern und Jugendlichen (Petermann & Petermann, 2003, 2005; Döpfner, Schürmann & Frölich, 2002; Fröhlich-Gildhoff, 2006b) und zum Training sozialer Kompetenz (Petermann, Jugert, Tänzer & Verbeek, 1999; Jugert, Rehder, Notz & Petermann, 2002) bauen auf einem multifaktoriellen Erklärungsmodell auf und kombinieren dementsprechend lebensweltorientierte und personenbezogene Ansatzpunkte:

- Sie tragen durch Entspannungsverfahren und Selbstinstruktionstraining dazu bei, dass Kinder und Jugendliche lernen, ihr habituelles und ihr akutes Erregungsniveau zu senken und selbst zu kontrollieren.
- Sie fördern eine differenzierte soziale Wahrnehmung (Empathie und Perspektivenübernahme).
- Sie sensibilisieren für langfristige Handlungsfolgen und fördern die Fähigkeit zur Impulskontrolle und zur Abwägung verschiedener Handlungsalternativen.
- Sie trainieren in Rollenspielen, kooperativen Spielen und Alltagssituationen den Aufbau eines sozial kompetenten Handlungsrepertoires, einschließlich Kooperation und Hilfeleistung sowie eine angemessene Selbstbehauptung.
- Sie fördern den Aufbau von Beziehungen zu Gleichaltrigen und ggf. eine Herauslösung aus devianten Gruppen.
- Sie regen Eltern/Pädagogen dazu an, durch gemeinsame erfreuliche Aktivitäten mit den Kindern die Beziehungsqualität zu verbessern.
- Sie erarbeiten und trainieren mit Eltern und Pädagogen angemessene Formen sozialer Kontrolle und sozialer Unterstützung zum Abbau aggressiver Verhaltensweisen und zum Aufbau sozial angemessenen Verhaltens.
- Sie ermöglichen die Erfahrung von *Selbstwirksamkeit* in sozialen Interaktionen. (zusammenfassende Darstellung von Trainingsprogrammen in Hartung, 2001; Cierpka, 2005; Fröhlich-Gildhoff, 2006a)

Im Zusammenhang mit Gewaltprävention und -verminderung an Schulen (Olweus, 2002) wurde untersucht, inwiefern eine Modifikation aggressionsfördernder Bedingungen zu einer Reduzierung von Gewalt gegen Mitschülerinnen und -schüler und von Vandalismus beitragen kann. Die Maßnahmen, die sich als erfolgreich erwiesen, setzen an drei Ebenen an: (1) der Schule als Institution, (2) der einzelnen Schulklasse und (3) am Individuum, also an den Tätern, Opfern und potentiellen Helfern. Konkrete Maßnahmen sind beispielsweise:

- Erweiterung der Partizipation und Gestaltungsmöglichkeiten der Schülerinnen und Schüler und der Eltern,
- Schulhofgestaltung, Ausstattung mit Spiel- und Sportmaterialien, Einrichtung kommunikationsfördernder Lernecken und Aufenthaltsräume,

- Reduzierung der Dichte auf den Schulhöfen durch flexible Pausenregelungen,
- Einführung kooperativer Gruppenarbeitsformen im Unterricht,
- Förderung leistungsschwacher Schüler, um Versagenserlebnissen, Zukunftsängsten und der Abwendung von schulischen Werten vorzubeugen,
- Verknüpfung der Lerninhalte mit der Lebenswelt, den Interessen und Problemen der Schüler,
- Stärkung der sozialen Bindungen zwischen den Schülern und zwischen Lehrern und Schülern durch Projekte, Fahrten, angenehme Aktivitäten,
- Angebote individueller Beratung zur Bewältigung von Problemen von Schülern und Eltern,
- Thematisierung und Problematisierung aggressiven Verhaltens und prosozialer Normen im Unterricht und in regelmäßigen Gesprächsrunden in der Klassengemeinschaft, Training dialogischer Konfliktbearbeitung,
- Stärkung der potentiellen Opfer durch Förderung des Selbstwertgefühls und der Fähigkeit zur angemessenen Selbstbehauptung sowie zur Inanspruchnahme sozialer Unterstützung durch andere,
- Sensibilisierung von Mitschülern für die Verantwortung, als Zeugen oder Zuschauer von Gewalt schützend und kooperativ einzugreifen,
- Streitschlichter-Progamme, bei denen ältere Schülerinnen und Schüler als Konfliktvermittler tätig werden,
- Fortbildung und kollegiale Beratung für Lehrer, damit sie für Aggressivität sensibilisiert werden und diese nicht durch Wegsehen, Dulden oder Vertuschen verstärken, sondern geeignete Maßnahmen zur Prävention und Verminderung von Aggressivität ergreifen und ein kooperatives, prosoziales Schulklima fördern.

(Darstellung von Interventionen und deren Wirkung in Jäger, 1999; Meyer, 1997; Meyer & Tillmann, 2000; Nolting & Knopf, 1997; Olweus, 2002; Kirchheim, 2005)

Schulsozialarbeit kann bei der Initiierung und kooperativen Durchführung derartiger Programme einen bedeutsamen Beitrag leisten. Eine stadtteil- und gemeinwesenbezogene Kooperation zwischen Einrichtungen der Jugendhilfe, Schulen, Verbänden, Initiativen u.a. Institutionen kann Einfluss nehmen auf strukturelle Aspekte der Lebenswelt der Kinder und Jugendlichen, die zur Prävention von Aggression beitragen.

8 Prosoziales Verhalten

*Als Sozialpädagogische Familienhilfe verfolgen Sie gemeinsam mit El-
tern und Kindern der Familie P. das Ziel, die Familie soweit zu stabilisieren, dass der drohende Entzug der elterlichen Sorge – aufgrund einer
Gefährdung des Kindeswohls durch Vernachlässigung – abgewendet werden kann. Nach anfänglichen Schwierigkeiten ist es gelungen, einen regelmäßigen Kindergartenbesuch der Kinder sicherzustellen, die Belastungen der Familie durch Verschuldung zu reduzieren, Zuversicht und Stärken der Eltern zu reaktivieren und innerfamiliäre Beziehungskonflikte zu
mildern. Es bleibt allerdings die Sorge, dass die Eltern in akuten
Belastungssituationen wieder die Versorgung der Kinder vernachlässi-
gen, zu gewaltsamen Erziehungspraktiken greifen, wodurch die Sicherung
der grundlegenden Bedürfnisse der Kinder gefährdet wäre. Aufgrund Ihrer eingeschränkten zeitlichen Präsenz in der Familie könnte es passie-
ren, dass Sie eine entsprechende Entwicklung nicht rechtzeitig erkennen.
Bei dieser Problematik sind beide – die Familie und Sie als professionelle
Helferin – darauf angewiesen, dass im sozialen Umfeld der Familie „natürliche" Personen sind, die sich sowohl in alltäglichen Situationen als
auch in akuten Notsituationen aufmerksam und hilfreich verhalten.*

Untersuchungen zu Hilfeverhalten weisen teilweise erschreckende Befunde auf,
wonach Personen ihrer sozialen Verantwortung nicht nachkommen und eine
notwendige Hilfeleistung unterlassen. So gingen 989 Passanten an einem Hamburger Mehrfamilienhaus vorbei, aus dem Schreie eines Kindes und Gebrüll eines Mannes tönten. Nur 7 Passanten klingelten an der Haustür oder informierten
die Polizei, 982 Personen gingen einfach weiter. Glücklicherweise handelte es
sich um ein Experiment, die Stimmen wurden – was die Passanten nicht wissen
konnten – von einem Tonband abgespielt (Schwind, Gietl & Zwenger, 1991).

Sozialpsychologische Forschung geht der Frage nach, unter welchen Bedingungen sich die Chance erhöht bzw. verringert, dass Menschen die Hilfebedürftigkeit einer anderen Person wahrnehmen und sich zur Hilfe und Unterstützung
entschließen. Diese Forschung wurde zunächst angeregt durch spektakuläre Fälle
unterlassener Hilfeleistung. So beobachteten 1964 in einem gutbürgerlichen New
Yorker Vorort annähernd 40 Anwohner den sich über eine halbe Stunde hinzie-
henden Mord an der jungen Kitty Genovese, ohne die Polizei zu verständigen
oder anderweitig einzuschreiten. Demgegenüber geben auch eindrucksvolle Beispiele von Hilfeleistungen – wie die Unterstützung von Verfolgten des Naziregi-
mes trotz extremer eigener Gefährdung sowie aktuelle Ereignisse des Engage-

ments freiwilliger Helfer bei Naturkatastrophen und Unfällen oder langfristig angelegtes ehrenamtliches Bürgerengagement – Anlass zur Bearbeitung dieser Frage.

8.1 Was ist prosoziales Verhalten?

Ein Handeln, dem die Absicht zugrunde liegt, einem anderen Menschen etwas Gutes zu tun, wird als *altruistisch*, *prosozial* oder *hilfreich* bezeichnet. Definitorische Merkmale dieser meist synonym verwendeten Begriffe sind nach Bierhoff (2002, 2006),

1. dass die handelnde Person sich darum bemüht, einer anderen Person oder Personengruppe etwas Gutes zu tun, ihr etwa Anteilnahme entgegenbringt, ihr bei Schwierigkeiten und Problemen unterstützend beisteht, ihr aus einer Notlage heraushilft, und
2. sich die helfende Person freiwillig dazu entscheidet, ohne beispielsweise dienstlich dazu verpflichtet zu sein *(Handlungsfreiheit)*.

Muss prosoziales Verhalten selbstlos sein?

Während bei einem *wettbewerbsorientierten* Verhalten der persönliche Nutzen des Handelnden oder gar die Maximierung der Differenz gegenüber der konkurrierenden Person/Gruppe angestrebt wird, zielt ein *kooperatives Verhalten* auf einen gemeinsamen Nutzen für die Beteiligten ab (vgl. Kapitel 5.4 zur Leistung in Gruppen). Bei *altruistischem* Verhalten steht der Nutzen für die andere Person/Gruppe im Vordergrund des Tuns.

Ein solches Verhalten setzt allerdings nicht unbedingt Selbstlosigkeit im Sinne einer ausschließlichen Orientierung am Wohl des anderen voraus. Auch wenn altruistisches Verhalten nicht an Bedingungen geknüpft ist, die eine Entschädigung, Gegenleistung, materielle oder soziale Belohnung verlangen, können sehr wohl positive Effekte für den Helfenden entstehen, die bei der Entscheidung für ein prosoziales Handeln bedeutsam sein können.
So kann der persönliche Gewinn für die helfende Person beispielsweise darin bestehen,

- dass sie sich in Übereinstimmung mit ihren persönlichen normativen Standards *(internalisierte Normen)* erlebt,
- sich in ihrem Selbstwert erhöht fühlt,
- dass sie Dankbarkeit seitens des Hilfebedürftigen und soziale Anerkennung durch ihre soziale Bezugsgruppe erfährt,
- dass sie durch ein empathisches Einfühlen in die hilfsbedürftige Person sowohl deren Leid als auch deren Erleichterung und Freude über die Hilfe stellvertretend miterlebt oder auch

- dass sie eine Stabilisierung ihrer sozialen Beziehungen erlebt, die bei Bedarf eine Gegenleistung erwarten lassen *(Reziprozität)*.

Wie wird prosoziales Verhalten erfasst?

Prosoziales Verhalten kann durch *freie* oder *systematische Beobachtung in Alltagssituationen* (zu Beobachtungsprinzipien vgl. Schermer, 2005, in dieser Reihe) erfasst werden. So kann beispielsweise beobachtet werden, wie häufig ein Kind in einer freien Spielsituation im Kindergarten einem anderen Kind hilft, es tröstet, etwas von seinem Besitz abgibt, teilt, in Notfällen Hilfe holt.
Als Indikator für prosoziales Verhalten kann auch die Spendenbereitschaft (Blutspenden, finanzielle Spenden) herangezogen und quantifiziert werden oder die Bereitschaft, sich im Rahmen ehrenamtlicher Tätigkeit zu engagieren, Zeit zur Verfügung zu stellen, sich für Fairness und Gerechtigkeit einzusetzen.

Die Bereitschaft, andere Personen oder Gruppen hilfreich zu unterstützen, kann auch über *Fragebögen* erhoben werden. Allerdings besteht auch bei einer anonymen Befragung zur Selbsteinschätzung der Hilfsbereitschaft bzw. des altruistischen Verhaltens und entsprechender Einstellungen das Risiko, dass die befragte Person im Sinne *sozialer Erwünschtheit*, also altruistischen Verhaltens, antwortet und damit wenig gültige Hinweise auf ihr tatsächliches Verhalten liefert (vgl. Lück, 1997).

In *Labor- und Feldexperimenten* der sozialpsychologischen Forschung zu altruistischem Verhalten wird vielfach eine Situation simuliert und es wird beobachtet, inwieweit die anwesenden Personen, die ihrerseits nicht wissen, dass sie als Versuchspersonen beobachtet werden, einer hilfsbedürftigen Personen eine Gefälligkeit erweisen, in Notfällen helfend eingreifen, Hilfe holen oder auch Hilfe versagen bzw. sich der Situation entziehen. In der experimentellen Situation sind Hilfebedürftige und potentielle Helfer i.d.R. einander nicht bekannt und der Kontakt ist nur kurzfristig angelegt. Schlussfolgerungen auf Hilfeverhalten in vertrauteren und längerfristig angelegten Beziehungen (z.B. familiärer, nachbarschaftlicher, beruflicher Art) sind daher nur sehr eingeschränkt möglich (zur Kritik an der Forschungspraxis s. Moghaddam, 1998).

Die *Feldforschung zur Sozialen Unterstützung (social support)* in *Sozialen Netzwerken* thematisiert prosoziales Verhalten in gewachsenen, alltäglichen Beziehungen. Eine Vielzahl von Untersuchungen konnte zeigen, dass die soziale Unterstützung durch Familienangehörige, Freunde, Bekannte, Nachbarn, Arbeitskollegen, Vereine, Selbsthilfegruppen, professionelle Helfer einen wesentlichen Schutzfaktor für die bio-psycho-soziale Entwicklung der Person darstellt (Schwarzer & Leppin, 1989). *Strukturelle Merkmale* des sozialen Netzes einer Person (z.B. Größe, Dichte, Homogenität) und *funktionelle Merkmale* des Netzwerkes, also die Art der vermittelten Unterstützung (z.B. emotionale Anteilnahme, lebenspraktische Hilfen) können mittels *qualitativer In-*

terviews oder auch mit Hilfe *standardisierter Verfahren* erhoben werden (vgl. Veiel & Baumann, 1992).

Als Beispiel für einen Fragebogen, der strukturelle und funktionelle Merkmale des persönlichen Netzwerkes der befragten Person erfasst, um Ansatzpunkte für eine Netzwerkförderung zu gewinnen, sei der Fragebogen von Pearson *(Personal Support System Survey, P3S)* genannt, der in einer deutschen Übersetzung von Nestmann als *Fragebogen zum persönlichen Unterstützungssystem* (Pearson, 1997) vorliegt.

Die Berliner Social Support Skalen (BSSS, Schulz & Schwarzer, 2003) – ein Fragebogen zu funktionellen Merkmalen sozialer Unterstützung – erfassen die subjektiv erlebte Qualität (1) erwarteter, (2) tatsächlich erhaltener emotionaler, instrumenteller und informationeller Unterstützung, (3) das Bedürfnis nach sozialer Unterstützung und (4) das aktive Bemühen, soziale Unterstützung aus dem Netzwerk zu mobilisieren.

8.2 Entwicklung prosozialen Verhaltens

Entwicklungspsychologische Befunde weisen auf eine sehr frühe Entwicklung prosozialen Verhaltens hin. Bereits wenige Tage alte Säuglinge weinen, wenn sie ein anderes Baby weinen hören (Sagi & Hofman, 1976). Das *reaktive Weinen* weist auf ein intuitives Mitfühlen hin, ohne dass die Kinder schon über die kognitiven Voraussetzungen verfügen, sich in eine andere Person hineinzuversetzen und dementsprechend nicht wissen können, worauf ihre eigene negative Stimmung zurückgeht.

Die Fähigkeit, das Leid als das einer anderen Person zu erkennen und ihr zuzuordnen – auch wenn zunächst deren Gedanken noch nicht nachvollzogen werden können – entwickelt sich gegen Ende des ersten Lebensjahrs. Die Kinder reagieren auf einen traurigen oder ängstlichen Ausdruck einer anderen Person mit Unruhe, Blickkontakt zur Betreuungsperson, traurigem Gesichtsausdruck oder Weinen. Im zweiten Lebensjahr sind fürsorgliche Initiativen zu beobachten, wie Tätscheln oder Berühren der traurigen Person. Mit zwei Jahren versuchen Kinder aktiv Hilfe zu leisten, indem sie der traurigen Person attraktive Gegenstände bringen, Hilfe holen, Sympathie bekunden oder die leidende Person aggressiv verteidigen. Es lässt sich eine hohe Empfänglichkeit der Kinder für die Bedürfnisse und Nöte anderer und ein breites Repertoire prosozialer Verhaltensweisen beobachten (zusammenfassende Darstellung von Untersuchungen und Theorieansätzen bei Schmidt-Denter, 1994, 2005).

Zwischen Kindern einer Altersstufe besteht bezüglich ihres prosozialen Verhaltens eine hohe Variabilität. Die kognitive Fähigkeit der *Perspektivenübernahme* (d.h. der Fähigkeit, sich in die Perspektive einer anderen Person hineinzuversetzen, ihr Verhalten, Erleben und ihre Erwartungen wahrzunehmen, zu verstehen sowie diese Kenntnis für das eigene Handeln zu nutzen), sind in Ansätzen schon im zweiten Lebensjahr zu beobachten. Diese Fähigkeit führt allerdings nicht notwendig zu Kooperation und prosozialem Verhalten, sondern kann auch zur Effektivierung wettbewerborientierter, rivalisierender Interaktion genutzt werden (vgl. Kapitel 5.4).

Die Aufrechterhaltung und Weiterentwicklung des empathischen Mitempfindens und des prosozialen Verhaltens im Kindesalter wird nach Schmidt-Denter (1994) begünstigt durch die Qualität des familiären Netzwerkes, ein warmherziges, unterstützendes, akzeptierendes Verhältnis der Eltern zum Kind, eine Erziehung zur Selbständigkeit und Selbstverantwortung und eine prosoziale Vorbildhaltung der Eltern. Zudem wirken soziale Vorbilder in der Gruppe der Gleichaltrigen, in pädagogischen Institutionen (Kindergarten, Schule, Freizeiteinrichtung u.a.) und in den Medien.

Der Prozess der Aneignung prosozialer Normen findet in einer aktiven Auseinandersetzung des Individuums mit seiner sozialen Umwelt statt. Als vermittelnde Mechanismen können Prozesse des *Modell-Lernens*, des *Verstärkungslernens* und der *Selbstverstärkung* auf der Basis internalisierter Normen angenommen werden. Dabei wirken langfristig besonders solche Vorbilder prosozialen Verhaltens, die ihr Tun durch spezifische Erläuterungen der handlungsleitenden Normen kommentieren. Soziale Verstärkung wirkt ebenfalls besonders dann, wenn die erwünschten Normen spezifisch begründet und erläutert werden und nicht nur durch allgemein formulierte Postulate vertreten werden (Rushton, 1980; vgl. Thomas, 1991).

8.3 Erklärungsmodelle prosozialen Verhaltens

8.3.1 Theoretische Annahmen

Die geschilderten entwicklungspsychologischen Befunde zu frühen Erscheinungsformen prosozialen Verhaltens ließen sich auch zur Unterstützung *soziobiologischer Theorien* heranziehen, die *reziprokes* (wechselseitiges) altruistisches Verhalten gegenüber einer genetisch verwandten Gruppe als Evolutionsvorteil betrachten und damit prosozialem Verhalten eine grundlegende Bedeutung für das Überleben und die Weiterentwicklung der menschlichen Spezies zuschreiben (Voland, 2000).

Theorieansätze, die demgegenüber den Einfluss kultureller Normen bei der Erklärung prosozialen Verhaltens in den Vordergrund stellen, akzentuieren in unterschiedlicher Weise,
1. inwieweit altruistisches Verhalten tatsächlich aus dem Bemühen um das Wohlbefinden einer anderen Person herzuleiten ist oder
2. ob auch bei altruistischem Tun die Optimierung des eigenen Wohlbefindens als ultimatives Ziel menschlichen Handelns zu postulieren sei.

Batsons *Empathie-Altruismus-Modell* (1991) betont die erstgenannte Akzentuierung: Wenn sich die potentiell helfende Person empathisch in die hilfsbedürftige Person einfühle, sei sie tatsächlich motiviert, der leidenden Person zu helfen. Gutes zu tun, ist demnach – unter der Bedingung von Empathie – das ultimative Ziel altruistischen Handelns. Der zweitgenannten Akzentuierung entspricht demgegenüber die Annahme, dass das Leiden einer anderen Person beim Betrachter eine unangenehme Erregung auslöst, was durch Empathie und durch die Internalisierung von Normen sozialer Verantwortung begünstigt wird. Um die eigene unangenehme Erregung abzubauen (!), könnte der Betrachter Hilfe leisten. Dies geschieht allerdings nur dann, wenn ihm der damit verbundene Aufwand als relativ gering erscheint. Kann die Stimmungsverbesserung anderweitig erreicht werden, etwa durch ein Verlassen der Konfrontation mit dem Leiden der anderen Person oder durch andere stimmungsaufhellende Aktivitäten, die weniger aufwendig erscheinen, besteht demnach die erhöhte Wahrscheinlichkeit, dass die Person eine mögliche Hilfeleistung unterlässt und einer der weniger aufwendigen Varianten den Vorzug gibt (vgl. Piliavin, Dovidio, Gaertner & Clark, 1981).

Übereinstimmend wird bei der Erklärung und Vorhersage prosozialen Verhaltens angenommen, dass die Entscheidung zur Hilfeleistung bzw. zu deren Unterlassen vor dem Hintergrund eines *intrapersonalen Konfliktes* zu betrachten ist, bei dessen Lösung die potentiell helfende Person auf dem Hintergrund normativer Überzeugungen zwischen dem zu erwarteten Nutzen (für die hilfebedürftige Person und für sich selbst) und ihren zu erwartenden Kosten (Aufwand, Gefährdung u.a.) abwägt.

8.3.2 Einfluss sozialer Normen

Hilfsbereitschaft wird beeinflusst von kulturellen Normen, die zwischen verschiedenen Gesellschaften oder auch zwischen gesellschaftlichen Subkulturen variieren können (vgl. Moghaddam, 1998). Dazu gehören Vorstellungen von Gerechtigkeit, Fairness, sozialer Verantwortung, die bei dem potentiellen Helfer ggf. ein moralisches Anliegen aktivieren. Entsprechend der vertretenen Gerechtigkeitsvorstellung erscheint Hilfehandeln in spezifischen Konstellationen als moralisch verpflichtend und angemessen. Jede der folgenden Gerechtigkeitsvorstellungen und Verteilungsprinzipien (Müller & Hassebrauck, 1993) hat unterschiedliche Implikationen beispielsweise für die Entscheidung, ob man einer Person aus einer selbstverschuldeten Notlage heraushilft:
- Gemäß der *Equity-Norm* kann jeder proportional soviel beanspruchen, wie er durch eigene Leistung beigetragen hat *(Beitragsprinzip).*
- Gemäß der *Equality-Norm* erhält jeder gleich viel, unabhängig von dem Umfang seines Beitrages *(Gleichheitsprinzip).*
- Als maßgebliches Kriterium für die Zuteilung kann auch die Bedürftigkeit der einzelnen Person gewertet werden, die z.B. durch eine aktuelle Notlage, eine Krise oder besondere Umstände entstanden ist *(Bedürfnisprinzip).*

Zwischenmenschliche Beziehungen, die nach der *Equity-Norm* gestaltet sind *(Austauschbeziehungen)*, legen eher Hilfehandeln nahe, wenn *Reziprozität* (d.h. wechselseitiges Geben und Nehmen) zu erwarten ist, wenn sich also der Hilfeempfänger voraussichtlich revanchieren kann und die Erwartung besteht, dass er dies auch tut. Demgegenüber orientieren sich *sozial motivierte Beziehungen* eher an der *Equality-Norm* oder auch an dem *Bedürfnisprinzip*. Sie begünstigen Solidarität und Zusammenhalt und verfolgen das Wohlergehen des anderen, auch wenn keine Gegenleistung zu erwarten ist (Bierhoff, 1994).

In einer konkreten Situation können unabhängig von der Art der Beziehung zu der hilfebedürftigen Person verschiedene Normen miteinander konkurrieren: So kann die *Norm der sozialen Verantwortung* aktiviert werden, wenn wahrgenommen wird, dass eine Person von der Hilfe anderer tatsächlich abhängig ist. Diese Norm konkurriert möglicherweise mit der *Hypothese einer gerechten Welt* (Lerner, 1980), wonach die hilfebedürftige Person für ihr Schicksal zunächst selbst verantwortlich gemacht wird, was zuweilen dazu führt, dass sogar Opfer von Verbrechen ein (Mit-)Verschulden zugeschrieben wird (vgl. Kapitel 2.2.2 zur Attribuierung von Verantwortung). Eine unterschiedliche Bereitschaft zur Hilfeleistung legt die *Norm der Eigen- versus Fremdgruppensolidarität* nahe, wonach ein Mitglied der Eigengruppe eher Unterstützung zu erwarten hat als ein Mitglied der Fremdgruppe. Interessanterweise zeigen Personen, die sich selbst gerecht und fair behandelt fühlen, eine höhere Bereitschaft zu Altruismus gegenüber Benachteiligten als Personen, die sich selbst als ungerecht behandelt erleben (Hoffman, 1990).

Die Entscheidung zu Hilfehandeln findet auf dem Hintergrund aktivierter Normen statt. Welche personalen und situativen Einflussfaktoren dazu beitragen, dass die Entscheidung zugunsten einer Hilfeleistung ergeht, wird im Folgenden vorgestellt.

8.3.3 Personale Einflussfaktoren

Zu beobachtende individuelle Unterschiede in der Bereitschaft, anderen Menschen zu helfen, verweisen u.a. auf eine individuumsspezifische Ausprägung persönlicher prosozialer Normen sowie auf die Überzeugung bezüglich der Wirksamkeit des eigenen Handelns.

• Persönlicher Standard prosozialer Normen und internale Kontrollüberzeugung

Vor dem Hintergrund kultureller Normen erwerben Personen im Laufe ihrer Lebensgeschichte persönliche Standards prosozialen Verhaltens. Interviews mit Personen, die in der Zeit des Nationalsozialismus trotz extremer eigener Gefährdung Juden vor der Vernichtung retteten (Oliner & Oliner, 1988), weisen auf hohe Standards familiär verankerter altruistischer Moralvorstellungen hin. Darüber hinaus weisen diese Personen einen hohen Grad an *internaler Kontroll-überzeugung* auf, d.h. die Überzeugung, auf relevante Aspekte des Lebens selbst Einfluss nehmen zu können und weniger durch andere Personen oder schicksalhaft determiniert zu sein, was einer *externalen Kontrollüberzeugung* entspräche. Die internale Kontrollüberzeugung ermutigte offenbar die Personen, fast aussichtslose und extrem gefährlich einzuschätzende Akte der Hilfeleistung zu erbringen und ihren altruistischen Normen entsprechend zu handeln.

• Altruistisches Selbstbild

Als definitorisches Merkmal prosozialen Verhaltens wurde zu Beginn des Kapitels die Freiwilligkeit des Hilfehandelns genannt. Die Person entscheidet sich zur Hilfeleistung, ohne dazu dienstlich verpflichtet zu sein bzw. dafür eine Entlohnung zu erwarten. Stellt prosoziales Verhalten einen Bestandteil des Selbstbildes der Person dar, ist die Wahrscheinlichkeit erhöht, dass die Person sich in einer entsprechenden Situation hilfreich, also selbstbildkongruent verhält.

Erhält die Person eine positive Rückmeldung zu ihrem Verhalten, die ihr altruistisches Selbstbild unterstützt (z.B. eine Danksagung bezüglich der geleisteten Spenden), stabilisiert dies ihre prosoziale Handlungstendenz. Wird allerdings das prosoziale Handeln mit einer (unerwarteten) Bezahlung entlohnt, ist dies dem altruistischen Verhalten eher abträglich (zusammenfassend Bierhoff, 2002). Eine Erklärung für den letztgenannten Effekt dürfte die in Kapitel 3.5.2 genannte Tendenz sein, eigenes Verhalten, das durch andere Personen übermäßig belohnt wird *(over-justification)*, als *external motiviert* zu interpretieren.

8.3.4   Aktuelle situative Einflussfaktoren

Ob eine Person sich in einer konkreten Situation tatsächlich hilfreich verhält, wird auch von aktuellen situativen Umständen beeinflusst, deren Wirkung – zumindest in alltagspsychologischen Beurteilungen – eher unterschätzt wird.

• Der Bystander-Effekt, die Anwesenheit von anderen Personen

Stellen Sie sich vor, Sie stürzen unglücklich und sind auf Nothilfe fremder Menschen angewiesen. „Hoffentlich bemerkt dies jemand!", werden Sie denken. Wenn Sie die folgenden Befunde gelesen haben, werden Sie wahrscheinlich zusätzlich denken, „... aber hoffentlich nur einer!". Tatsächlich sprechen sozialpsychologische Befunde und leider auch Beobachtungen in alltäglichen Notfallsituationen dafür, dass mit der Zahl der anwesenden Personen, also der potentiellen Helfer, sich die Wahrscheinlichkeit *reduziert*, dass eine der Personen hilft.

In einer Versuchsreihe belegte die Forschungsgruppe um Latané (Latané & Nida, 1981), dass die Wahrscheinlichkeit, einer anderen Person in einer Notlage zu helfen (etwa anlässlich eines Sturzes oder eines epileptischen Anfalls), am größten ist, wenn der potentielle Helfer allein ist. Sie reduziert sich deutlich bei Anwesenheit einer zweiten Person bzw. wenn der potentielle Helfer annimmt, außer ihm hätten noch andere Personen den Notfall wahrgenommen. Ein dramatischer Abfall der Hilfsbereitschaft ist zu beobachten, wenn der potentielle Helfer feststellt, dass die anderen Beobachter sich passiv verhalten. Dieses vielfach replizierte Phänomen führen die Autoren darauf zurück, dass das Gefühl der *persönlichen Verantwortlichkeit* abgeschwächt wird, wenn man den Eindruck hat, die Verantwortung verteile sich auf mehrere potentielle Helfer *(Diffusion der Verantwortlichkeit)*. Die Passivität der anderen Zuschauer wertet man außerdem – insbesondere in uneindeutigen Situationen – als Hinweis dafür, dass „es doch nicht so schlimm sei", also kein echter Notfall vorliege und ein Eingreifen möglicherweise nicht erforderlich oder sogar unangemessen sei, mit dem Ergebnis einer *pluralistischen Ignoranz* der Notsituation. Zudem kann eine *Bewertungsangst* die Hilfsbereitschaft mindern, wenn die Person befürchtet, ihre Hilfeleistung werde von den anderen Anwesenden als unangemessen oder nicht kompetent genug bewertet (Überblick zu Forschungsergebnissen und Erklärungsmodellen bei Penner, Dovidio, Piliavin & Schroeder, 2005).

- Modelle prosozialen Handelns

Angesichts der besorgniserregenden Befunde bzgl. der Wirkung passiver Zuschauer auf die Hilfsbereitschaft des Einzelnen, dürfte es ermutigend sein, dass sich ein aktivierender Einfluss hilfreicher Modelle nachweisen lässt. Die Beobachtung von anderen Personen, die sich hilfreich verhalten, besonders dann, wenn sie sich anschließend über ihr Tun selbst freuen, steigert die Hilfsbereitschaft von Beobachtern in nachfolgenden ähnlichen Situationen.

In einer aktuellen Situation kann die Beobachtung, dass sich eine andere Person prosozial verhält, eigene Normen der sozialen Verantwortung aktivieren und damit handlungsrelevant werden. Dies zeigte sich bspw. im Rahmen des klassischen *Milgram-Experiments* (vgl. Kapitel 1.3.1.1), bei dem die Versuchspersonen angewiesen wurden, eine Person mit massiven Elektroschocks zu bestrafen. Ein hoher Anteil an Versuchspersonen, die beobachteten, dass zwei andere Versuchspersonen ihren Gehorsam gegenüber der Autorität verweigerten, zeigten ihrerseits eine erhöhte Bereitschaft zu zivilcouragiertem Verhalten und stellten ebenfalls ihre weitere Mitarbeit ein.

- Stimmungseinflüsse

Wurden Versuchspersonen durch einen kleinen Gewinn oder eine positive Rückmeldung zu einer erbrachten Leistung in positive Stimmung versetzt, zeigten sie eine größere Bereitschaft zu hilfreichem Verhalten als in einer neutralen Stimmung. Möglicherweise aktiviert die positive Stimmung angenehme Gedanken, Zuversicht und Wohlwollen. Eine negative Stimmung reduziert demgegenüber die Hilfsbereitschaft, möglicherweise begünstigt sie die Assoziation von Problemen, Nachteilen und Gefahr, die mit der Hilfeleistung verbunden sein könnten. Wird allerdings die negative Stimmung durch eine empathische Anteilnahme an dem Leid der hilfsbedürftigen Person oder durch Schuldgefühle (auch solche gegenüber einer anderen Person) induziert, steigt die Hilfsbereitschaft (zusammenfassende Darstellung in Pennington, Gillen & Hill, 1999).

• Aktivierung empathischer Anteilnahme

Empathische Anteilnahme erhöht die Bereitschaft zur Hilfeleistung. Die Fähigkeit, sich kognitiv in das Erleben und Verhalten einer anderen Person hineinzuversetzen *(Perspektivenübernahme)* und es emotional mitzuempfinden *(Empathie)*, kann einerseits als erworbenes Merkmal einer Person betrachtet werden und somit als *personaler Einflussfaktor* bei der Erklärung prosozialen Verhaltens berücksichtigt werden. Tatsächlich scheinen Personen sich bezüglich der Ausprägung dieser Fähigkeiten zu unterscheiden. Eine mangelnde Fähigkeit zur Perspektivenübernahme und Empathie gilt als Risikofaktor für aggressives Problemverhalten und stellt in Trainingsprogrammen zur Überwindung aggressiver Verhaltensstörungen einen zentralen Ansatzpunkt dar (vgl. Kapitel 7.3.2).

Der Grad an Empathie, hier die Einfühlung des potentiellen Helfers in den Hilfebedürftigen, wird andererseits auch durch Merkmale der Situation beeinflusst. So nimmt sie zu, wenn die hilfsbedürftige Person dem Helfer ähnlich erscheint, wenn sie sichtbar ist und sich in der Nähe des Helfers befindet und ihre Hilfsbedürftigkeit deutlich zum Ausdruck bringt.

In Batsons Experimenten zur Überprüfung der *Empathie-Altruismus-Hypothese* (Batson, 1991) wurde bei einer Gruppe der Versuchspersonen Empathie induziert, indem man ihnen den Eindruck vermittelte, eine andere Versuchsperson mit Namen Elaine (tatsächlich eine instruierte Mitarbeiterin des Versuchsleiters), sei ihnen bezüglich ihrer Einstellungen und Interessen ähnlich. Der zweiten Gruppe der Versuchspersonen wurde demgegenüber der Eindruck vermittelt, Elaine sei ihnen unähnlich, was eine geringere Empathie nahe legen sollte.
 Die Versuchsperson erlebte nun Elaine in einer Notsituation: Und zwar hatte sich Elaine zu einem Experiment gemeldet, innerhalb dessen sie leichten Elektroschocks ausgesetzt war. Die Versuchsperson beobachtete nun, dass die Schocks bei Elaine Angstzustände auslösten, die Elaine auf einen Unfall in ihrer Kindheit zurückführte. Die Hälfte der Versuchspersonen bekam den Hinweis, sie könne den Raum nach zwei Versuchsdurchgängen verlassen (Bedingung A). Der anderen Hälfte der Versuchspersonen wurde mitgeteilt, sie müsse bei der gesamten Versuchsreihe von zehn Durchgängen im Raum bleiben (Bedingung B), da sie noch eine andere Aufgabe zu erledigen hätte. Versuchspersonen, die per Zufall der Bedingung A zugeteilt wurden, hatten also die Möglichkeit, sich dem Beobachten des Leidens von Elaine zu entziehen ("Fluchtmöglichkeit"). Die Versuchsperson bekam nun das Angebot, Elaine zu entlasten, indem sie an Elaines Stelle

das Experiment zu Ende führte bzw. ihr einige der noch zu erwartenden acht Elektroschocks abnahm.

Tatsächlich halfen deutlich mehr Versuchspersonen, deren Empathie durch die vermeintliche Ähnlichkeit zu Elaine angeregt worden war, und zwar unabhängig von der Möglichkeit, sich dem Leiden zu entziehen. Demgegenüber hing die Hilfsbereitschaft der anderen, „weniger empathischen" Versuchspersonen deutlich von der Fluchtmöglichkeit ab. Erwarteten sie, alle zehn Durchgänge Elaines Leiden miterleben zu müssen, war die Hilfsbereitschaft mehr als dreimal so hoch wie bei einer kurzfristigen Fluchtmöglichkeit.

Batson (1991) interpretiert den Befund so, dass bei Aktivierung von Empathie tatsächlich das Wohlergehen der anderen Person ultimatives Ziel des prosozialen Handelns ist, da die beobachtende Person mit der hilfsbedürftigen Person stellvertretend mitleidet bzw. sich über die Behebung des Leidens mitfreut. Diese Gefühle bleiben erhalten, wenn sie um die Lage der hilfsbedürftigen Person weiß, auch wenn sie nicht mehr unmittelbar mit der Person konfrontiert ist. Empathie aktiviert also Altruismus. Bei nur geringer empathischer Anteilnahme (in diesem Experiment durch erlebte Unähnlichkeit induziert), ist demgegenüber die beobachtende Person motiviert, ihre – durch das Leiden der anderen Person angeregte – *eigene* unangenehme Erregung zu reduzieren, was bei der Möglichkeit, die Situation zu verlassen, nicht unbedingt eine Hilfeleistung erforderlich macht.

• Antizipierte Kosten des Helfens

Ist die Hilfeleistung mit unkalkulierbaren Risiken verbunden, wird sie als gefährlich erlebt, ist sie mit einem beträchtlichen Aufwand an Material und Zeit verbunden oder ist sie mit negativen sozialen Konsequenzen belegt (z.B. Stigmatisierung bei der ehrenamtlichen Arbeit mit gesellschaftlichen Randgruppen), beeinträchtigt dies erwartungsgemäß die Bereitschaft zum Hilfehandeln. Sozialpsychologische Experimente weisen darauf hin, dass bereits kleinere Unannehmlichkeiten entsprechende Tendenzen hervorrufen, wie das in Kapitel 3.3 vorgestellte Experiment von Darley und Batson (1973), wo die Quote von Theologiestudenten, die für einen am Boden liegenden, stöhnenden Mann Hilfe holten, unter leichtem Zeitdruck von 65% auf 10% abfiel.

8.3.5   Prozess des Hilfehandelns

Die genannten Einflussfaktoren treten in Alltagssituationen in vielfältigen Kombinationen auf und können zu unterschiedlichen Zeitpunkten des Entscheidungsprozesses, ob sich die Person zu einer Hilfeleistung entschließt, wirksam werden. Nach dem *Prozessmodell altruistischen Handelns* (nach Schwartz & Howard, 1981) können verschiedene Phasen des Hilfehandelns unterschieden werden:

1. Zunächst muss die Person ihre Aufmerksamkeit auf die Situation richten, die Notlage als solche erkennen, Möglichkeiten zur Linderung der Notlage sehen und sich selbst als hinreichend kompetent einschätzen, um Hilfe zu leisten.

2. Darüber hinaus bedarf es einer Aktualisierung einer prosozialen Motivation, d.h. einer Aktivierung des Gefühls einer persönlichen Verantwortung, den Hilfebedürftigen zu unterstützen.

3. Es folgt eine Abschätzung möglicher Kosten der Hilfeleistung (z.B. materieller Aufwand, Zeitaufwand, Einengung von Verhaltensfreiräumen, Gefährdung des Helfers, Risiko des Ausgenutztwerdens) sowie möglicher Kosten der Nicht-Hilfe (z.B. Schaden für den Hilfebedürftigen, Verletzung des eigenen Selbstbildes, Beeinträchtigung sozialer Beziehungen). Dem wird der mögliche Nutzen der Hilfe sowohl für den Hilfebedürftigen (z.B. Förderung des Wohlbefindens, Linderung des Leidens) als auch für sich selbst (z.B. Bestätigung des Selbstbildes, soziale Anerkennung) gegenübergestellt.

4. Überwiegen die „Kosten" oder bleibt die Bilanz uneindeutig, tendiert die Person dazu, die persönliche Verantwortung abzuwehren, indem sie die in den vorangegangenen Phasen relevanten Aspekte bestreitet:
   • die Notlage („Es ist doch nur halb so schlimm."),
   • die persönliche Verantwortung durch Prozesse der Verantwortungsdiffusion („Warum gerade ich?"),
   • die eigene Kompetenz zu helfen („Ich schaff' das nicht."),
   • die Möglichkeiten zu helfen („Es ist doch nichts zu machen.").
   Aufgrund dieser Umdeutungen kann es zu einer Neubewertung der Situation (i.S. der Phase 1–3) kommen und zu einem Unterlassen erforderlicher Hilfeleistung.

5. Fällt die Kosten-Nutzen-Bilanz positiv aus, scheint also der Nutzen der Hilfe zu überwiegen, ist die Person zur Hilfeleistung bereit.

Die Entscheidung des Beobachters, ob er selbst direkt helfend eingreift, indirekt oder zeitlich verzögert hilft, die Situation ignoriert, verlässt oder umbewertet, wozu auch eine Herabsetzung des Opfers gehören könnte, lässt sich demnach als ein komplexer Prozess beschreiben, auch wenn er – beispielsweise im Falle einer akuten Notsituation – in kürzester Zeit abläuft.

Wie kann Zivilcourage gefördert werden?

Zivilcouragiertes Handeln kann als eine spezifische Form prosozialen Verhaltens verstanden werden, bei dem eine Person – angesichts wahrgenommener Ungerechtigkeit und Missachtung sozialer Rechte – zugunsten eines schwächeren Dritten öffentlich eingreift und dabei bewusst das Risiko in Kauf nimmt, selbst negative Konsequenzen (z.B. soziale Abwertung, Bedrohung, Schädigung) zu erleiden (aktuelle Übersicht zu Definitionen, Einflussfaktoren und Trainings zur Förderung von Zivilcourage in Jonas & Brandstätter, 2004).

In Anlehnung an das *Prozessmodell altruistischen Handelns* von Schwartz und Howard (1981) postulieren Frey, Schäfer und Neumann (1999) notwendige Basisvariablen, die Personen zur Zivilcourage und zu einem aktiven Einschreiten bei gewaltsamen Übergriffen auf die grundlegenden Rechte anderer Personen anregen. Sie sollten durch pädagogische und politische Maßnahmen gefördert werden. Die Autoren ordnen diesen Variablen die programmatischen Bezeichnungen *„Kennen – Können – Wollen – Sollen – Dürfen"* zu:

- Erkennen von Situationen, in denen die grundlegenden persönlichen Rechte anderer missachtet und angegriffen werden, sowie Kenntnisse über Eingriffsmöglichkeiten *(Kennen)*,
- Fertigkeiten des angemessenen Einschreitens, die mit Hilfe von Multiplikatoren und Vorbildern für Zivilcourage erlernt werden *(Können)*,
- Motivation zu einschreitendem Handeln durch die Überwindung von Hilflosigkeitserleben und die Stärkung von Bewältigungskognitionen *(Wollen)*,
- gesellschaftliche Normen bezüglich persönlicher sozialer Verantwortung, Empathie, Fürsorglichkeit, Wahrung von Menschenrechten *(Sollen)*,
- Toleranz gegenüber Fehlern und Misserfolgen von Hilfeleistenden, Erziehung zu Optimismus und Selbstvertrauen, Anbieten von Übungsmöglichkeiten zur Regelung von Konflikten *(Dürfen)*.

Wie bereits in dem *Modell des geplanten Handelns* nach Ajzen (1991) (vgl. Kapitel 3.3) ausgeführt, steigt die Wahrscheinlichkeit eines einstellungskongruenten Verhaltens, wenn die persönliche Norm (hier das Empfinden von Fairness und sozialer Verantwortung) durch die Normen des sozialen Umfeldes gestützt wird und die Person zudem die Überzeugung gewinnt, die erforderlichen Fähigkeiten zur Verwirklichung ihrer Absichten (hier des Hilfehandelns und prosozialen Engagements) zu besitzen. Dieser Gedanke kommt auch in den programmatischen Forderungen von Frey, Schäfer und Neumann (1999) zum Ausdruck.

8.4 Beziehungskonstellationen zwischen Helfendem und Hilfebedürftigem

Prosoziales Handeln kann in sehr unterschiedliche Beziehungskonstellationen zwischen Helfendem und Hilfeempfänger eingebunden sein.

- Es kann gegenüber einem Fremden oder einer Gruppe Fremder aufgebracht werden und in einem zeitlich begrenzten Handlungsakt bestehen, der einen direkten Kontakt (z.B. eine Erste Hilfe-Leistung für ein Unfallopfer) oder auch nur indirekten Kontakt mit dem Hilfebedürftigen herstellt (z.B. eine finanzielle Spende für Opfer eines Erdbebens, die Benachrichtigung der Polizei oder eines Rettungswagens).

- Prosoziales Verhalten kann allerdings auch eingebunden sein in bestehende Beziehungen und soziale Netzwerke. Es kann längerfristige Hilfeleistungen an Familienmitglieder, Freunde, Arbeitskollegen, Nachbarn, an Mitglieder von Vereinen, Initiativen, Selbsthilfegruppen, in denen sich die Person engagiert, sowie an hilfebedürftige Mitbürger beinhalten. Als Beispiele für solche längerfristigen Hilfebeziehungen seien genannt die Betreuung eines chronisch kranken oder pflegebedürftigen Familienmitgliedes, nachbarschaftliche lebenspraktische Hilfen, ehrenamtliches soziales Engagement bei Wohlfahrtsverbänden, in Kirchen, Institutionen der Kommunen, in Nachbarschafts-Netzwerken, Initiativen und Selbsthilfegruppen.

Art und Ausprägung prosozialen Verhaltens sind das Ergebnis von Sozialisationsprozessen. Unterschiede in kulturvergleichenden Studien (zusammenfassend Moghaddam, 1998) weisen auf den Einfluss kultureller Normen hin. Welche Bedeutung Hilfe und Hilfeempfangen hat, ob es – extrem formuliert – als Akt fürsorglicher Unterstützung oder als Demonstration von Macht und Überlegenheit verstanden wird, ob die Inanspruchnahme von Hilfe als Hinweis auf Vertrauen und Intensität der Beziehung oder als beschämender Akt der Unterlegenheit und des eigenen Versagens empfunden wird, hängt von gesellschaftlichen Normen bezüglich der Angemessenheit ab.

„Kosten und Nutzen" des Helfens

Auf den ersten Blick assoziiert man die „Kosten des Helfens" mit der Hilfe leistenden Person, ihrem zu erbringenden Aufwand, ihrer potentiellen Gefährdung usw. Den Nutzen sieht man in erster Linie bei der Hilfe empfangenden Person. Darüber hinausgehend wird auch der Nutzen für die helfende Person (ggf. in der Form von sozialer Anerkennung, Stärkung des Selbstbildes, Erwartung von Reziprozität) in Betracht gezogen. So nennen ältere Personen, die sich in sozialer ehrenamtlicher Tätigkeit engagieren, als persönlichen Gewinn u.a.
- das Gefühl, gebraucht zu werden,
- ein eigenes Betätigungsfeld außerhalb von beruflichen und familiären Verpflichtungen aufzubauen,
- eine sinnvolle, sozial anerkannte, selbstbestimmte Tätigkeit ausüben zu können,
- Erfahrungen aus früherer Berufstätigkeit und Familienarbeit weiter nutzen zu können,
- Kontakte zu anderen Menschen aufzubauen und in eine Gemeinschaft eingebunden zu sein,
- Spaß zu haben, kreativ zu sein, körperlich und geistig rege zu bleiben und
- selber im Alter Hilfe und Unterstützung erwarten zu können
(Bundesministerium für Familie, Senioren, Frauen und Jugend, 1996, 2005). Insbesondere Jugendliche und junge Erwachsene, die sich freiwillig engagieren, erleben ihre Tätigkeit auch als eine für ihre persönliche und berufliche Entwicklung bedeutsame Lernchance bezüglich eines Zugewinns an sozialer Kompetenz, Belastbarkeit und Organisationsfähigkeit. Zudem erwarten sie, im Rahmen

ihres Engagements auch eigene Probleme und Interessen einzubringen und besser lösen zu können (Bundesministerium für Familie, Senioren, Frauen und Jugend, 2005).

"Kosten und Nutzen" des Hilfeempfangens

Während der Nutzen der Hilfeleistung für den Hilfeempfänger vor dem Hintergrund seiner Bedürfnislage als selbstverständlich erscheint, sind die möglichen "Kosten des Hilfeempfangens" weniger offensichtlich. Sie dürften allerdings eine relevante Einflussgröße sein für das beispielsweise im Zusammenhang mit Gesundheitsselbsthilfe beschriebene Phänomen, wonach die geäußerte Bereitschaft, Familienmitglieder, Freunde, Bekannte, Nachbarn, Arbeitskollegen hilfreich zu unterstützen, größer ist als die Bereitschaft, eine Unterstützung durch den entsprechenden Personenkreis selbst in Anspruch zu nehmen (Grunow, 1987).

Im Folgenden sollen die möglichen Kosten des Hilfeempfangens erläutert werden.

Die *Reziprozitätsnorm*, die Beziehungen wechselseitigen Gebens und Nehmens präferiert, aktiviert bei der Hilfe empfangenden Person ein Gefühl der Verpflichtung, sich bei gegebenem Anlass für die erhaltene Unterstützung zu revanchieren. Dies ist besonders dann der Fall,
• wenn die Notlage, in der man Hilfe erhielt, groß war und die Hilfe als wirksam empfunden wurde,
• wenn der Eindruck besteht, die Hilfe sei freiwillig und nicht aufgrund von externaler Verpflichtung erfolgt,
• wenn der erbrachte Aufwand des Helfers groß war und
• wenn man dem Helfer altruistische Motive (und kein Verfolgen eigener Vorteile) unterstellt.
Wenn für die hilfeempfangende Person tatsächlich die Möglichkeit besteht, sich zu revanchieren, neigt sie dazu, die Hilfeleistung und die helfende Person positiv zu bewerten (Greenberg, 1980).

Falls die Hilfe empfangende Person keine Möglichkeit sieht, sich zu revanchieren, begünstigt dies einen unangenehmen Spannungszustand. Das Gefühl, in der Schuld des anderen zu stehen, löst möglicherweise das Gefühl der Abhängigkeit und des persönlichen Versagens aus. Um die damit verbundene *Selbstwertbedrohung* zu vermeiden, kann die Person dazu tendieren, die empfangene Hilfe umzudeuten und den Helfer abzuwerten. Dies entsteht besonders dann, wenn sich der Hilfeempfangende als dem Helfer statusähnlich erlebt und dadurch seine Hilfebedürftigkeit als Versagen und Unterlegenheit interpretieren könnte (Nadler & Fisher, 1986).

Demgegenüber wird das Empfangen von Hilfe erleichtert, wenn es nicht mit einer *Selbstwertbedrohung* einhergeht, sondern die erlebte *Selbstunterstützung* überwiegt. Eine solche positive Bilanz wird begünstigt, wenn

- die eigene Notlage als schwerwiegend erlebt wird,
- sich die Hilfe als wirksam zur Beseitigung oder Linderung der Notlage erweist,
- der Hilfeempfänger den Eindruck hat, vom Helfer geschätzt und nicht als unterlegen abgewertet zu werden,
- Art und Ausmaß der Hilfe normativen Standards angemessen sind,
- sich der Hilfeempfänger nur mäßig verpflichtet fühlt, sich zu revanchieren sowie
- eine Möglichkeit zur Gegenleistung besteht.
  (differenzierte Darstellung in Bierhoff, 1994)

Selbsthilfepotential und empfangene Hilfe

Bei Personen mit einem hohen Selbstwertgefühl aktiviert das Empfangen von Hilfe Bemühungen um anschließende Selbsthilfe, bei Personen mit niedrigem Selbstwertgefühl können auch Hilflosigkeit und Abhängigkeitsverhalten angeregt werden (Nadler & Fisher, 1986).

Ob empfangene Hilfe eine weitere Inanspruchnahme von Hilfe nahe legt oder zur Selbsthilfe anregt, hängt auch von der Dosierung der Hilfe und der Art der Hilfe ab. Trägt die Hilfe dazu bei, dass beispielsweise instrumentelle Fähigkeiten vermittelt werden, die folgenden Probleme selbst zu lösen, dürfte eher das Selbsthilfepotential aktiviert werden. Das in der Geschichte der Sozialen Arbeit verankerte Konzept der *Hilfe zur Selbsthilfe* und das aktuelle Konzept des *Empowerment*, das die Fähigkeiten und Ressourcen der Adressaten sozialer Dienstleistungen zur selbstbestimmten Lebensgestaltung stärken möchte (Herriger, 2002; Lenz & Stark, 2002; Nestmann, 1999; Stark 1996), findet auch durch die Erkenntnisse der Psychologie des Hilfeempfangens Unterstützung. In Anlehnung an Brickman et al. (1982) präferiert Bierhoff (1994) das Modell der *kompensatorischen Attribution der Verantwortlichkeit*: Es sei zu unterscheiden zwischen der Verantwortlichkeit für das Entstehen der Notlage und der Verantwortlichkeit für die Lösung des Problems. Auch wenn ersteres external attribuiert wird – indem es beispielsweise den Lebensumständen, gesellschaftlich zu verantwortender sozialer Ungleichheit oder einer organischen Erkrankung zugewiesen wird – solle die Verantwortlichkeit für die Lösung bzw. Bewältigung des Problems zumindest teilweise bei dem Hilfebedürftigen bleiben und nicht komplett an Experten oder Laienhelfer delegiert werden. Unter diesen Bedingungen steigt die Chance, dass die zunächst hilfsbedürftige Person ihre Stärken und Bewältigungskompetenzen entfalten und Kontrolle über ihren Alltag (wieder-) gewinnen kann.

Der Erhalt bzw. die (Re-)Aktivierung des Selbsthilfepotentials wirkt sich nicht nur auf das Selbstwertgefühl der Hilfe erhaltenden Person aus, sondern beeinflusst auch die Bereitschaft potentieller Helfer, Unterstützung zu leisten. Deren Unterstützungsbereitschaft wird zum einen dadurch beeinflusst, inwieweit der hilfsbedürftigen Person eine Verantwortung für das Entstehen ihrer Notlage zugeschrieben wird *(Verantwortungsattribution)*. Wird das Entstehen der Notlage Einflussfaktoren zugeschrieben, die für die hilfsbedürftige Person nicht *kontrollierbar* waren, aktiviert dies tendenziell Mitleid und Hilfeintentionen. Wird demgegenüber die Notlage als selbst herbeigeführt eingeschätzt *(hohe Kontrollierbarkeit)*, aktiviert dies beim Beobachter weniger Hilfsbereitschaft. Ergebnisse einer Untersuchungsreihe von Schwarzer (2004) weisen allerdings darauf hin, dass der Einfluss der Verantwortungszuschreibung für die Entstehung des Problems in seiner Bedeutung für die Hilfsbereitschaft in den Hintergrund tritt, wenn das aktuelle *Bewältigungsverhalten (Coping)* der hilfebedürftigen Person in Betracht gezogen wird: Zeigt die hilfebedürftige Person selbst kein aktives Bemühen der Bewältigung der Problemlage, begünstigt dies beim Beobachter – unabhängig von der Ursachenzuschreibung – das Gefühl von Ärger sowie weniger Mitleid und Hilfsbereitschaft. Zeigt die hilfsbedürftige Person bei der Bewältigung eines Problems aktives Bemühen, regt dies eher Hilfsbereitschaft an, auch wenn es sich um ein selbstverschuldetes Problem handelt.

Nicht jedes als Unterstützung beabsichtigte Verhalten hat für den Empfänger tatsächlich Unterstützungsqualität. *Unangemessene Hilfe* (z.B. durch überfürsorgliche Entlastung), die ein passives Verhalten des Hilfeempfängers begünstigt, kann langfristig nicht nur dessen Selbstwertgefühl bedrohen, sondern – wie die o.g. Befunde zeigen – auch die Chance verschlechtern, angemessene soziale Unterstützung zu erfahren.

8.5 Soziale Unterstützung durch soziale Netzwerke

Die Eingebundenheit einer Person in ein Netzwerk von sozialen Beziehungen *(social network)* stellt im alltäglichen Lebensvollzug eine zentrale Ressource *sozialer Unterstützung (social support)* dar (Keupp & Röhrle, 1987; Laireiter, 1993; Röhrle, 1994; Schwarzer & Leppin, 1989; Veiel & Baumann, 1992). Die soziale Unterstützung umfasst weit mehr als einzelne, intentionale Akte von Hilfeleistung. Gerade im Kontext gewachsener Beziehungsstrukturen bezieht sie sich i.d.R. auf wiederkehrende, auch länger andauernde unterstützende Interaktionen.

Soziale Unterstützung kann in unterschiedlichen Formen erfolgen:
- instrumentelle Unterstützung, d.h. materielle und lebenspraktische Hilfen,
- emotionale Unterstützung durch Anteilnahme, Zuspruch, Wertschätzung,
- Unterstützung durch Informationsvermittlung,
- Unterstützung durch die Vermittlung des Gefühls von Identität und Zugehörigkeit, durch Möglichkeiten zur sozialen Orientierung und durch soziale Kontrolle.

Die Integration einer Person in ein tragfähiges soziales Netzwerk hat sich in vielen Untersuchungen (vgl. Schwarzer & Leppin, 1989) als förderlich für ihr psychisches und körperliches Wohlbefinden erwiesen *(Haupteffekt)*. Zudem konnten *Puffereffekte* nachgewiesen werden, d.h. die Existenz eines sozialen Netzwerkes puffert Belastungen durch *Kritische Lebensereignisse* und andere Stressoren ab und trägt somit als *Schutzfaktor* zur Prävention psychischer und körperlicher Störungen bei.

8.5.1 Struktur- und Beziehungsmerkmale sozialer Netzwerke

Das Netzwerk einer Person *(ego-zentriertes Netzwerk)* umfasst alle Personen, zu denen sie Kontakt hat und die für sie eine gewisse subjektive Bedeutung haben. Inwieweit ein soziales Netzwerk tatsächlich eine verlässliche Quelle sozialer Unterstützung sein kann, wird durch bestimmte *Strukturmerkmale* und *Beziehungsmerkmale* des Netzwerkes beeinflusst.

Zunächst sollen einige wesentliche *Strukturmerkmale* skizziert werden:
• Die *Größe* des Netzwerkes entspricht der Anzahl der Personen, zu der die *Indexperson* (d.h. die Person, deren Netzwerk beschrieben wird) Kontakt hat.
• Innerhalb des Netzwerkes können verschiedene Untergruppen *(Segmente)* unterschieden werden, z.B. Familie, Verwandte, Nachbarn, Freunde/Bekannte, Arbeitskollegen, Vorgesetzte, Vereinsmitglieder, Selbsthilfegruppe, professionelle Helfer (wie Sozialpädagogen, Ärzte, Lehrer, Psychotherapeuten).
• Die Zusammensetzung des Netzwerkes kann hinsichtlich der *Homogenität* bezüglich der Sozialschicht, des Berufes, des Alters, des Geschlechts, der handlungsleitenden Normen und Einstellungen u.a. betrachtet werden.
• Die *Dichte* eines Netzwerkes beschreibt das Ausmaß, in dem die Netzwerkmitglieder untereinander Kontakt haben.
• Die *Erreichbarkeit* der Netzwerkmitglieder für die Indexperson ist ein weiterer relevanter Beschreibungsgesichtspunkt. Sie kann beispielsweise bei Kindern und älteren Menschen durch räumliche Entfernung, schlechte Verkehrsanbindung und mangelnde Mobilität eingeschränkt sein. Die Nutzung neuer Medien (wie computervermittelte Kommunikation im Internet) kann die Erreichbarkeit auch räumlich entfernter Personen erleichtern (vgl. Döring, 2003).

Die *Beziehungsmerkmale* eines Netzwerkes beziehen sich auf die Interaktionen der Indexperson mit den einzelnen Netzwerkmitgliedern. Sie können u.a. unter folgenden Gesichtspunkten näher qualifiziert werden:
• *Kontakthäufigkeit,*
• *Intensität* und *Art der vermittelten Unterstützung* (s.o.),
• mit der Unterstützung verbundene *Zufriedenheit* der Indexperson,
• *Reziprozität*, d.h. Wechselseitigkeit des Gebens und Nehmens, sowie
• *Konfliktbelastetheit.*

Für verschiedene Probleme und auch Phasen der Problembewältigung können unterschiedliche Netzwerkkonstellationen günstig bzw. weniger günstig sein. Generell erweisen sich größere Netzwerke, mit unterschiedlichen Segmenten, einer gewissen Heterogenität in der Zusammensetzung und mittlerer Dichte als geeignet, der Person eine Vielfalt an Anregungen und Hilfen zu bieten. Im Vergleich dazu können homogene, dichte Netzwerke gerade in Phasen akuter Belastung ein hohes Maß an Geborgenheit vermitteln, langfristig aber auch ein hohes Ausmaß an sozialer Kontrolle bedeuten. Sehr kleine Netzwerke können gerade in Phasen andauernder Belastung überfordert sein, insbesondere wenn die Beziehungen nicht (mehr) durch ein wechselseitiges Geben und Nehmen, sondern durch einseitige Unterstützung gekennzeichnet und/oder auch durch Konflikte belastet sind. Möglicherweise wird das Netzwerk dann von den Beteiligten nicht mehr als System wechselseitiger Unterstützung erlebt, sondern als Quelle herabsetzender Kritik und Autonomie einschränkender Einmischung und seine Wirkung als Schutzfaktor verlieren.

Interessanterweise hat nicht nur die tatsächlich erhaltene Unterstützung, sondern auch bereits die *subjektiv wahrgenommene*, antizipierte Unterstützung Auswirkungen auf das psychosoziale Wohlbefinden der Person. Allein die Überzeugung, in ein Netzwerk eingebunden zu sein, geliebt und geschätzt zu werden und im Falle von Problemen mit Unterstützung rechnen zu können, fördert offenbar das Selbstwertgefühl sowie die Zuversicht, mögliche Herausforderungen und Belastungen bewältigen zu können. Im Sinne eines *transaktionalen Stressmodells* (Lazarus & Launier, 1981) wirkt sich dies im Prozess der Bewertung von potentiellen Stressoren günstig aus, reduziert das subjektiv erlebte Stressniveau und trägt im Bedarfsfalle zu einer Aktivierung von Bewältigungsstrategien *(Copingstrategien)* bei. In einem breiten Spektrum von Copingstrategien kann die Mobilisierung sozialer Unterstützung als *eine emotionsregulierende* und auch als *problemlösungsorientierte Copingstrategie* bedeutsam sein.

8.5.2 Einfluss der Person und ihrer Lebensumstände auf das soziale Netzwerk

Netzwerke sind als *komplexe Systeme* (Dörner, 2003; vgl. Kapitel 5.5.1) zu betrachten, in denen sich Elemente und Beziehungen wechselseitig beeinflussen und die sich dynamisch entwickeln. Insofern kann die Person, deren Netzwerk betrachtet wird *(Indexperson)*, nicht nur als passiver Empfänger sozialer Unterstützung seitens des Netzwerkes verstanden werden. Vielmehr muss auch ihr aktiver Beitrag zum Aufbau, Erhalt und zur Veränderung ihres Netzwerkes sowie ihr Beitrag zur Mobilisierung und Nutzung von Unterstützung näher betrachtet werden (vgl. Filipp & Aymanns, 1987; Pearson, 1997).

Solche Personen haben eine größere Chance, ein potentiell unterstützendes Netzwerk aufzubauen, zu erhalten und im Bedarfsfalle zu mobilisieren,
• die soziale Kompetenz aufweisen,
• die aufgrund ihres Alters, ihres Status', ihres Verhaltens oder anderer Merkmale sozial attraktiv erscheinen,

- die selbst über ein Repertoire an Bewältigungsstrategien und Ressourcen verfügen,
- die eine *internale Kontrollüberzeugung* aufweisen,
- die Stress als Herausforderung begreifen,
- die ihre eigenen Probleme und Befindlichkeiten erkennen und äußern *(self disclosure)*,
- die ihren Unterstützungsbedarf ggf. auch familienextern zum Ausdruck bringen *(Veröffentlichungsbereitschaft)* und
- die bereit sind, Unterstützungsleistungen ihres Netzwerks in Anspruch zu nehmen *(Netzwerkorientierung)*.

Demgegenüber fällt es gerade solchen Personen, die die soziale Unterstützung eigentlich am dringendsten brauchen – die nämlich selbst über wenig Kompetenzen und Ressourcen verfügen, die durch kritische Lebensereignisse oder anhaltende Stressoren und Belastungen überfordert sind – schwer, ein Netzwerk aufzubauen bzw. es zu erhalten. So zeigt sich bei chronisch psychisch Kranken oftmals eine Reduktion des Netzwerks auf wenige Familienangehörige, die sich bei anhaltender Überlastung möglicherweise auch noch zurückziehen, so dass im Netzwerk der Person nur noch professionelle Helfer übrig bleiben.

Auch ungünstige Einstellungen und Verhaltensweisen der potentiell hilfebedürftigen Person können sich als Barrieren für den Aufbau und den Erhalt eines persönlichen Netzwerks sowie die Mobilisierung von sozialer Unterstützung erweisen. Pearson (1997) nennt in diesem Zusammenhang u.a. ein generelles Misstrauen gegenüber anderen Personen, die Angst vor Abhängigkeit, die Angst vor Zurückweisung und Abwertung sowie Scham bezüglich der eigenen Hilfebedürftigkeit, die als Versagen und Ausdruck von Minderwertigkeit erlebt wird. Dies veranlasst die Person, ihre Hilfebedürftigkeit nicht zu offenbaren bzw. sich gegenüber Hilfsangeboten abweisend zu verhalten. Ähnlich dysfunktional wirken sich Einstellungen aus, die der Person nahe legen, in maßloser, aufdringlicher oder aggressiver Weise Hilfeleistung zu fordern und damit die Handlungsfreiheit und persönliche Sphäre der potentiell helfenden Personen zu verletzen. Die mangelnde Bereitschaft oder Fähigkeit, sich selbst mit Unterstützung (z.B. in der Form bekundeten Interesses für die Problemlage des anderen) zu revanchieren *(mangelnde Reziprozität)*, kann darüber hinausgehend dazu beitragen, potentielle Helfer abzuschrecken und langfristig zu entmotivieren sowie deren Rückzug zu begünstigen.

8.6   Netzwerkförderung als Handlungsfeld Sozialer Arbeit

Netzwerkförderung als Handlungsfeld Sozialer Arbeit kann einen Beitrag zu einer lebensweltbezogenen Prävention leisten (vgl. Bullinger & Nowak, 1998; Funke & Ningel, 1994; Keupp & Röhrle, 1987; Nestmann, 1991; Pearson, 1997; Stark, 1989). Sie kann der Entstehung von Belastungen und Beeinträchtigungen der bio-psycho-sozialen Gesundheit vorbeugen *(primäre Prävention)*, sie kann die erfolgreiche Bewältigung von Belastungen und Beeinträchtigungen unterstützen *(sekundäre Prävention)* und die Reintegration und Rehabilitation bei andauernden Beeinträchtigungen erleichtern *(tertiäre Prävention)*.

Strategien zur Netzwerkförderung können (1) auf der Ebene der Personen und (2) auf der strukturellen Ebene ansetzen. Dabei geht es sowohl darum, Barrieren, die einer sozialen Unterstützung abträglich sind, abzubauen, als auch Ressourcen (wieder-) zu entdecken, zu (re-)aktivieren und zu erweitern. Veränderungen auf einer der Ebenen begünstigen auch Veränderungen auf der anderen (vgl. Lenz, 2003).

8.6.1 Personenbezogene Netzwerkförderung

Wie bereits angesprochen, ist die Person selbst als Akteurin bei der Gestaltung ihres persönlichen sozialen Netzwerks und der Mobilisierung von sozialer Unterstützung wirksam. Ansatzpunkt der Netzwerkförderung in der Sozialen Arbeit kann daher die einzelne Person oder Familie sein, deren Netzwerk entlastet, stabilisiert oder erweitert werden soll. Die Analyse des bestehenden Netzwerks bezüglich potentiell vorhandener Ressourcen und auch bezüglich zu modifizierender Belastungen und Konflikte sowie die Entwicklung von Perspektiven der Veränderung und Erweiterung werden gemeinsam mit den Betroffenen entwikkelt (Straus, 1990). Möglicherweise bestehende Barrieren durch dysfunktionale Einstellungen und Verhaltensweisen können bearbeitet und alternative Einstellungen und Handlungsstrategien erarbeitet und im alltäglichen Lebenskontext erprobt werden.

Die Person kann ermutigt werden, Kontakte zu potentiell hilfreichen Netzwerkmitgliedern aufzunehmen oder auch ihr informelles Netzwerk um „künstliche" Netzwerksegmente zu erweitern. Dazu gehören Selbsthilfegruppen und durch professionelle Helfer angeleitete Betroffenengruppen *(peer support groups)*. Verbunden durch eine gemeinsame (belastende) Erfahrung und gemeinsame Interessen und Anliegen, erfahren die Mitglieder eine „Normalisierung" ihres Problems, erleben Möglichkeiten der wechselseitigen Unterstützung und der Bewältigung. Die sich entwickelnden Beziehungen zwischen den Gruppenmitgliedern bieten ein Potential, das über die gemeinsame Problematik hinausgehend wechselseitigen Rückhalt und eine Bereicherung des Lebensalltages bieten kann (Pearsons, 1997).

Personenbezogene Netzwerkförderung kann auch in der Form von professioneller Unterstützung von Netzwerkmitgliedern („Unterstützung der Unterstützer" i.S. Nestmanns, 1991) erfolgen. So kann beispielsweise die Beratung von Angehörigen dazu beitragen, dass sie ihre Hilfe optimieren, indem sie auf die spezifischen Bedürfnisse der betroffenen Person abgestimmt wird, sie deren Selbsthilfepotential aktiviert, ihr Möglichkeiten zur Gegenleistung und Selbstbestimmung offen lässt etc. Die Angehörigenberatung kann dazu beitragen, dass diese gegenüber eigener Überforderung sensibilisiert werden und durch eine angemessene Dosierung der Hilfe, ein angemessenes Vertreten der eigenen Interessen, eine Kooperation mit anderen Netzwerkmitgliedern und ggf. durch eine Inanspruchnahme professioneller psychosozialer Dienstleistungen *burn out*-Prozessen vorbeugen.

8.6.2 Strukturbezogene Netzwerkförderung

Ansatzpunkt strukturbezogener Netzwerkförderung kann das persönliche soziale Netzwerk einer Person bzw. einer Familie sein. Soziale Arbeit kann dabei helfen, Voraussetzungen dafür zu schaffen, dass die Betroffenen Zugang zu sozialen Ressourcen erlangen, die eine Erweiterung ihres sozialen Netzwerkes und eine Distanzierung von einengenden oder dysfunktionalen Netzwerksegmenten (z.B. einer devianten peer group) ermöglichen. So kann beispielsweise der Zugang zu Psychosozialen Kontaktstellen, zu Angeboten schulischer und beruflicher Weiterbildung und (Re-)Integration, zu Tagesgruppen und Einrichtungen Betreuten Wohnens sowie eine zielgruppenorientierte Erleichterung der Inanspruchnahme professioneller Hilfen (vgl. Strauß, Hartung & Kächele, 2002) neue Netzwerkperspektiven für spezifische Zielgruppen Sozialer Arbeit eröffnen. Soziale Einrichtungen und Serviceleistungen (z.B. Hausaufgabenhilfe, Pflegedienste) können potentiell überforderte Netzwerkmitglieder entlasten und das „natürliche" Netzwerk stabilisieren.

Strukturbezogene Netzwerkförderung umfasst auch Interventionen, die sich – unabhängig von dem Vorliegen eines individuumspezifischen Anliegens – auf das Gemeinwesen beziehen und dort auf den Aufbau oder Erhalt von unterstützenden Netzwerken zielen. Soziale Arbeit kann dazu beitragen, dass auf lokaler Ebene die Möglichkeiten für soziale Kontakte verbessert werden, dass der Aufbau von Gruppen und Netzwerken angeregt bzw. diesbezügliche Prozesse der Selbstorganisation unterstützt werden. Sie kann ein Klima der sozialen Verantwortung, der Solidarität, des bürgerschaftlichen Engagements und der demokratischen Partizipation fördern.

Dies kann beispielsweise über die Einrichtung kontakt- und unterstützungsfördernder Treffpunkte erfolgen, über Bildungs- und Freizeitangebote sowie über die finanzielle, organisatorische und informative Unterstützung von Initiativen, Nachbarschaftshilfen und Selbsthilfegruppen (vgl. Engelhardt, Simeth, Stark et al., 1995; Keupp & Röhrle, 1987). Soziale Arbeit kann versuchen, auf eine netzwerkförderliche Gestaltung von Wohnumwelten, Begegnungsmöglichkeiten, Verkehrsanbindung u.Ä. Einfluss zu nehmen.

8.6.3 Ehrenamtliches soziales Engagement

Prosoziales Verhalten in der Form ehrenamtlichen sozialen Engagements stellt eine eindrucksvolle Ressource sozialer Unterstützung dar (vgl. Beher, Liebig & Rauschenbach, 2000; Bundesministerium für Familie, Senioren, Frauen und Jugend, 2005). In der Bundesrepublik Deutschland sind allein bei den Spitzenverbänden der Freien Wohlfahrtspflege 2,5–3 Millionen Bürgerinnen und Bürger ehrenamtlich tätig (Bock, 1999). Die eingangs genannten definitorischen Merkmale prosozialen Verhaltens finden wir bei der ehrenamtlichen Tätigkeit wieder: Das Handeln erfolgt in der Absicht, anderen Menschen etwas Gutes zu tun; es erfolgt freiwillig, selbstbestimmt und nicht aufgrund einer dienstlichen Verpflichtung. Als spezifische Merkmale ehrenamtlichen Engagements (Neumann & Hübinger, 1999) sind zu nennen: In Abgrenzung zur Erwerbstätigkeit wird es nicht bezahlt (allenfalls erfolgt eine Auslagenerstattung); die Hilfeleistung findet innerhalb eines organisatorischen Rahmens im öffentlichen oder halböffentlichen Raum statt und ist nicht auf die eigene Familie oder das persönliche Netzwerk bezogen; es ist nicht am Reziprozitätsprinzip orientiert.

Letzteres bedeutet allerdings nicht, dass es für den ehrenamtlich Engagierten keinen persönlichen Nutzen hätte, wie bereits im Zusammenhang mit den Motiven und Erwartungen von freiwillig engagierten Bürgerinnen und Bürger (s. Kapitel 8.4) skizziert wurde. Gerade in neuen Formen des sozialen Ehrenamts finden sich fließende Übergänge zu solidarischer Selbsthilfe zwischen Menschen mit ähnlichen sozialen oder gesundheitlichen Problemen oder Menschen mit ähnlichen Interessen und Anliegen bezüglich der Gestaltung der lokalen Lebensumwelt. Die Beteiligten bringen Lebenserfahrung und berufliche Kompetenz ein und agieren als Experten in gemeinsamer (eigener *und* fremder) Sache. In der gemeinsamen Arbeit haben die Beteiligten u.a. die Chance,

- Anerkennung, Rückhalt und Sicherheit zu gewinnen,
- wechselseitig Rückmeldung und Anregungen zu ihrem Denken, Fühlen und Handeln zu geben und zu bekommen,
- soziale Zugehörigkeit und Identität zu erleben sowie
- sich selbst und die Gruppe als wirksam und hilfreich zu erleben (Nestmann, 1999).

In einer derartigen Beziehungskonstellation kommen die im Zusammenhang mit den „Kosten und Nutzen des Helfens und Hilfeempfangens" genannten förderlichen Aspekte optimal zur Geltung. Die Beteiligten erleben sich in einer Beziehung wechselseitiger Unterstützung und eines wirksamen Selbst- und Fremdhilfepotentials. Aus dieser spezifischen Dynamik folgt, dass eine solche Beziehung nicht durch eine professionelle Helferbeziehung ersetzbar ist, also keinesfalls nur als „kostengünstige Alternative zweiter Klasse" verstanden werden darf. Die Anregung und unterstützende Begleitung ehrenamtlichen Engagements stellt einen bedeutsamen Ansatzpunkt für die professionelle Soziale Arbeit dar.

8.6.4 Koordination von alltäglicher, ehrenamtlicher und professioneller Unterstützung

Bei der Netzwerkförderung als Handlungsstrategie Sozialer Arbeit muss beachtet werden, dass der professionelle Helfer selbst Teil des Systems ist und seine Initiativen kurz- und langfristige, beabsichtigte und auch unbeabsichtigte Effekte nicht nur auf den Adressaten Sozialer Arbeit, sondern auch auf andere Teile des Systems haben können.

• So kann professionelle Hilfe möglicherweise unbeabsichtigt in Konkurrenz zu „natürlichen" Netzwerkmitgliedern treten und deren Rückzug bewirken bzw. die Indexperson in belastende Loyalitätskonflikte zwischen natürlichen und professionellen Helfern bringen.

• Bei der Förderung von Einstellungen, Erwartungen und sozialen Kompetenzen ist darauf zu achten, dass sie der Person für die Interaktion in ihrem derzeitigen oder angestrebten sozialen Netzwerk hilfreich sind und nicht solche Standards und Erwartungen etablieren, die sie in erster Linie zur Interaktion mit professionellen Helfern befähigen.

• Bei der Kooperation mit „Schlüsselpersonen" aus dem alltäglichen sozialen Umfeld der Person muss deren Besonderheit als nicht-professioneller Helfer respektiert und bewahrt werden (v. Kardorff & Stark, 1987).

So kommentierten Kinder aus einer Düsseldorfer Notunterkunft (s. Kapitel 1.1), die in einem Rollenspiel den Lebensalltag ihrer Familien nachspielten (Hartung, 1977), das Auftreten der von ihnen als „Fürsorgerin" bezeichneten Sozialarbeiterin mit den Worten „Wat will die aal Schrapnell?" Demgegenüber wurde der Hausmeister als kompetente und vertrauenswürdige Person angesprochen, und seine Vorschläge zur Verbesserung der Wohnsituation und zur Konfliktschlichtung wurden aufgegriffen (Übrigens: Schrapnell ist ein von dem englischen Major Shrapnel um 1800 erfundenes, dünnwandiges, mit Sprengladung und Kugeln gefülltes Artilleriegeschoss.).

• Die Förderung ehrenamtlichen, bürgerschaftlichen Engagements sollte die o.g. Beziehungskonstellation achten. Bedenkenswerte Überlegungen zu einer Reduzierung der „Kosten der Hilfe" für die ehrenamtlichen Helferinnen und Helfer, die von Aufwandsentschädigungen und Versicherungsschutz über eine steuerliche Berücksichtigung des Zeitaufwandes, Erwerb von Rentenansprüchen bis zu Vergünstigungen bei dem Besuch öffentlicher Einrichtungen und der Bevorzugung bei der Vergabe von Kindertagesstätten- und Altenheimplätzen reichen (Bock, 1999), implizieren das Risiko, durch *over-justification* (vgl. Kapitel 8.3.3) die durch ein altruistisches Selbstbild getragene Motivation zu solidarischer Hilfe zu schwächen.

Netzwerkarbeit unter der Perspektive des *Empowerments* zielt auf eine Stärkung der Autonomie und des Selbsthilfepotentials der Person und eine Optimierung wechselseitiger Unterstützung in ihrem alltäglichen sozialen Umfeld ab. Alltägliche und professionelle Hilfesysteme können sich bei einem sensiblen und respektvollen Umgang miteinander konstruktiv ergänzen (Nestmann, 1991).

Kommen wir auf unser Eingangsbeispiel zurück. Die soziale Isolation der Eltern, die fehlende Einbindung in ein soziales Netzwerk hat sich als bedeutsamer Risikofaktor für die Vernachlässigung und Misshandlung von Kindern erwiesen (vgl. Engfer, 2002). So wiesen untersuchte Netzwerke von Müttern vernachlässigter oder misshandelter Kinder eine geringe Größe, niedrige Kontakthäufigkeit, wenig außerfamiliäre Segmente und geringe Kontakte zwischen verschiedenen Segmenten des Netzwerkes auf (McCannel Saulnier & Rowland, 1985; Salzinger, Kaplan & Artemyeff, 1983). Die Mütter verfügen somit über wenig „normale" Modelle von Kindererziehung, ein informeller Austausch mit anderen Eltern fehlt, Kommunikation und Kooperation zwischen verschiedenen Netzwerkmitgliedern werden erschwert, die wenigen Netzwerkmitglieder können leicht überfordert werden und Gefühle des Ausgebranntseins *(burn-out)* erleben. Da die Familien, in denen Kinder vernachlässigt werden, sich i.d.R. in komplexen Problemlagen befinden (zu den Risikofaktoren von Vernachlässigung gehören z.B. Verschuldung, psychische Störung eines Familienmitglieds), sind ihre Möglichkeiten zu einer wechselseitigen Hilfeleistung *(Reziprozität)* potentiell eingeschränkt, was wiederum ihre Bereitschaft, Hilfebedürftigkeit zu offenbaren und in Anspruch zu nehmen, beeinträchtigen kann und auch ihre „Attraktivität" aus der Sicht potentieller Helfer mindert.

Die beschriebenen Defizite im sozialen Netzwerk dieser Familien können nicht ausschließlich durch den Einsatz professioneller Helferinnen und Helfer ausgeglichen werden. In Zusammenarbeit mit den Betroffenen ist eine Bestandsaufnahme ihrer Netzwerkressourcen und Strategien zur ihrer Nutzung und Weiterentwicklung zu entwerfen. Handlungs- und lösungsorientierte Strategien, die Formulierung kleiner, verhaltensnaher, gegenwartsbezogener Ziele, die in ihrem Einflussbereich liegen, erhöhen die Chance für die Familie, sowohl ihr Selbsthilfepotential zu erweitern, als auch soziale Unterstützung als Ressource in Betracht zu ziehen und erfolgreich zu mobilisieren. Außerdem können „künstliche" Netzwerksegmente, wie sie z.B. als wöchentliche Treffs für derzeitige und ehemalige Nutzerinnen sozialpädagogischer Familienhilfe in einigen Gemeinden angeboten werden, Orientierungshilfen und Rückhalt bieten.

Rekapitulieren wir die Bedingungen, die prosoziales Handeln begünstigen, und vergegenwärtigen wir uns deren Förderungsmöglichkeiten durch sozialpädagogisches Handeln! *Verhaltenswirksame* prosoziale Normen der sozialen Verantwortung, der Fairness, der Solidarität und der wechselseitigen Unterstützung können angeregt und gestärkt werden durch:
- ein warmherziges, unterstützendes Beziehungsangebot,
- modellhaftes prosoziales Verhalten,
- die Thematisierung grundlegender und spezifischer prosozialer Normen,
- soziale Anerkennung prosozialen Handelns und Stärkung eines altruistischen Selbstbildes,
- die Förderung von Empathie,

- die Vermittlung von Kompetenzen zum Hilfehandeln, die Stärkung von Kontrollüberzeugung und Selbstvertrauen,
- die Ermutigung zur Bekundung eigenen Hilfebedarfs,
- die Förderung von personalen Kompetenzen zur Mobilisierung sozialer Unterstützung,
- die Förderung von Bewältigungskompetenzen und Selbsthilfepotential,
- die Förderung unterstützender sozialer Netzwerke.

Eine Förderung verhaltenswirksamer prosozialer Normen bietet sich als eine Basisstrategie „sozial-pädagogischen" Handelns in annähernd allen psychosozialen Handlungsfeldern mit Kindern, Jugendlichen und Erwachsenen an. Die Sensibilisierung für diesbezügliche Prozesse und die kritische Reflexion unseres eigenen professionellen Handelns, inwiefern es uns gelingt, Lernumwelten und Handlungsfelder für prosoziales Handeln zu fördern, eröffnen eine interessante Perspektive.

Literaturverzeichnis

Abele, A. & Petzold, P. (1994). How does mood operate an impression formation task? An information integration approach. European Journal of Social Psychology, 24, 173–187.

Ajzen, I. (1991). The theory of planned behavior. Organizational Behavior and Human Decision Processes, 50, 179–211.

Ajzen, I. (2002). Percieved behavioral control, self-efficacy, locus of control, and the theory of planned behavior. Journal of Applied Social Psychology, 32, 665–683.

Amann, G. & Wipplinger, R. (Hrsg.) (1998). Gesundheitsförderung. Ein multidimensionales Tätigkeitsfeld. Tübingen: dgvt-Verlag.

Anderson, C.A. & Bushman, B.J. (2001). Effects of violent video games on aggressive behavior, aggressive cognition, aggressive affect, physiological arousal, and prosocial behavior: A meta-analytic review of scientific literature. Psychological Science, 12, 353–359.

Argyle, M. & Dean, J. (1965). Eye contact, distance and affiliation. Sociometry, 28, 289–304.

Aronson, E. (1994). Sozialpsychologie. Menschliches Verhalten und gesellschaftlicher Einfluß. Heidelberg: Spektrum Akademischer Verlag.

Aronson, E., Wilson, T.D. & Akert, R.M. (2004). Sozialpsychologie (4., aktual. Aufl.). München: Pearson.

Asch, S.E. (1946). Forming impression of personality. Journal of Abnormal and Social Psychology, 41, 258–290.

Asch, S.E. (1956). Studies of independence and conformitiy: A minority of one against a unanimous majority. Psychological Monographs, 70 (9, whole no. 416), 1–70.

Asch, S.E. (1969). Änderung und Verzerrung von Urteilen durch Gruppendruck. In M. Irle (Hrsg.), Texte aus der experimentellen Sozialpsychologie (S. 57–72). Neuwied: Luchterhand.

Auernheimer, G. (2003). Einführung in die interkulturelle Pädagogik (3., neu bearb. u. erw. Aufl.). Darmstadt: Wissenschaftliche Buchgesellschaft.

Badegruber, B. (1994a). Spiele zum Problemlösen. Band 1: für Kinder im Alter von 4–8 Jahren. Linz: Veritas.

Badegruber, B. (1994b). Spiele zum Problemlösen. Band 2: für Kinder im Alter von 9–15 Jahren. Linz: Veritas.

Bales, R.F. (1950). Interaction Process Analysis: a method for the study of small groups. Chicago: Chicago University Press.

Bamberger, G.G. (2005). Lösungsorientierte Beratung. Praxishandbuch (3., vollst. überarb. Aufl.). Weinheim: Beltz.

Bandura, A. (1979). Aggression. Eine sozial-lerntheoretische Analyse. Stuttgart: Klett-Cotta.

Bandura, A. (1997). Self-efficacy: The exercise of control. New York: Freeman.

Bandura, A. (1999). Moral disengagement in the perpetration of inhumanities. Personality and Social Psychology Review, 3, 193–209.

Bandura, A. (2004). Health promotion by social cognitive means. Health Education and Behavior, 31, 143–164.

Barrett, P., Webster, H. & Turner, C. (2003). FREUNDE für Kinder. Trainingsprogramm zur Prävention von Angst und Depression. Gruppenleitermanual. Deutsche Bearbeitung von C.A. Essau und J. Conradt. München: Reinhardt.

Barth, J. & Bengel, J. (1998). Prävention durch Angst? Stand der Furchtappellforschung. Hrsg: Bundeszentrale für gesundheitliche Aufklärung, BZgA. Forschung und Praxis in der Gesundheitsförderung Band 4. Köln.

Batson, C.D. (1991). The altruism question. Hillsdale, NJ: Erlbaum.

Becker-Stoll, F. & Grossmann, K.E. (2002). Bindungstheorie und Bindungsforschung. In D. Frey & M. Irle (Hrsg.), Theorien der Sozialpsychologie. Band II: Gruppen-, Interaktions- und Lerntheorien (S. 247–274). Bern: Huber.

Beher, K., Liebig, R. & Rauschenbach, T. (2000). Strukturwandel des Ehrenamts. Gemeinwohlorientierung im Modernisierungsprozeß. Weinheim: Juventa.

Belardi, N. (2005). Supervision. Grundlagen, Techniken, Perspektiven (2., aktual. Aufl.). München: Beck.

Belardi, N., Akgün, L., Gregor, B., Pütz, T., Neef, R. & Sonnen, F.R. (2005[4]). Beratung – eine sozialpädagogische Einführung. Weinheim: Juventa.

Bem, D.J. (1972). Self-perception theory. In L. Berkowitz (Ed.), Advances in Experimental Social Psychology (Vol. 6, pp. 1–62). New York: Academic Press.

Bem, D.J. & Allen, A. (1974). On predicting some of the people some of the time: the search for cross-situational consistencies in behavior. Psychological Review, 81, 506–520.

Berkowitz, L. (1993). Aggression: Its causes, consequences and control. New York: McGraw-Hill.

Besemer, C. (2005[11]). Mediation. Vermittlung in Konflikten. Königsfeld: Stiftung Gewaltfreies Leben.

Bierbrauer, G. (2005). Sozialpsychologie. Grundriss der Psychologie, Band 15. (2., vollst. überarb. u. erw. Aufl.). Stuttgart: Kohlhammer.

Bierhoff, H.W. (1994). Psychologie hilfreichen Verhaltens. Stuttgart: Kohlhammer.

Bierhoff, H.W. (1998). Ärger, Aggression und Gerechtigkeit: Moralische Empörung und antisoziales Verhalten. In H.W. Bierhoff & U. Wagner (Hrsg.), Aggression und Gewalt. Phänomene, Ursachen und Interventionen (S. 26–47). Stuttgart: Kohlhammer.

Bierhoff, H.W. (2002). Prosoziales Verhalten. In W. Stroebe, K. Jonas & M. Hewstone (Hrsg.), Sozialpsychologie. Eine Einführung (4., überarb. u. erw. Aufl.) (S. 319–351). Berlin: Springer.

Bierhoff, H.W. (2006). Sozialpsychologie. Ein Lehrbuch (6., überarb. u. erw. Aufl.). Stuttgart: Kohlhammer.

Bierhoff, H.W. & Wagner, U. (Hrsg.) (1998). Aggression und Gewalt. Phänomene, Ursachen und Interventionen. Stuttgart: Kohlhammer.

Bless, H. & Schwarz, N. (2002). Konzeptgesteuerte Informationsverarbeitung. In D. Frey & M. Irle (Hrsg.), Theorien der Sozialpsychologie. Band III: Motivations-, Selbst- und Informationsverarbeitungstheorien (S. 257–278). Bern: Huber.

Bock, T. (1999). „Schöne Worte sind zu wenig." 10 Thesen zu Voraussetzungen und Bedingungen für eine Kultur der Solidarität in der Bürgergesellschaft. Archiv für Wissenschaft und Praxis der sozialen Arbeit, 30, 107–113.

Bodenmann, G. (2000). Kompetenzen für die Partnerschaft. Freiburger Stresspräventionstraining für Paare. Weinheim: Juventa.

Bohner, G. (2002). Einstellungen. In W. Stroebe, K. Jonas & M. Hewstone (Hrsg.), Sozialpsychologie. Eine Einführung. (4., überarb. u. erw. Aufl.) (S. 265–315). Berlin: Springer.

Bortz, J. & Döring, N. (2002). Forschungsmethoden und Evaluation für Human- und Sozialwissenschaftler (3., überarb. Aufl.). Berlin: Springer.

Brehm, S.S. & Brehm, J.W. (1981). Psychological reactance. A theory of freedom and control. New York: Academic Press.

Brickman, P., Rabinowitz, V.C., Karuza, J., Coates, D., Cohn, E. & Kidder. L. (1982). Models of helping and coping. American Psychologist, 37, 368–384.

Brieskorn-Zinke, M. & Köhler-Offierski, A. (1997). Gesundheitsförderung in der Sozialen Arbeit. Freiburg: Lambertus.

Brown, R. (2002). Beziehungen zwischen Gruppen. In W. Stroebe, K. Jonas & M. Hewstone (Hrsg.), Sozialpsychologie. Eine Einführung (4., überarb. u. erw. Aufl.) (S. 537–576). Berlin: Springer.

Brown, R. & Hewstone, M. (2005). An integrative theory of intergroup contact. In M.P. Zanna (Ed.), Advances in experimental social psychology (Vol. 37, pp. 255–343). San Diego, CA: Elsevier Academic Press.

Bruner, J.S. & Postman, L. (1951). An approach to social perception. In W. Dennis & R. Lippert (Eds.), Current trends in Social Psychology (pp. 71–118). Pittsburgh: University of Pittsburgh Press.

Bullinger, H. & Nowak, J. (1998). Soziale Netzwerkarbeit. Eine Einführung für Soziale Berufe. Freiburg: Lambertus.

Bundesministerium für Familie, Senioren, Frauen und Jugend (Hrsg.) (1996). Ältere Menschen im sozialen Ehrenamt. Stuttgart: Kohlhammer.

Bundesministerium für Familie, Senioren, Fauen und Jugend (Hrsg.) (2005). Freiwilliges Engagement in Deutschland 1999 – 2004. Berlin. (*www.bmfsfj.de*).

Bundesministerium für Gesundheit (Hrsg.) (1991). Gesundheitsverhalten im Kindes- und Jugendalter: Ausgewählte Ergebnisse der Berlin-Bremen-Studie. Baden-Baden: Nomos.

Buschmann, I. (1995). Aggression und Gewalt im Alltag Jugendlicher. Sozialpädagogische Handlungsmöglichkeiten am Beispiel offener Jugendarbeit. Fachhochschule Düsseldorf. Unveröffentlichte Diplomarbeit.

Bushman, B.J. (2002). Does venting anger feed or extinguish the flame? Catharsis, rumination, distraction, anger, and aggressive responding. Personality and Social Psychology Bulletin, 28, 724–731.

Bushman, B.J., Baumeister, R.F. & Stack, A.D. (1999). Catharsis, aggression, and persuasive influence: self-fulfilling prophecy or self-defeating prophecies? Journal of Personality and Social Psychology, 76, 367–376.

Cialdini, R.B., Braver, S.L. & Lewis, S.K. (1974). Attributional bias and the easily persuaded other. Journal of Personality and Social Psychology, 30, 631–637.

Cierpka, M. (Hrsg.) (2005). Möglichkeiten der Gewaltprävention. Göttingen: Vandenhoeck & Ruprecht.

Cummings, E.M & Zahn-Waxler, C. (1992). Emotions and the socialisation of aggression: Adult's angry behavior and children's arousal and aggression. In A. Fracek & H. Zumkley (Eds.), Socialisation and aggression (pp. 61–84). Berlin: Springer.

Darley, J.M. & Batson, C.D. (1973). From Jerusalem to Jericho: a study of situational and dispositional variables in helping behavior. Journal of Personality and Social Psychology, 27, 100–108.

Darley, J.M. & Gross, P.H. (1983). A hypothesis-confirming bias in labeling effects. Journal of Personality and Social Psychology, 44, 20–33.

Dauenheimer, D., Stahlberg, D., Frey, D. & Petersen, L.-E. (2002). Die Theorie des Selbstwertschutzes und der Selbstwerterhöhung. In D. Frey & M. Irle (Hrsg.), Theorien der Sozialpsychologie. Band 3: Motivations-, Selbst- und Informationsverarbeitungstheorien (S. 159–190). Bern: Huber.

Dickenberger, D., Gniech, G. & Grabitz, H.-J. (1993). Die Theorie der psychologischen Reaktanz. In D. Frey & M. Irle (Hrsg.), Theorien der Sozialpsychologie. Band I: Kognitive Theorien (2., vollst. überarb. u. erw. Aufl.) (S. 243–273). Bern: Huber.

Diehl, M. & Munkes, J. (2002). Kreativität und Innovation. In D. Frey & M. Irle (Hrsg.), Theorien der Sozialpsychologie. Band II: Gruppen- Interaktions- und Lerntheorien (2., vollst. überarb. u. erw. Aufl.) (S. 364–389). Bern: Huber.

Dodge, K.A. & Schwartz, D. (1997). Social information processing mechanisms in aggressive behavior. In D.M. Stoff, J. Breiling & J.D. Maser (Eds.), Handbook of antisocial behavior (pp. 171–180). New York: Wiley.

Döpfner, M., Schürmann, S. & Frölich, J. (2002). Therapieprogramm für Kinder mit hyperkinetischem und oppositionellem Problemverhalten (THOP) (3., vollst. überarb. Aufl.). Weinheim: Beltz.

Döring, N. (2003). Sozialpsychologie des Internet. Die Bedeutung des Internet für Kommunikationsprozesse, Identitäten, soziale Beziehungen und Gruppen (2., vollst. überarb. u. erw. Aufl.). Göttingen: Hogrefe.

Dörner, D. (2003). Die Logik des Misslingens. Strategisches Denken in komplexen Situationen (erw. Neuaufl.). Reinbek: Rowohlt.

Dollard, J., Doob, L.W., Miller, N.E., Mowrer, O.H & Sears, R.R. (1939). Frustration and aggression. New Haven, CT: Yale University Press.

Duncan, B.L. (1976). Differential social perception and attribution of intergroup violence: testing the lower limits of stereotyping of blacks. Journal of Personality and Social Psychology, 34, 590–608.

Ekman, P., Friesen, W., O'Sullivan, W.V., Chan, A., Diacogannati-Tarzartis, I., Heider, K., Krause, R., Le Compte, W.A., Pitcairn, T., Riccibitti, P.E., Scherer,

K., Tomito, M. & Tzavaras, A. (1987), Universal and cultural differences in the judgements of facial expressions of emotion. Journal of Personality and Social Psychology, 53, 712–717.

Engelhardt, H.D., Simeth, A., Stark, W. u.a. (1995). Was Selbsthilfe leistet... Ökonomische Wirkungen und sozialpolitische Bewertung. Freiburg: Lambertus.

Engfer, A. (2002). Misshandlung, Vernachlässigung und Missbrauch von Kindern. In R. Oerter & L. Montada (Hrsg.), Entwicklungspsychologie. Ein Lehrbuch (5., vollst. überarb. Aufl.) (S. 800–817). Weinheim: Beltz.

Erb, H.-P. & Bohner, G. (2002). Sozialer Einfluss durch Mehrheiten und Minderheiten. In D. Frey & M. Irle (Hrsg.), Theorien der Sozialpsychologie. Band II: Gruppen- Interaktions- und Lerntheorien (2., vollst. überarb. u. erw. Aufl.) (S.47–61). Bern: Huber.

Eron, L. & Huesmann, L. (1986).The role of television in the development of prosocial and antisocial behavior. In D. Olweus, J. Bock & M. Radke-Yarrow (Eds.), Development of antisocial and prosocial behavior (pp. 285–314). Orlando: Academic Press.

Faltermaier, T. (2005). Gesundheitspsychologie. Grundriss der Psychologie, Band 21. Stuttgart: Kohlhammer.

Fazio, R.H., Chen, J., McDonel, E.C. & Sherman, S.J. (1982). Attitude accessibility, attitude-behavior consistency, and the strength of the object evaluation association. Journal of Experimental and Social Psychology, 18, 339–357.

Fazio, R.H. & Zanna, M.P. (1981). Direct experience and attitude-behavior consistency. In L. Berkowitz (Ed.), Advances in Experimental Social Psychology (Vol. 14, pp. 161–202). New York: Academic Press.

Festinger, L. (1954). A theory of social comparison process. Human Relations, 7, 117–140.

Festinger, L. (1957). A theory of cognitive dissonance. Stanford, Calif.: Stanford University Press. (deutsch: Theorie der kognitiven Dissonanz. Bern: Huber, 1978).

Filipp, S.-H. & Aymanns, P. (1987). Die Bedeutung sozialer und personaler Ressourcen in der Auseinandersetzung mit kritischen Lebensereignissen. Zeitschrift für Klinische Psychologie, 16, 383–396.

Fincham, F. & Hewstone, M. (2002). Attributionstheorie und -forschung: Von den Grundlagen zur Anwendung. In W. Stroebe, K. Jonas & M. Hewstone (Hrsg.), Sozialpsychologie. Eine Einführung (4., überarb. u. erw. Aufl.) (S. 215–263). Berlin: Springer.

Fischer, L. & Wiswede, G. (2002). Grundlagen der Sozialpsychologie (2., überarb. u. erw. Aufl.). München: Oldenbourg.

Fischer, V., Springer, M. & Zacharaki, I. (Hrsg.) (2005). Interkulturelle Kompetenz. Fortbildung – Transfer – Organisationsentwicklung. Schwalbach/Ts: Wochenschau Verlag.

Forgas, J.P. (1999[4]). Soziale Interaktion und Kommunikation. Eine Einführung in die Sozialpsychologie. Weinheim: Beltz.

Forgas, J.P. & Bower, G.H. (1987). Mood effects on person-perception judgements. Journal of Personality and Social Psychology, 53, 53–60.

Fremmer-Bombik, E. & Grossmann, K.E. (1991). Frühe Formen empathischen Verhaltens. Zeitschrift für Entwicklungspsychologie und Pädagogische Psychologie, 23, 299–317.

Freud, S. (1930). Das Unbehagen in der Kultur. Ges. Werke, Bd. 14.

Frey, D. & Irle, M. (Hrsg.) (1993). Theorien der Sozialpsychologie. Band I: Kognitive Theorien (2., vollst. überarb. u. erw. Aufl.). Bern: Huber.

Frey, D. & Irle, M. (Hrsg.) (2002a). Theorien der Sozialpsychologie. Band II: Gruppen-, Interaktions- und Lerntheorien (2., vollst. überarb. u. erw. Aufl.). Bern: Huber.

Frey, D. & Irle, M. (Hrsg.) (2002b). Theorien der Sozialpsychologie. Band III: Motivations-, Selbst- und Informationsverarbeitungstheorien (2. vollst. überarb. u. erw. Aufl.). Bern: Huber.

Frey, D., Schäfer, M. & Neumann, R. (1999). Zivilcourage und aktives Handeln bei Gewalt: Wann werden Menschen aktiv? In M. Schäfer & D. Frey (Hrsg.), Aggression und Gewalt unter Kindern und Jugendlichen (S. 265–284). Göttingen: Hogrefe.

Frey, D. & Schulz-Hardt, S. (1996). Eine Theorie der gelernten Sorglosigkeit. In H. Mandl (Hrsg.), Bericht über den 40. Kongreß der Deutschen Gesellschaft für Psychologie. Schwerpunktthema: Wissen und Handeln (S. 604–611). Göttingen: Hogrefe.

Frindte, W. (1998). Rechtsextreme Gewalt – sozialpsychologische Erklärungen und Befunde. In H.W. Bierhoff & U. Wagner (Hrsg.), Aggression und Gewalt. Phänomene, Ursachen und Interventionen (S. 165–205). Stuttgart: Kohlhammer.

Fröhlich-Gildhoff, K. (2006a). Gewalt begegnen. Konzepte und Projekte zur Prävention und Intervention. Stuttgart: Kohlhammer.

Fröhlich-Gildhoff, K. (2006b). Freiburger Anti-Gewalt-Training (FAGT). Ein Handbuch. Stuttgart: Kohlhammer.

Funke, W. & Ningel, R. (Hrsg.) (1994). Soziale Netze in der Praxis. Göttingen: Hogrefe.

Galuske, M. (2005[6]). Methoden der Sozialen Arbeit. München: Juventa.

Geen, R.G. (1983). Aggression and television violence. In R.G. Geen & E.I. Donnerstein (Eds.), Aggression (Vol.2, pp. 103–125). New York: Academic Press.

Geen, R.G. (1991). Social motivation. Annual Review of Psychology, 42, 377–399.

Geen, R.G. (1998). Aggression and antisocial behavior. In D.T. Gilbert, S.T. Fiske & G. Lindzey (Eds.), The handbook of social psychology (4th ed., Vol. 2, pp. 317–356). New York: Mc Graw-Hill.

Gehm, T. (1994). Kommunikation im Beruf. Weinheim: Beltz.

Gehm, T. (1996). Informationsverarbeitung in sozialen Systemen. Weinheim: Beltz.

Gergen, K.J. (1973). Social psychology as history. Journal of Personality and Social Psychology, 26, 309–320.

Graumann, C.F. (2002). Eine historische Einführung in die Sozialpsychologie. In W. Stroebe, K. Jonas & M. Hewstone (Hrsg.), Sozialpsychologie. Eine Einführung. (4., überarb. u. erw. Aufl.) (S. 3–24). Berlin: Springer.

Greenberg, M.S. (1980). A theory of indeptedness. In K.J. Gergen, M.S. Greenberg & R.H. Willis (Eds.), Social exchange (pp. 3–26). New York: Plenum.

Grunow, D. (1987). Soziale Ressourcen in der alltäglichen Gesundheitsselbsthilfe. In H. Keupp & B. Röhrle (Hrsg.), Soziale Netzwerke (S. 245–267). Frankfurt: Campus.

Günther, U. (1997⁴). Gehorsam bei Elektroschocks: die Experimente von Milgram. In D. Frey & S. Greif (Hrsg.), Sozialpsychologie. Ein Handbuch in Schlüsselbegriffen (S. 445–452). Weinheim: Beltz.

Hahlweg, K., Dürr, H., Dose, M. & Müller, U. (2006). Familienbetreuung schizophrener Patienten. Ein verhaltenstherapeutischer Ansatz zur Rückfallprophylaxe (2., überarb. u. erw. Aufl.). Göttingen: Hogrefe.

Haisch, J. (2003). Gesundheit und Prävention. In H.-W. Bierhoff & A.E. Auhagen (Hrsg.), Angewandte Sozialpsychologie. Das Praxishandbuch (S. 533–555). Weinheim: Beltz.

Hammerstein, P. & Bierhoff, H.W. (1988). Kooperation und Konflikt. In K. Immelmann, K.R. Scherer, C. Vogel & P. Schmoock (Hrsg.), Psychobiologie (S. 525–560). Stuttgart: Fischer.

Hampel, P. & Petermann, F. (2003). Anti-Stress-Training für Kinder (2., überarb. u. erw. Aufl.). Weinheim: Beltz.

Hargie, O. (Ed.) (2006). The handbook of communication skills (3rd rev. ed.). London: Routledge.

Harnach-Beck, V. (2003⁴). Psychosoziale Diagnostik in der Jugendhilfe. Grundlagen und Methoden für Hilfeplan, Bericht und Stellungnahme. Weinheim: Juventa.

Hartung, J. (1977). Verhaltensänderung durch Rollenspiel. Düsseldorf: Schwann.

Hartung, J. (2001). Aggressivität. In G.W. Lauth, U. Brack & F. Linderkamp (Hrsg.), Verhaltenstherapie mit Kindern und Jugendlichen. Praxishandbuch (S. 305–314). Weinheim: Beltz.

Hartung, J. & Posse, N. (2004). Lernen in Gruppen. In Landesverband der Volkshochschulen Nordrhein-Westfalen (Hrsg.), Erwachsenenpädagogische Grundqualifikation. Modul 4. Dortmund.

Hartung, J., Posse, N. & Wilbert, J. (2004). Kommunikation und kollegiale Beratung. In Landesverband der Volkshochschulen Nordrhein-Westfalen (Hrsg.), Erwachsenenpädagogische Grundqualifikation. Modul 3. Dortmund.

Hartung, J. & Schulte, D. (1991). Anregung eines handlungsorientierten Kontrollmodus im Therapieprozeß. In D. Schulte (Hrsg.), Therapeutische Entscheidungen (S. 107–131). Göttingen: Hogrefe.

Hartung, J. & Wilbert, J. (2004). Lehren und Lernen in der Erwachsenenbildung. In Landesverband der Volkshochschulen Nordrhein-Westfalen (Hrsg.), Erwachsenenpädagogische Grundqualifikation. Modul 2. Dortmund.

Hautzinger, M. (2003). Kognitive Verhaltenstherapie bei Depressionen (6., überarb. Aufl.). Behandlungsanleitungen und Materialien. Weinheim: Beltz.

Haynes, J.M., Mecke, A., Bastine, R. & Fong, L. (2004). Mediation – Vom Konflikt zur Lösung. Stuttgart: Klett Cotta.

Heckmair, B. & Michl, W. (2004⁵). Erleben und Lernen. Einführung in die Erlebnispädagogik. München: Reinhardt.

Heitmeyer, W., Buhse, H., Liebe-Freund, J., Möller, J., Ritz, H., Siller, G. & Vossen, J. (1992). Die Bielefelder Rechtsextremismus-Studie. Erste Langzeituntersuchung zur politischen Sozialisation männlicher Jugendlicher. Weinheim: Juventa.

Herkner, W. (2001²). Lehrbuch Sozialpsychologie. Bern: Huber.

Herriger, N. (2002). Empowerment in der Sozialen Arbeit (2., überarb. Aufl.). Stuttgart: Kohlhammer.

Hewstone, M. (1996). Contact and categorization. Socialpsychological interventions to change intergroup relations. In C.N. Macrae, C. Stangor & M. Hewstone (Eds.), Stereotypes and stereotyping (pp. 323–368). New York: Guilford.

Hinsch, R. & Pfingsten, U. (2002). Gruppentraining sozialer Kompetenzen GSK. Grundlagen, Durchführung, Anwendungsbeispiele (4., vollst. überarb. Aufl.). Weinheim: Beltz.

Hoffman, M.L. (1990). Empathy and justice motivation. Motivation and Emotion, 14, 151–172.

Huesmann, L.R., Eron, L.D., Lefkowitz, M.M. & Walder, L.O. (1984). Stability of aggression over time and generations. Developmental Psychology, 20, 1120–1134.

Huesmann, L.R. & Miller, L.S. (1994). Long-term effects of repeated exposure to media violence in childhood. In L.R. Huesmann (Ed.), Aggressive behavior: current perspectives (pp. 153–186). New York: Plenum.

Huesmann, L.R. , Moise-Titus, J., Podolsky, C.-L. & Eron, L.D. (2003). Longitudinal relations between children's exposure to tv violence and their aggressive and violent behavior in joung adulthood: 1977–1992. Developmental Psychology, 39, 201–221.

Hurrelmann, K., Klotz, T. & Haisch, J. (Hrsg.) (2004). Lehrbuch Prävention und Gesundheitsförderung. Bern: Huber.

Ihle, W., Esser, G. & Schmidt, M.H. (2005). Determinanten rechtsextremer Einstellungen und aggressiv-dissozialer Störungen. In I. Seiffge-Krenke (Hrsg.), Aggressionsentwicklung zwischen Normalität und Pathologie (S. 264–282). Göttingen: Vandenhoeck & Ruprecht.

Jaede, W., Wolf, J. & Zeller-König, B. (1996). Gruppentraining mit Kindern aus Trennungs- und Scheidungsfamilien. Weinheim: Beltz.

Jäger, S. (1999). Gewaltprävention. In M. Schäfer & D. Frey (Hrsg.), Aggression und Gewalt unter Kindern und Jugendlichen (S. 203–244). Göttingen: Hogrefe.

Janis, I.L. (1982). Groupthink. Psychological studies of policy decisions and fiascoes (2nd rev. ed.). Boston, M.A.: Houghton Mifflin.

Jerusalem, M. & Weber, H. (Hrsg.) (2003). Psychologische Gesundheitsförderung. Diagnostik und Pävention. Göttingen: Hogrefe.

Jonas, K.J. & Brandstätter, V. (2004). Zivilcourage. Definitionen, Befunde und Maßnahmen. Zeitschrift für Sozialpsychologie, 35, 185–200.

Jones, E.E. & Davis, K.E. (1965). From acts to dispositions. The attribution process in person perception. In L. Berkowitz (Ed.), Advances in Experimental Social Psychology (Vol. 2, pp. 219–266). New York: Academic Press.

Josephson, W.L. (1987). Television violence and children's aggression: Testing the priming, social script, and disinhibition predictions. Journal of Personality and Social Psychology, 53, 882–890.

Jugert, G., Rehder, A., Notz, P. & Petermann, F. (2002). FIT FOR LIFE. Module und Arbeitsblätter zum Training sozialer Kompetenzen für Jugendliche (2., korr. Aufl.). Weinheim: Juventa.

Junge, J., Neumer, S.-P., Manz, R. & Margraf, J. (2002). Gesundheit und Optimismus GO. Trainingsprogramm für Jugendliche. Weinheim: Beltz.

Jungnitsch, G. (1999). Klinische Psychologie. Psychologie in der Sozialen Arbeit Band 2. Stuttgart: Kohlhammer.

Kähler, H. (2001). Erstgespräche in der sozialen Einzelhilfe (4., überarb. u. erw. Aufl.). Freiburg: Lambertus.

Kähler, H. (2005). Soziale Arbeit in Zwangskontexten. Wie unerwünschte Hilfe erfolgreich sein kann. München: Reinhardt.

Kalin, R. & Berry, J.W. (1982). The social ecology of ethnic attitudes in Canada. Canadian Journal of Behavioral Science, 14, 97–109.

Kaluza, G. (2004). Stressbewältigung. Trainingsmanual zur psychologischen Gesundheitsförderung. Heidelberg: Springer.

Kardorff, E. von & Stark, W. (1987). Zur Verknüpfung professioneller und alltäglicher Hilfenetze. In H. Keupp & B. Röhrle (Hrsg.), Soziale Netzwerke (S. 219–244). Frankfurt: Campus.

Kelley, H.H. (1950). The warm-cold variable in first impressions of persons. Journal of Personality, 18, 431–439.

Kelley, H.H. (1973). The processes of causal attribution. American Psychologist, 28, 107–128.

Kerschreiter, R., Mojzisch, A., Schulz-Hardt, S., Brodbeck, F.C. & Frey, D. (2003). Informationsaustausch bei Entscheidungsprozessen in Gruppen: Theorie, Empirie und Implikationen für die Praxis. In S. Stumpf & A. Thomas (Hrsg.) (2003), Teamarbeit und Teamentwicklung (S. 85–118). Göttingen: Hogrefe.

Keupp, H. & Röhrle, B. (Hrsg.) (1987). Soziale Netzwerke. Frankfurt: Campus.

Kirchheim, C. (2005). Gewaltprävention in Schulen. In I. Seiffge-Krenke (Hrsg.), Aggressionsentwicklung zwischen Normalität und Pathologie (S. 309–344). Göttingen: Vandenhoeck & Ruprecht.

Klann, N., Hahlweg, K. & Heinrichs, N. (2003): Diagnostische Verfahren für die Beratung. Materialien zur Diagnostik und Therapie in Ehe-, Familien- und Lebensberatung (2., vollst. überarb. Aufl.). Göttingen: Hogrefe.

Klein-Heßling, J. & Lohaus, A. (2000). Streßpräventionstraining für Kinder im Grundschulalter (2., erw. u. aktual. Aufl.) . Göttingen: Hogrefe.

Klink, A., Hamberger, J., Hewstone, M. & Avci, M. (1998). Kontakte zwischen sozialen Gruppen als Mittel zur Reduktion von Aggression und Gewalt: Sozialpsychologische Theorien und ihre Anwendung in der Schule. In H.W. Bierhoff & U. Wagner (Hrsg.), Aggression und Gewalt. Phänomene, Ursachen und Interventionen (S. 280–306). Stuttgart: Kohlhammer.

Klocke, A. & Hurrelmann, K. (1995). Armut und Gesundheit. Inwieweit sind Kinder und Jugendliche betroffen? Zeitschrift für Gesundheitswissenschaften, 2. Beiheft, 138–151.

Knoll, N., Scholz, U. & Rieckmann, N. (2005). Einführung in die Gesundheits-psychologie. München: Reinhardt.

Krahé, B. & Greve, W. (2002). Aggression und Gewalt: Aktueller Erkenntnis-tand und Perspektiven künftiger Forschung. Zeitschrift für Sozialpsychologie, 33, 123–142.

Krumpholz, D. (2004). Einsame Spitze. Frauen in Organisationen. Wiesbaden: VS Verlag für Sozialwissenschaften.

Kruse, A. & Rudinger, G. (1997). Lernen und Leistung im Erwachsenenalter. In F.E. Weinert & H. Mandl (Hrsg.), Psychologie der Erwachsenenbildung. Enzyklopädie der Psychologie, Themenbereich D Praxisgebiete, Serie I Pädagogische Psychologie Band 4 (S. 45–85). Göttingen: Hogrefe.

Laireiter, A. (Hrsg.) (1993). Soziales Netzwerk und soziale Unterstützung: Konzepte, Methoden und Befunde. Bern: Huber.

Lamnek, S. (2005). Qualitative Sozialforschung (4., vollst. überarb. Aufl.). Weinheim: Beltz.

Latané, B. & Nida, S. (1981). Ten years of research on group size and helping. Psychological Bulletin, 89, 308–324.

Lazarus, R.S. & Launier, R. (1981). Streßbezogene Transaktionen zwischen Person und Umwelt. In J.R. Nitsch (Hrsg.), Streß: Theorien, Untersuchungen, Maßnahmen (S. 213–259). Bern: Huber.

Lehmkuhl, U. (Hrsg) (2003). Aggressives Verhalten bei Kindern und Jugendlichen. Ursachen, Prävention, Behandlung. Göttingen: Vandenhoeck & Ruprecht.

Lenz, A. (2003). Ressourcenorientierte Beratung – Konzeptionelle und methodische Überlegungen. Praxis der Kinderpsychologie und Kinderpsychiatrie, 52, 234–249.

Lenz, A. & Stark, W. (Hrsg.) (2002). Empowerment. Neue Perspektiven für die psychosoziale Praxis und Organisation. Tübingen: dgvt-Verlag.

Lepper, M.R., Green, D. & Nisbet, R.E. (1973). Undermining children's intrinsic interest with extrinsic reward: a test of the ‚overjustification‘ hypothesis. Journal of Personality and Social Psychology, 28, 129–137.

Lerner, M.J. (1980). The belief in a just world: a fundamental delusion. New York: Plenum Press.

Leventhal, H. & Hirschman, R.S. (1982). Social psychology and prevention. In G.S. Sanders & J.M. Suls (Eds.), Social psychology of health and illness (pp. 183–226). Hillsdale, NJ: Lawrence Erlbaum.

Lilli, W. & Frey, D. (1993). Die Hypothesentheorie der sozialen Wahrnehmung. In D. Frey & M. Irle (Hrsg.), Theorien der Sozialpsychologie. Band I: Kognitive Theorien (2., vollst. überarb. u. erw. Aufl.) (S. 49–78). Bern: Huber.

Loeber, R. (1990). Development and risk factors of juvenile antisocial behavior and delinquency. Clinical Psychology Review, 10, 1–41.

Loeber, R., Burke, J.D., Lahey, B.B., Winters, A. & Zera, M. (2000). Oppositional defiant and conduct disorders: A review of the past 10 years. Part 1. Journal of the American Academy of Child and Adolescent Psychiatry 39, 1468–1484.

Lösel, F., Bliesener, T. & Averbeck, M. (1999). Hat die Delinquenz von Schülern zugenommen? Ein Vergleich im Dunkelfeld nach 22 Jahren. In M. Schäfer &

D. Frey (Hrsg.), Aggression und Gewalt unter Kindern und Jugendlichen (S. 65–89). Göttingen: Hogrefe.

Loftus, E.F. & Palmer, J.C. (1974). Reconstruction of automobile destruction. An example of the interaction between language and memory. Journal of Verbal Learning and Verbal Behavior, 13, 585–589.

Lohaus, A., Jerusalem, M. & Klein-Heßling, J. (Hrsg.) (2006). Gesundheitsförderung im Kindes- und Jugendalter. Göttingen: Hogrefe.

Lorenz, K. (1963). Das sogenannte Böse. Zur Naturgeschichte der Aggression. Wien: Borotha-Schoeler.

Lück, H.E. (1997⁴). Hilfeverhalten. In D. Frey & S. Greif (Hrsg.), Sozialpsychologie. Ein Handbuch in Schlüsselbegriffen (S. 187–191). Weinheim: Beltz.

Mayring, P. (2002). Einführung in die qualitative Sozialforschung (5., überarb. Aufl.). Weinheim: Beltz.

McCannel Saulnier, K. & Rowland, C. (1985). Missing links: An empirical investigation of network variables in high-risk families. Family Relations, 34, 557–560.

McGuire (1985³). Attitudes and attitude change. In G. Lindzey and E. Aronson (Eds.), Handbook of Social Psychology (Vol. 2, pp. 233–346). New York: Random House.

Meyer, U. (1997). Gewalt in der Schule – Problemanalyse und Handlungsmöglichkeiten. Praxis der Kinderpsychologie und Kinderpsychiatrie, 46, 169–181.

Meyer, U. & Tillmann, K.-J. (2000). Gewalt in der Schule – importiert oder selbstproduziert? Praxis der Kinderpsychologie und Kinderpsychiatrie, 48, 36–52.

Meyer, W.-U. & Försterling, F. (1993). Die Attributionstheorie. In D. Frey & M. Irle (Hrsg.), Theorien der Sozialpsychologie. Band I: Kognitive Theorien (2., vollst. überarb. und erw. Aufl.) (S. 175–214). Bern: Huber.

Milgram, S. (1974). Das Milgram-Experiment. Zur Gehorsamsbereitschaft gegenüber Autorität. Reinbek: Rowohlt.

Moghaddam, F.M. (1998). Social psychology. Exploring universals across cultures. New York: Freeman.

Montada, L. (2002). Delinquenz. In R. Oerter & L. Montada (Hrsg.), Entwicklungspsychologie. Ein Lehrbuch (5., vollst. überarb. Aufl.) (S. 859–873). Weinheim: Beltz.

Montada, L. & Kals, E. (2001). Mediation. Lehrbuch für Psychologen und Juristen. Weinheim: Beltz.

Moscovici, S. (1979). Sozialer Wandel durch Minoritäten. München: Urban & Schwarzenberg.

Moscovici, S. (1980). Toward a theory of conversion behavior. In L. Berkowitz (Ed.), Advances in Experimental Social Psychology (Vol. 13, pp. 209–239). New York: Academic Press.

Müller, G.F. & Hassebrauck, M. (1993). Gerechtigkeitstheorien. In D. Frey & M. Irle (Hrsg.), Theorien der Sozialpsychologie. Band I: Kognitive Theorien (2., vollst. überarb. u. erw. Aufl.) (S. 217–240). Bern: Huber.

Mummendey, A. & Otten, S. (2002). Aggressives Verhalten. In W. Stroebe, K.

Jonas & M. Hewstone (Hrsg.), Sozialpsychologie. Eine Einführung (4. überarb. u. erw. Aufl.) (S. 353–380). Berlin: Springer.

Nadler, A. & Fisher, J.D. (1986). The role of threat to self-esteem and perceived control in recipient reaction to help. Theory development and empirical validation. In L. Berkowitz (Ed.), Advances in Experimental Social Psychology (Vol. 19, pp. 81–122). New York: Academic Press.

Nemeth, C. (1994). The value of minority dissent. In S. Moscovici, A. Mucchi-Faina & A. Maass (Eds.), Minority influence (pp. 3–15). Chicago: Nelson Hall.

Nemeth, C. & Kwan, J. (1987). Minority influence, divergent thinking, and the detection of correct solutions. Journal of Applied Social Psychology, 17, 788–789.

Nestmann, F. (1991). Beratung, soziale Netzwerke und soziale Unterstützung. In M. Beck, G. Brückner & H.-U. Thiel (Hrsg.), Psychosoziale Beratung (S. 47–69). Tübingen: dgvt-Verlag.

Nestmann, F. (1999). Soziale Gerechtigkeit und Empowerment. Perspektiven des gemeindepsychologischen Modells. Archiv für Wissenschaft und Praxis der sozialen Arbeit, 30, 129–150.

Nestmann, F., Engel, F. & Sickendiek, U. (Hrsg.) (2004a). Das Handbuch der Beratung. Band 1: Disziplinen und Zugänge. Tübingen: dgvt-Verlag.

Nestmann, F., Engel, F. & Sickendiek, U. (Hrsg.) (2004b). Das Handbuch der Beratung. Band 2: Ansätze, Methoden und Felder. Tübingen: dgvt-Verlag.

Neumann, U. & Hübinger, W. (1999). Ehrenamt. Empirische Studien und begriffliche Abgrenzung. Archiv für Wissenschaft und Praxis der sozialen Arbeit, 30, 114–125.

Noack, P. & Wild, E. (1999). Überlegungen zur Entwicklung von aggressiven und rechtsextremen Einstellungen. In M. Schäfer & D. Frey (Hrsg.), Aggression und Gewalt unter Kindern und Jugendlichen (S. 107–134). Göttingen: Hogrefe.

Nolting, H.-P. (2005). Lernfall Aggression. Wie sie entsteht, wie sie zu vermindern ist (vollst. überarb. u. erw. Neuausgabe). Reinbek: Rowohlt.

Nolting, H.-P. & Knopf, H. (1997). Gewaltverminderung in der Schule: Erprobung einer kooperativen Intervention. Praxis der Kinderpsychologie und Kinderpsychiatrie, 46, 195–205.

Oliner, S.P. & Oliner, P.M. (1988). The altruistic personality. Rescuers of Jews in Nazi Europe. New York: Free Press.

Olweus, D. (1979). Stability of aggressive reaction patterns in males: A review. Psychological Bulletin, 86, 852–875.

Olweus, D. (2002). Gewalt in der Schule. Was Lehrer und Eltern wissen sollten – und tun können (3., korr. Aufl.). Bern: Huber.

Otten, S. & Mummendey, A. (2002). Sozialpsychologische Theorien aggressiven Verhaltens. In D. Frey & M. Irle (Hrsg.), Theorien der Sozialpsychologie. Band II: Gruppen- Interaktions- und Lerntheorien (2., vollst. überarb. u. erw. Aufl.) (S. 198–216). Bern: Huber.

Pantucek, P. (1998). Lebensweltorientierte Individualhilfe. Eine Einführung für soziale Berufe. Freiburg: Lambertus.

Patterson, G.R. (1976). The aggressive child: Victim and architect of a coercive system. In E.J. Mash, L.A. Hamerlynck & L.C. Handy (Eds.), Behavior modification and families (pp. 267–316). New York: Bruner/Mazel.

Patterson, G.R. (2003). The early development of coercive family process. In J.B. Reid, G.R. Patterson & J. Snyder (Eds.), Antisocial behavior in children and adolescents: A developmental analysis and model for intervention (pp. 25–44). Washington DC: American Psychological Association.

Pearson, R.E. (1997). Beratung und soziale Netzwerke. Eine Lern- und Praxisanleitung zur Förderung sozialer Unterstützung. Weinheim: Beltz.

Penner, L.A., Dovidio, J.F., Piliavin, J.A. & Schroeder, D.A. (2005). Prosocial behavior: Multilevel perspectives. Annual Review of Psychology, 56, 365–392.

Pennington, D.V. , Gillen, K. & Hill, P. (1999). Social psychology. London: Arnold.

Petermann, F., Jugert, G., Rehder, A., Tänzer, U. & Verbeek, D. (1999). Sozialtraining in der Schule (2., überarb. Aufl.). Weinheim: Beltz.

Petermann, F. & Petermann, U. (2003). Training mit Jugendlichen. Förderung von Arbeits- und Sozialverhalten (7., überarb. Aufl.). Göttingen: Hogrefe.

Petermann, F. & Petermann, U. (2005). Training mit aggressiven Kindern (11., vollst. überarb. Aufl.). Weinheim: Beltz.

Petermann, U. & Petermann, F. (2003). Training mit sozial unsicheren Kindern. Einzeltraining, Kindergruppen, Elternberatung (8., erw. Aufl.). Weinheim: Beltz.

Pettigrew, T.F. (1997). Generalized intergroup contact effects on prejudice. Personality and Social Psychology Bulletin, 23, 173–185.

Pettigrew, T.F. & Meertens, R. (1995). Subtle and blatant prejudice in Western Europe. European Journal of Social Psychology, 25, 57–75.

Pettigrew, T.F. & Tropp, L.R. (2000). Does intergroup contact reduce prejudice? Recent meta-analytic findings. In S. Oskamp (Ed.), Reducing prejudice and discrimination (pp. 93–115). Mahwah: Erlbaum.

Petty, R.E. & Cacioppo, J.T. (1986). The elaboration likelihood model of persuasion. In L. Berkowitz (Ed.), Advances in Experimental Social Psychology (Vol. 19, pp. 123–205). New York: Academic Press.

Petty, R.E. & Wegener, D.T. (1998). Attitude change: Multiple roles for persuasion variables. In D.T. Gilbert, S.T. Fiske & G. Lindzey (Eds.), The handbook of social psychology (4th ed. , Vol. 2, pp. 323–390). New York: Mc Graw Hill.

Pfeiffer, C., Windzio, M. & Kleimann, M. (2004). Die Medien, das Böse und wir. Zu den Auswirkungen der Mediennutzung auf Kriminalitätswahrnehmung, Strafbedürfnisse und Kriminalpolitik. Monatsschrift für Kriminologie und Strafrechtsreform, 87, 415–435.

Piliavin, J.A., Dovidio, J.F., Gaertner, S.L. & Clark, R.D. (1981). Emergency intervention. New York: Academic Press.

Pössel, P., Horn, A.B., Seemann, S. & Hautzinger, M. (2004). Trainingsprogramm zur Prävention von Depresionen bei Jugendlichen. LARS&LISA: Lust an realistischer Sicht & Leichtigkeit im Alltag. Göttingen: Hogrefe.

Rademacher, H. (1991). Spielend interkulturell lernen? Wirkungsanalyse von Spielen zum interkulturellen Lernen bei internationalen Jugendbewegungen. Berlin: VWB Verlag für Wissenschaft und Bildung.

Rademacher, H. & Wilhelm, M. (2005). Interkulturelle Spiele für die Klassen 5 bis 10. Berlin: Cornelsen Scriptor.

Reiners, A. (2003). Praktische Erlebnispädagogik. Neue Sammlung motivierender Interaktionsspiele (6., überarb. Aufl.). Augsburg: ZIEL.

Röhrle, B. (1994). Soziale Netzwerke und soziale Unterstützung. Weinheim: Beltz.

Röhrle, B. (Hrsg.) (2002). Prävention und Gesundheitsförderung. Band II. Tübingen: dgvt-Verlag.

Röhrle, B., Sommer, G. & Nestmann, F. (Hrsg.) (1998). Netzwerkintervention. Tübingen: dgvt-Verlag.

Rogge, K.-E. (Hrsg.) (1995). Methodenatlas. Für Sozialwissenschaftler. Berlin: Springer.

Rook, M., Irle, M. & Frey, D. (1993). Wissenschaftstheoretische Grundlagen sozialpsychologischer Theorien. In D. Frey & M. Irle (Hrsg.), Theorien der Sozialpsychologie. Band I: Kognitive Theorien (2., vollst. überarb. u. erw. Aufl.) (S. 13–47). Bern: Huber.

Rosenstock, I. (1974). The health belief model and preventive health behavior. Health Education Monographs, 2, 354–386.

Rosenthal, R. & Jakobson, L. (1971). Pygmalion im Unterricht. Weinheim: Beltz.

Ross, L. (1977). The intuitive psychologist and his shortcomings: Distortions in the attribution process. In L. Berkowitz (Ed.), Advances in Experimental Social Psychology (Vol. 10) (pp. 173–220). New York: Academic Press.

Rothgang, G.-W. (2003). Entwicklungspsychologie. Psychologie in der Sozialen Arbeit Band 4. Stuttgart: Kohlhammer.

Rushton, J.P. (1980). Altruism, socialization, and society. Englewood Cliffs, NJ: Prentice Hall.

Rutte, C.G. & Wilke, H.A.M. (1984). Social dilemmas and leadership. European Journal of Social Psychology, 14, 105–121.

Sader, M. (2002[8]). Psychologie der Gruppe. Weinheim: Juventa.

Sagi, A. & Hoffman, M.L. (1976). Empathic distress in newborn. Developmental Psychology, 12, 175–176.

Salisch, M. von, Kristen, A. & Oppl, C. (2005). Aggressives Verhalten und (neue) Medien. In I. Seiffge-Krenke (Hrsg.) (2005), Aggressionsentwicklung zwischen Normalität und Pathologie (S. 198–237). Göttingen: Vandenhoeck & Ruprecht.

Salzinger, S., Kaplan, S. & Artemyeff, C. (1983). Mothers' personal social networks and child maltreatment. Journal of Abnormal Psychology, 92, 68–76.

Sander, K. (1999). Personenzentrierte Beratung. Ein Arbeitsbuch für Ausbildung und Praxis. Köln: GwG-Verlag. Weinheim: Beltz.

Schäfer, M. & Frey, D. (Hrsg.) (1999). Aggression und Gewalt unter Kindern und Jugendlichen. Göttingen: Hogrefe.

Scheithauer, H. (2003). Aggressives Verhalten von Jungen und Mädchen. Göttingen: Hogrefe.

Scheithauer, H. & Petermann, F. (2002). Aggression. In F. Petermann (Hrsg.),

Lehrbuch der Klinischen Kinderpsychologie und -psychotherapie (5., korr. Aufl.) (S. 187–226). Göttingen: Hogrefe.

Scheithauer, H. & Petermann, F. (2004). Aggressiv-dissoziales Verhalten. In F. Petermann, K. Niebank & H. Scheithauer, Entwicklungswissenschaft. Entwicklungspsychologie – Genetik – Neuropsychologie (S. 367–410). Berlin: Springer.

Scheithauer, H., Hayer, T. & Petermann, F. (2003). Bullying unter Schülern. Erscheinungsformen, Risikobedingungen und Interventionskonzepte. Göttingen: Hogrefe.

Schermer, F. (2005). Grundlagen der Psychologie. Psychologie in der Sozialen Arbeit, Band 1 (2., aktual. Aufl.). Stuttgart: Kohlhammer.

Schermer, F., Weber, A., Drinkmann, A. & Jungnitsch, G. (2005). Methoden der Verhaltensänderung: Basisstrategien. Psychologie in der Sozialen Arbeit Band 5. Stuttgart: Kohlhammer.

Schmidt-Denter, U. (1994). Prosoziales und aggressives Verhalten. In K.A. Schneewind (Hrsg.), Psychologie der Erziehung und Sozialisation. Enzyklopädie der Psychologie, Themenbereich D Praxisgebiete, Serie I Pädagogische Psychologie Band 1 (S. 285–314). Göttingen: Hogrefe.

Schmidt-Denter, U. (2005). Soziale Beziehungen im Lebenslauf. Lehrbuch der sozialen Entwicklung (4., vollst. überarb. Aufl.). Weinheim: Beltz.

Scholz, U. & Schwarzer, R. (2005). Modelle der Gesundheitsverhaltensänderung. In R. Schwarzer (Hrsg.), Gesundheitspsychologie. Enzyklopädie der Psychologie, Themenbereich C Theorie und Forschung, Serie X Gesundheitspsychologie Band 1 (S. 390–405). Göttingen: Hogrefe.

Schulte, D., Elke, G., Hartung, J. & Künzel, R. (1994). Systematische Beobachtung. In L. von Rosenstiel, C.M. Hockel & W. Molt (Hrsg.), Handbuch der Angewandten Psychologie (III–3, S. 1–19). Landsberg: ecomed.

Schulz, U. & Schwarzer, R. (2003). Soziale Unterstützung bei der Krankheitsbewältigung: Die Berliner Social Support Skalen (BSSS). Diagnostica, 49, 73–82.

Schulz-Hardt, S., Greitmeyer, T., Brodbeck, F.C. & Frey, D. (2002). Sozialpsychologische Theorien zu Urteilen, Entscheidungen, Leistung und Lernen in Gruppen. In D. Frey & M. Irle (Hrsg.), Theorien der Sozialpsychologie. Band II: Gruppen- Interaktions- und Lerntheorien (2., vollst. überarb. u. erw. Aufl.) (S. 13–46). Bern: Huber.

Schulz von Thun, F. (2006[43]). Miteinander reden 1. Störungen und Klärungen. Allgemeine Psychologie der Kommunikation. Reinbek: Rowohlt.

Schulz von Thun, F. (1998[2]). Praxisberatung in Gruppen. Weinheim: Beltz.

Schwartz, F.W., Badura, B., Busse, R., Leidl, R., Raspe, H., Siegrist, J. & Walter, U. (Hrsg.) (2003). Das Public Health Buch. Gesundheit und Gesundheitswesen (2., völl. neu bearb. u. erw. Aufl.). München: Urban & Fischer.

Schwartz, S.H. & Howard, J.A. (1981). A normative decision-making model of altruism. In J.P. Rushton & R.M. Sorrentino (Eds.), Atruism and helping behavior (pp. 189–211). Hillsdale, NJ: Lawrence Erlbaum.

Schwarzer, R. (1993). Defensiver und funktionaler Optimismus als Bedingungen für Gesundheitsverhalten. Zeitschrift für Gesundheitspsychologie, 1, 7–31.

Schwarzer, R. (2004). Psychologie des Gesundheitsverhaltens (3., überarb. u. erw. Aufl.). Göttingen: Hogrefe.

Schwarzer, R. (Hrsg.) (2005). Gesundheitspsychologie. Enzyklopädie der Psychologie. Themenbereich C Theorie und Forschung. Serie X Gesundheitspsychologie Band 1. Göttingen: Hogrefe.

Schwarzer, R. & Leppin, A. (1989). Sozialer Rückhalt und Gesundheit. Eine Meta-Analyse. Göttingen: Hogrefe.

Schwarzer, R., Jerusalem, M. & Weber, H. (Hrsg.) (2002). Gesundheitspsychologie von A bis Z. Ein Handwörterbuch. Göttingen: Hogrefe.

Schwind, H.-D., Baumann, J., Lösel, F., Remschmidt, H., Eckert, R., Kerner, H.J., Stümper, A., Wassermann, R., Otto, H., Rudolf, W., Berckhauer, F., Steinhilper, M., Kube, E. & Steffen, W. (Hrsg.) (1990). Ursachen, Prävention und Kontrolle von Gewalt. Analysen und Vorschläge der Unabhängigen Regierungskommission zur Verhinderung und Bekämpfung von Gewalt. Berlin: Duncker & Humblot.

Schwind, H.-D., Gietl, S. & Zwenger, G. (1991). Der (non-helping) bystander-Effekt. Wie kommt es zu unterlassener Hilfeleistung? Kriminalistik, 4, 233–242.

Seiffge-Krenke, I. (Hrsg.) (2005). Aggressionsentwicklung zwischen Normalität und Pathologie. Göttingen: Vandenhoeck & Ruprecht.

Selg, H., Mees, U. & Berg, D. (1997). Psychologie der Aggressivität (2., überarb. Aufl.). Göttingen: Hogrefe.

Sherif, M. (1966). Group conflict and co-operation: their social psychology. London: Routledge & Kegan Paul.

Sickendiek, U., Engel, F. & Nestmann, F. (2002). Beratung. Eine Einführung in sozialpädagogische und psychosoziale Beratungsansätze (2., überarb. u. erw. Aufl.). Weinheim: Juventa.

Siegrist, J. (1995). Soziale Ungleichheit und Gesundheit: neue Herausforderungen an die Präventionspolitik in Deutschland. Zeitschrift für Gesundheitswissenschaften, 2. Beiheft, 52–63.

Sieverding, M. (2003). Frauen unterschätzen sich: Selbstbeurteilungs-Biases in einer simulierten Bewerbungssituation. Zeitschrift für Sozialpsychologie, 34, 147–160.

Smith, E.R. & Miller, F.D. (1983). Mediation among attributional inference and comprehension process: initial findings and a general method. Journal of Personality and Social Psychology, 44, 492–505.

Sniehotta, F.F. & Schwarzer, R. (2003). Modellierung der Gesundheitsverhaltensänderung. In M. Jerusalem & H. Weber (Hrsg.), Psychologische Gesundheitsförderung (S. 677–694). Göttingen: Hogrefe.

Snyder, M. & Kendiersky, D. (1982). Acting on one's attitudes: procedures for linking attitudes and behavior. Journal of Experimental Social Psychology, 18, 165–183.

Snyder, M. & Swann, W.B. (1978). Hypothesis-testing processes in social interaction. Journal of Personality and Social Psychology, 36, 1202–1212.

Snyder, M. & Uranowitz, S.W. (1978). Reconstructing the past. Some cognitive consequences of person perception. Journal of Personality and Social Psychology, 36, 941–950.

Spangler, G. & Zimmermann, P. (1999). Bindung und Anpassung im Lebenslauf: Erklärungsansätze und empirische Grundlagen für Entwicklungsprognosen. In R. Oerter, C. von Hagen, G. Röper & G. Noam (Hrsg.), Klinische Entwicklungspsychologie. Ein Lehrbuch (S. 170–194). Weinheim: Beltz.

Stahlberg, D. & Frey, D. (1996). Einstellungen: Struktur, Messung und Funktion. In W. Stroebe, M. Hewstone & G.M. Stephenson (Hrsg.), Sozialpsychologie. Eine Einführung (3., erw. u. überarb. Aufl.) (S. 219–252). Berlin: Springer.

Stark, W. (Hrsg.) (1989). Lebensweltbezogene Prävention und Gesundheitsförderung. Konzepte und Strategien für die psychosoziale Praxis. Freiburg: Lambertus.

Stark, W. (1996). Empowerment. Neue Handlungskompetenzen in der psychosozialen Praxis. Freiburg: Lambertus.

Steinebach, C. (Hrsg.) (2006). Handbuch Psychologische Beratung. Stuttgart: Klett Cotta.

Sting, S. & Zurhorst, G. (Hrsg.) (2000). Gesundheit und Soziale Arbeit. Gesundheit und Gesundheitsförderung in den Praxisfeldern Sozialer Arbeit. Weinheim: Juventa.

Strack, F. & Deutsch, R. (2002). Urteilsheuristiken. In D. Frey & M. Irle (Hrsg.), Theorien der Sozialpsychologie. Band III: Motivations-, Selbst- und Informationsverarbeitungstheorien (S. 352–384). Bern: Huber.

Straus, F. (1990). Netzwerkarbeit. Die Netzwerkperspektive in der Praxis. In M. Textor (Hrsg.), Hilfen für Familien. Ein Handbuch für psychosoziale Berufe (S. 239–241). Frankfurt: Fischer.

Strauß, B., Hartung, J. & Kächele, H. (2002). Geschlechtsspezifische Inanspruchnahme von Psychotherapie und Sozialer Arbeit. In Hurrelmann, K. & Kolip, P. (Hrsg.), Geschlecht, Gesundheit und Krankheit. Männer und Frauen im Vergleich (S. 533–547). Bern: Huber.

Stroebe, W. & Diehl, M. (1994). Why groups are less effective than their members. On productivity loss in idea-generating groups. In W. Stroebe & M. Hewstone (Eds.) European Review of Social Psychology (Vol. 5, pp. 271–304). London: Wiley.

Stroebe, W. & Jonas, K. (2002). Gesundheitspsychologie – Eine sozialpsychologische Perspektive. In W. Stroebe, M. K. Jonas & G.M. Hewstone (Hrsg.), Sozialpsychologie. Eine Einführung (4., überarb. und erw. Aufl.) (S. 579–622). Berlin: Springer.

Stroebe, W. & Stroebe, M.S. (1998). Lehrbuch der Gesundheitspsychologie. Ein sozialpsychologischer Ansatz. Eschborn: Klotz.

Stumpf, S. & Thomas, A. (Hrsg.) (2003). Teamarbeit und Teamentwicklung. Göttingen: Hogrefe.

Tajfel, H. (1982). Gruppenkonflikt und Vorurteil. Bern: Huber.

Tedeschi, J.T. & Quigley, B.M. (1998). Frühere und zukünftige Methoden der Aggressionsforschung. In H.W. Bierhoff & U. Wagner (Hrsg.), Aggression und Gewalt. Phänomene, Ursachen und Interventionen (S. 88–106). Stuttgart: Kohlhammer.

Thole, W. (Hrsg.) (2002). Grundriss Soziale Arbeit. Ein einführendes Handbuch. Opladen: Leske + Budrich.

Thomas, A. (1991). Grundriß der Sozialpsychologie. Band 1: Grundlegende Begriffe und Prozesse. Göttingen: Hogrefe.

Thomas, A. (1992). Grundriß der Sozialpsychologie. Band 2: Individuum – Gruppe – Gesellschaft. Göttingen: Hogrefe.

Thomas, A. (1994). Interkulturelle Beziehungen. In L. von Rosenstiel, C.M. Hockel & W. Molt (Hrsg.), Handbuch der Angewandten Psychologie (VII–6, S. 1–13). Landsberg: ecomed.

Thomas, A. (Hrsg.) (1996²a). Psychologie und interkulturelle Gesellschaft. Göttingen: Hogrefe.

Thomas, A. (1996²b). Können interkulturelle Begegnungen Vorurteile verstärken? In A. Thomas (Hrsg.), Psychologie und interkulturelle Gesellschaft (S. 227–237). Göttingen: Hogrefe.

Thomas, A., Kinast, E.-U. & Schroll-Machl, S. (Hrsg.) (2003a). Handbuch interkulturelle Kommunikation und Kooperation. Band 1: Grundlagen und Praxisfelder. Göttingen: Vandenhoeck & Ruprecht.

Thomas, A., Kinast, E.-U. & Schroll-Machl, S. (2003b). Handbuch interkulturelle Kommunikation und Kooperation. Band 2: Länder, Kulturen und interkulturelle Berufstätigkeit. Göttingen: Vandenhoeck & Ruprecht.

Tuckman, B.W. (1965). Development sequence in small groups. Psychological Bulletin, 63, 384–389.

van Avermaet, E. (2002). Sozialer Einfluss in Kleingruppen. In W. Stroebe, M. K. Jonas & G.M. Hewstone (Hrsg.), Sozialpsychologie. Eine Einführung (4., überarb. und erw. Aufl.) (S.451–495). Berlin: Springer.

Veiel, H. & Baumann, U. (Eds.) (1992). The meaning and measurement of social support. Washington D.C.: Hemisphere.

Voland, E. (2000). Grundriss der Soziobiologie (2., vollst. überarb. u. erw. Aufl.). Heidelberg: Spektrum.

Wagner, U. & Zick, A. (1990). Psychologie der Intergruppenbeziehungen: Der „Social Identity Approach". Gruppendynamik, 21, 319–330.

Wagner, U. & Zick, A. (1998). Ausländerfeindlichkeit, Vorurteile und diskriminierendes Verhalten. In H.W. Bierhoff & U. Wagner (Hrsg.), Aggression und Gewalt. Phänomene, Ursachen und Interventionen (S. 145–164). Stuttgart: Kohlhammer.

Wagner, U., van Dick, R. & Zick, A. (2001). Sozialpsychologische Analysen und Erklärungen von Fremdenfeindlichkeit in Deutschland. Zeitschrift für Sozialpsychologie, 32, 59–79.

Watzlawick, P., Beavin, J.H. & Jackson, D.D. (2000¹⁰). Menschliche Kommunikation. Formen, Störungen, Paradoxien. Bern: Huber.

Weber, H. (1999). Ärger und Aggression. Zeitschrift für Sozialpsychologie, 30, 139–150.

Weiner, B. (1994). Motivationspsychologie. Weinheim: Beltz.

Wellhöfer, P.R. (1997). Grundstudium Sozialwissenschaftliche Methoden und Arbeitsweisen. Eine Einführung für Sozialwissenschaftler und Sozialarbeiter/-pädagogen. Stuttgart: Enke.

Wetzels, P. & Greve, W. (2001). Fremdenfeindliche Gewalt – Bedingungen und Reaktionen. Zeitschrift für Politische Psychologie, 9, 7–22.

Wetzels, P. & Pfeiffer, C. (1997). Kindheit und Gewalt: Täter- und Opferperspektiven aus Sicht der Kriminologie. Praxis der Kinderpsychologie und Kinderpsychiatrie, 46, 143–152.

Wiemann, J.M. & Giles, H. (1996). Interpersonale Kommunikation. In W. Stroebe, M. Hewstone & G.M. Stephenson (Hrsg.), Sozialpsychologie. Eine Einführung (3., erw. u. überarb. Aufl.) (S. 331–361). Berlin: Springer.

Wilke, H. & Witt, A. (2002). Gruppenleistung. In W. Stroebe, M. K. Jonas & G.M. Hewstone (Hrsg.), Sozialpsychologie. Eine Einführung (4., überarb. und erw. Aufl.) (S.497–535). Berlin: Springer.

Willems, H. (1993). Gewalt und Fremdenfeindlichkeit. In H.-U. Otto & R. Merten (Hrsg.), Rechtsradikale Gewalt im vereinten Deutschland (S. 88–108). Bonn: Bundeszentrale für politische Bildung.

Word, C.O., Zanna, M.P. & Cooper, J. (1974). The nonverbal mediation of self-fulfilling prophecies in interracial interaction. Journal of Experimental Social Psychology, 10, 109–120.

Wottawa, H. & Thierau, H. (2003). Lehrbuch Evaluation (3., korr. Aufl.). Bern: Huber.

Zanna, M.P., Olson, J.M. & Fazio, R.H. (1980). Attitude behavior consistency: an individual difference perspective. Journal of Personality and Social Psychology, 38, 432–440.

Zapf, D. (1999). Mobbing in Organisationen – Überblick zum Stand der Forschung. Zeitschrift für Arbeits- und Organisationspsychologie, 43, 1–25.

Zillmann, D. (1979). Hostility and aggression. Hillsdayle, NJ: Lawrence Erlbaum.

Zumkley, H. (1994). The stability of aggressive behavior: A meta-analysis. German Journal of Psychology, 18, 273–281.

Zumkley, H. (1996). Aggression und Aggressivität. In M. Amelang (Hrsg.), Temperaments- und Persönlichkeitsunterschiede. Enzyklopädie der Psychologie. Themenbereich C Theorie und Forschung. Serie VIII Differentielle Psychologie und Persönlichkeitsforschung Band 3 (S. 337–375). Göttingen: Hogrefe.

Sachregister